AF363502

COLLECTION A. RAIFÉ.

ANTIQUITÉS

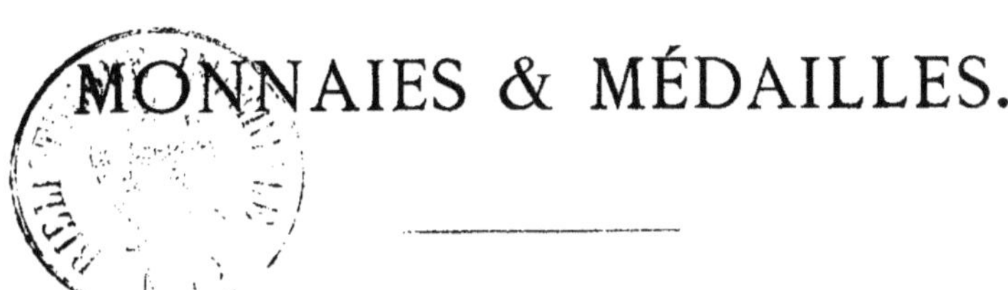

MONNAIES & MÉDAILLES.

Mᵉ **DELBERGUE-CORMONT**, commissaire-priseur,

MM. ROLLIN et **FEUARDENT**, experts.

VENTE

des 18 — 19 — 20 — 21 — 22 — 23 mars 1867

à 1 heure et demie précise,

Hôtel des commissaires-priseurs

Rue Drouot, 5, salle nᵒ 3, au 1ᵉʳ étage.

Exposition générale le dimanche 17 mars 1867.

CONDITIONS DE LA VENTE.

La vente aura lieu au comptant; les acquéreurs payeront 5 p. º/₀ en sus des enchères.

Nota. Le mercredi 13 mars, les principaux objets antiques seront exposés en même temps que la collection d'objets d'art et de curiosité de feu M. Raifé, qui sera vendue les jeudi 14, vendredi 15, et samedi 16 mars, par le ministère de Mᵉ Delbergue-Cormont, assisté de M. Carle Delange, experts.

ORDRE DES VACATIONS.

PREMIÈRE VACATION. — *Lundi* 18 *mars* 1867.

Monuments égyptiens . . . . Nᵒˢ 1 — 309

DEUXIÈME VACATION. — *Mardi* 19 *mars.*

Monuments égyptiens . . . . 310 — 446
Monuments babyloniens . . . . 447 — 466
Monuments assyriens . . . . 467 — 499
Monuments mèdes. . . . . 500 — 505
Monuments perses . . . . 506 — 544
Monuments phéniciens. . . . . 545 — 576
Mouuments mexicains. . . . . 1484 — 1519
Monuments de la Sonora. . . . . 1520 — 1521
Monuments caraïbes. . . . . 1522 — 1523
Monuments de la Nouvelle-Grenade . . . . 1524 — 1526
Monuments péruviens . . . . 1527 — 1558

TROISIÈME VACATION. — *Mercredi* 20 *mars.*

Marbres. . . . . 577 — 606
Mosaïques et peintures. . . . . 607 — 614
Ivoire, ambre, etc.. . . . . 615 — 628
Sculptures en matières dures . . . . 629 — 632
Pierres gravées. . . . . 633 — 728
Bijoux . . . . 729 — 819
Objets d'argent. . . . . 820 — 824
Bronzes. . . . . 825 — 854

QUATRIÈME VACATION. — *Jeudi* 21 *mars.*

Bronzes. . . . . 855 — 960
Terres cuites. 973 — 1073
Vases. . . . . 1281 — 1373
Verres . . . . 1450 — 1480

ORDRE DES VACATIONS.

CINQUIÈME VACATION. — *Vendredi 22 mars.*

Objets de plomb . . . . 961 — 965
Poids. . . . . 966 — 972
Terres cuites. . . . . 1074 — 1274
Vases. . . . . 1275 — 1280
Vases . . . . 1374 — 1449
Monuments des sectes secrètes . . . . 1481 — 1483
Panthéon indien . . . . 1559 — 1615

SIXIÈME VACATION. — *Samedi 23 mars.*

Les médailles.

Pour cette série seule on suivra l'ordre des numéros.

DESCRIPTION

DES

ANTIQUITÉS

COMPOSANT LA

COLLECTION DE FEU M. A. RAIFÉ.

Paris — Imprimerie de Ad. Lainé et J. Havard, rue des Saints-Pères, 19.

DESCRIPTION

DES

ANTIQUITÉS

ÉGYPTIENNES, BABYLONIENNES, ASSYRIENNES

MÈDES, PERSES, PHÉNICIENNES, GRECQUES, ROMAINES

ÉTRUSQUES ET AMÉRICAINES

COMPOSANT LA

COLLECTION DE FEU M. A. RAIFÉ

PAR

FRANÇOIS LENORMANT

SOUS-BIBLIOTHÉCAIRE DE L'INSTITUT

DESSINS PAR A. FÉART.

———— ❧❦❧ ————

PARIS

IMPRIMERIE DE AD. LAINÉ ET J. HAVARD

RUE DES SAINTS-PÈRES, 19

1867

PRÉFACE.

——

La collection dont nous donnons aujourd'hui le catalogue, et que la fin du mois prochain verra se disperser aux enchères publiques, est l'œuvre de toute une vie exclusivement consacrée au culte des arts et de la science. Rien ne peut mieux en faire comprendre l'unité et l'ensemble que quelques notes biographiques sur l'homme qui l'avait formée.

Né en 1802, M. A. Raifé montra dès sa jeunesse un goût très-vif et une aptitude singulière pour les études historiques et archéologiques, ainsi que pour tout ce qui touchait aux arts. Il entra à l'école des Jeunes de langues, alors dirigée par Langlès, et il y étudia consciencieusement les principaux idiomes orientaux, l'arabe en particulier, pour lequel il garda jusqu'à la fin de ses jours une grande prédilection.

Dès l'âge de 18 ans, M. Raifé commença à collectionner des objets d'art et d'antiquité, des livres et des estampes. Au commencement de 1821, âgé de 19 ans seulement, il partit pour l'Orient avec son frère aîné, aussi ardent et aussi passionné que lui pour les arts et pour la science. Après avoir visité Athènes et traversé dans toute son étendue la Grèce, qui s'agitait et commençait à prendre les armes pour son indépendance, les deux frères venaient, au mois d'avril, d'arriver à Constantinople, lorsqu'y éclatèrent les hideux massacres de chrétiens par lesquels la rage des musulmans chercha à s'assouvir et à se venger du soulèvement des Hellènes. Le jour de Pâques, tandis que les janissaires saisissaient le patriarche Grégoire et le pendaient dans ses ornements pontificaux à la porte de l'église; tandis que le fer et l'incendie promenaient leurs ravages dans les opulentes maisons du quartier du Phanar, les deux frères, imprudemment engagés dans une rue de Stamboul, furent, malgré leur qualité de Français, qui aurait dû les sauvegarder, assaillis par une bande d'assassins. Ce ne fut qu'à grand'peine qu'ils parvinrent à s'échapper et à gagner tout sanglants un navire européen, qui les ramena en France. Mais l'aîné, frappé de coups de sabre et de yatagan, expira presque en touchant le sol natal.

En 1824 et 1825, M. A. Raifé se trouvait en Italie, parcourait toutes les parties de cette terre classique des arts et faisait un long séjour à Rome, au milieu de la colonie de nos artistes, vivant dans l'intimité d'Ingres, de Léopold Robert, de tous les hommes éminents que renfermait à ce moment la ville éternelle, et fréquentant cette Académie de France, si florissante alors, que nul ne songeait encore à désorganiser sous prétexte de progrès.

L'Orient s'étant quelque peu pacifié en 1830, M. Raifé s'empressa d'y retourner, attiré par un invincible attrait vers ce berceau de la civilisation, tombé maintenant dans la barbarie. Il visita successivement la Valachie, la Bulgarie, la Servie, l'Albanie, contrées qu'aucun voyageur ne parcourait alors, et qui maintenant encore comptent bien peu d'explorateurs; puis la Grèce, Constantinople, l'Asie Mineure, la Syrie, et enfin l'Égypte. Une portion des antiquités de sa collection provenait de ce long et périlleux voyage, d'où il avait également rapporté une riche série d'études et de croquis, car il était bon dessinateur. C'est de son retour que date une lithographie d'Achille Devéria, qui le représente dans le costume d'un chef d'Albanais.

Là se termina sa carrière de voyageur. A dater de ce moment, M. Raifé ne quitta plus guère Paris, cherchant le calme et la retraite favorable à l'étude et aux paisibles occupations auxquelles il s'était consacré. Marié, père de famille, en dehors de ses affections domestiques il n'avait d'autre pensée, d'autre passion, que ses collections et ses goûts d'art et d'archéologie. Pendant plusieurs années, il s'occupa presque exclusivement à rassembler des livres et des estampes rares. Plus tard, il y joignit les antiquités, dont il s'était déjà occupé pendant ses voyages d'Orient, et les curiosités du moyen âge et de la renaissance. Dans les dernières années de sa vie, il s'était entièrement adonné à ces deux derniers genres de collections, pour lesquelles il comptait au premier rang parmi les amateurs parisiens.

Tous ceux qui s'occupent d'archéologie, qui recherchent les objets d'art et d'antiquité, se souviennent de l'avoir vu dans les ventes, où il apportait au milieu du feu des enchères une fougue et une ardeur juvéniles. Tous l'estimaient et avaient appris à apprécier hautement son urbanité, sa bienveillance, sa libéralité scientifique. Mais bien peu ont pu pénétrer dans sa vie, qu'il faisait aussi retirée que possible. La modestie était en effet le fond de son caractère. Remarquablement instruit et passionné pour l'étude, il aurait pu, s'il l'avait voulu, être un savant; il se contentait d'être un amateur distingué et de travailler pour lui-même.

De cruels chagrins de famille, la mort d'une femme qu'il adorait, abrégèrent sa vie. Il mourut en 1860, âgé de 58 ans seulement, lorsque tout dans son extérieur semblait annoncer une vie qui devait encore se prolonger bien des années.

Sa collection, formée sous l'empire d'une pensée dominante, l'étude de l'art sous le double point de vue archéologique et historique, diffère essentiellement de la plupart de celles qui se sont formées de nos jours. Il ne s'est pas borné à un genre unique, mais chaque fois qu'il a pu trouver dans un objet un intérêt scientifique quelconque, des formes nouvelles et originales, un sujet curieux pour l'art ou pour l'archéologie, il s'est hâté de le faire entrer dans son cabinet, sans exclusion de pays ; de là une variété que l'on chercherait difficilement dans une autre collection. Il a surtout cherché à compléter des séries, et s'est moins attaché à faire un choix peu nombreux, d'objets d'un grand prix, — bien qu'il ait recueilli un certain nombre de pièces vraiment de premier ordre, — qu'à réunir les matériaux d'une histoire de l'art chez les peuples anciens et modernes, depuis l'Égypte jusqu'à l'Amérique. En un mot, les antiquités et les curiosités ont été pour M. Raifé, comme les livres et les estampes, des documents à son usage personnel et des matériaux pour ses études archéologiques, et c'est ainsi que s'explique le caractère tout particulier de sa collection.

Le gendre de M. Raifé, M. Gosset, digne continuateur des traditions d'urbanité et de générosité de son beau-père, amateur lui-même et appréciateur des richesses qu'il avait entre les mains, a conservé la collection intacte pendant plusieurs années. Mais la menace du marteau des démolisseurs, suspendue maintenant sur la tête de tous les Parisiens, dont elle a fait, suivant un mot devenu célèbre, « une population de « nomades, » l'oblige à se séparer des collections que son goût et ses soins avaient faites siennes. Il a bien voulu s'adresser à moi pour rédiger le catalogue des antiquités, en m'exprimant le désir qu'il pût y rester une trace durable de la réunion de monuments à laquelle M. Raifé avait consacré sa vie. C'est ce que j'ai tâché de faire autant qu'il était en mon pouvoir.

Le désir exprimé par M. Gosset me permettait de ne pas me borner à une simple description. J'y ai ajouté, à l'occasion des monuments qui m'ont paru les plus curieux et qui soulevaient quelques questions controversées, des commentaires, que j'ai tâché de rendre aussi brefs que possible, pour ne pas outre-passer les bornes qu'imposait la nature même de l'ouvrage. J'espère que ces commentaires pourront se lire avec un certain intérêt, et qu'on y trouvera quelques remarques utiles, quelques observations nouvelles. Il nous a été possible aussi de placer dans ce catalogue les dessins exécutés par l'habile crayon de M. Adrien Féart, d'après quelques-uns des meilleurs morceaux de la collection.

Il est d'usage, dans la préface d'un catalogue, de signaler d'une manière spéciale les pièces les plus importantes, celles sur lesquelles on croit devoir appeler plus particulièrement l'attention des amateurs et des savants.

C'est à ce titre que nous indiquerons ici :

Parmi les monuments égyptiens :

Le groupe en pierre calcaire n° 2 *bis*, le bas-relief n° 7, provenant de la Grande Oasis et gravé dans l'ouvrage de la Commission d'Égypte, la belle stèle en bois peint n° 14;

La magnifique caisse de momie, n° 19;

La série tout entière des figurines funéraires, remarquable au plus haut degré par la beauté des spécimens, leur choix et la finesse de leur travail;

La statuette en bronze d'Ammon, n° 87;

Le naos d'Ammon en bronze, portant le nom du roi Schabatak, n° 89 *ter;*

La double tête d'Hathor en terre émaillée, n° 131;

La statuette en bronze avec incrustation d'or du dieu Montou-Ra, n° 136, qui, après avoir été l'un des joyaux de la collection Anastasi, aux enchères de laquelle elle monta si haut, est devenue l'un de ceux de la collection Raifé;

Les deux figurines en or d'Haroéris, n° 178;

Le petit Haroéris, représenté sous la forme d'un épervier, en porphyre vert, n° 180;

Les deux figurines d'Horus en lapis, n° 181;

Le groupe de chats en bronze, n° 217;

Le vautour de Mouth en lapis, n° 227;

Les deux pousses de papyrus avec la panicule, en feldspath vert et blanc, n°ˢ 259 et 259 *bis;*

L'amulette carré en terre émaillée portant le cartouche du roi Menkaré, n° 289;

Le vase à la légende royale d'Amenhotep III et de sa femme Taïa, n° 295, l'une des merveilles de l'antique industrie égyptienne comme réussite et netteté de l'émail, bleu sur fond jaune;

La tête en émail rouge du roi Amenhotep IV, n° 300;

La belle figurine funéraire de Séti Ier en terre émaillée, n° 300 *bis;*

Le cylindre portant les cartouches de Sabacon, n° 302;

Les deux statuettes en bois de particuliers, n°s 311 et 316;

Celle d'un prêtre en costume sacerdotal, n° 312;

La boucle d'oreille, n° 321;

L'anneau d'or incrusté de pierres dures, n° 327;

La coupe d'argent fragmentée de l'argentier de Thouthmès III, Thoth, n° 380;

La poupée d'ivoire, n° 389;

La belle palette de scribe, n° 396;

Les manuscrits du *Rituel funéraire,* n°s 400, 400 *bis,* 405, 410, 419, 420, et les fragments n° 422 *ter;*

Le papyrus religieux n° 423;

Le beau registre de comptes du temps de la xixe dynastie, n° 430;

Le feuillet détaché du fameux papyrus Sallier contenant le poëme de Pen-ta-our, n° 431;

Le passe-port arabe sur papyrus daté de l'an 133 de l'hégire, n° 438 *bis;*

L'éclat de pierre calcaire portant un hymne à Ammon en écriture hiératique, n° 440;

Dans la série babylonienne, la pièce capitale est la tablette en stéatite n° 447.

Parmi les monuments assyriens, nous signalerons:

Les beaux bas-reliefs provenant des palais de Nimroud et de Khorsabad, n°s 467-472, les premières sculptures ninivites qui passent dans une vente publique;

La petite tête de lion en bois, n° 497 *bis;*

Il faut mentionner ensuite le magnifique cylindre de travail mède, n° 500, et le cylindre à inscription en caractères cunéiformes perses, n° 506, le troisième monument de ce genre qui se soit encore présenté, ainsi que les deux belles paires de boucles d'oreilles en or de travail sassanide, n°ˢ 543 et 544.

La série phénicienne, bien que peu nombreuse, est particulièrement riche en pièces d'une haute valeur. Nous citerons :

Les deux statuettes en pierre calcaire blanche provenant de l'île de Chypre, l'une d'une hiérodule d'Astarté, n° 545, l'autre de la déesse elle-même, n° 548;

Les moules de fondeur en stéatite, n°ˢ 552 *ter* et 552 *quater;*

Le beau quadrige en terre cuite, n° 553, supérieur comme conservation à celui que possède le musée du Louvre;

Le cône de chalcédoine, n° 555;

Le cylindre d'hématite, n° 563;

La boucle d'oreille, n° 566;

L'anneau d'or à chaton gravé, n° 572 *bis.*

La section de beaucoup la plus nombreuse est celle des monuments grecs, romains et étrusques; aussi y avons-nous introduit, pour la clarté, beaucoup de subdivisions.

Celle des marbres ne comprend aucune pièce d'un mérite bien supérieur, et nous n'y trouvons guère à noter que le buste de Julie, fille de Titus, n° 590, et celui de Sallustia Barbia Orbiana, n° 591, morceaux peu intéressants sous le rapport de l'art, mais ayant plus de valeur historique. En revanche, dans la suivante, presque tout serait à signaler, surtout la belle mosaïque provenant de Sienne, n° 607, et les deux fragments de fresques, n°ˢ 608 et 609, l'une si importante au point de vue de l'archéologie, l'autre d'un travail si élégant, si délicat, que l'on peut hardiment la tenir pour le plus bel échantillon de peinture antique qui se soit encore présenté dans une vente publique à Paris.

Les ivoires nous offrent le grand feuillet de diptyque à sujets mythologiques, n° 619, dont la composition offre tant d'analogie avec celle du fameux diptyque de Sens, monument vraiment hors ligne auquel les maîtres de la science, M. de Longpérier, M. le baron de Witte, M. le marquis de Laborde, ont donné la sanction de leur autorité.

Toutes les pièces composant la section des sculptures en matières dures méritent au plus haut degré l'attention des amateurs ; ce sont de vrais joyaux, d'une nature toujours rare à rencontrer. La tête de Vénus en chalcédoine, n° 629, est particulièrement une perle exquise comme style et comme finesse de travail, et les pièces de cristal de roche travaillées dans l'antiquité, comme nous en avons là plusieurs échantillons, comptent parmi les phénix de la curiosité. Par contre, parmi les pierres gravées, nous n'avons rien de saillant à citer, sauf le camée n° 636.

La suite des bijoux antiques est une des plus étendues et des plus belles dans la collection Raifé ; elle renferme un certain nombre d'objets qui feraient l'honneur de tout musée. Tels sont :

Les boucles d'oreilles n°s 737, 738, 740, 744, 745, 746, 748 ;

Le *torques* d'or gaulois, n° 782 ;

L'anneau d'or à chaton gravé, n° 807 ;

L'anneau d'or ayant pour chaton un masque en relief de Silène, n° 811 ;

Le moule dans lequel un bijoutier gréco-égyptien fondait ses joyaux, n° 819, pièce du plus haut intérêt pour la connaissance des procédés industriels des anciens ;

La statuette de Junon en argent à bas titre, n° 820.

Entre les bronzes, nous citerons comme dignes d'une attention spéciale :

Le masque d'une statue impériale de grandeur naturelle, datant évidemment du 1er siècle, n° 825 ;

Le Jupiter assis qui provient de la collection Ruxiel, n° 828 ;

L'Apollon trouvé à Tortose, en Syrie, n° 833 ;

La Vénus assise dans un siége d'osier, trouvée à Tortose, n° 845 ;

L'Amour de travail grec, n° 846, bronze du plus admirable style et digne des cabinets les plus choisis, bien qu'il ait beaucoup souffert de l'oxydation;

Deux merveilles de finesse dans les plus petites dimensions, le Faune dansant, n° 847, et l'Hercule buveur, n° 878;

Le beau Mercure trouvé en Bourgogne, n° 851;

La figurine de la ville d'Antioche, n° 861 *bis;*

L'Hercule devant Busiris, de travail étrusque, n° 874, si curieux par ses appliques d'or, sur lequel une dissertation de M. le baron de Witte paraîtra bientôt dans le recueil de la Société des antiquaires de France;

L'Iphiclès épouvanté à la vue des serpents, n° 877;

Le gladiateur samnite, n° 895;

Le miroir de travail grec à couvercle repoussé, trouvé à Corinthe, n° 915;

Le pied de *brasero* représentant une *Lasa* ailée, n° 958, splendide échantillon de l'art des fondeurs étrusques.

Ceux qui s'intéressent à l'étude de la métrologie antique seront particulièrement attirés par le poids en marbre d'origine asiatique, n° 966, et par la livre romaine portant le nom du préteur urbain Q. Junius Rusticus, n° 970, célèbre depuis le temps de Gruter, qui en a publié l'inscription.

Quant à ce qui est des terres cuites, nous devons en signaler la série entière, composée de 300 pièces, toutes importantes par les sujets mythologiques qu'elles offrent à l'archéologue, aussi bien que par le mérite de l'art. Les terres cuites de l'Italie méridionale y sont en minorité; la plupart des morceaux viennent de la Grèce, de l'Asie Mineure et de la Cyrénaïque. Or tout le monde sait que les terres cuites de ces contrées n'ont pas la monotone banalité de celles de la Grande Grèce, qui représentent toujours les mêmes bacchantes, les mêmes femmes drapées, les mêmes génies ailés, les mêmes Victoires; elles sont infiniment variées, et dans leurs représentations fournissent à l'antiquaire une mine inépuisable d'études. Ajoutons, comme un dernier mérite de la série des terres cuites dans la collection Raifé, — et ce n'est pas certainement un des moindres, — que presque toutes les pièces y ont des provenances certaines et bien connues, chose encore très-rare dans les cabinets d'amateurs, et qui pourtant double l'intérêt des objets.

La série des vases, bien que nombreuse, est d'un intérêt secondaire et n'offre pas de morceaux d'une valeur hors ligne. Nous y noterons cependant en passant :

Les deux vases primitifs de Théra, n°ˢ 1275 et 1276 ;

Le *guttus* du même style, dont la provenance n'est pas exactement connue, mais que nous ne serions pas éloigné de croire sorti des tombeaux de Camirus, dans l'île de Rhodes, n° 1277 *bis;*

Le curieux aryballos de style asiatique, n° 1281 ;

L'amphore bachique représentant Dionysus et Triptolème, n° 1306 ;

L'amphore bachique n° 1307, aux peintures d'une extrême finesse, qui pourrait passer pour une pièce de premier ordre si la conservation en était meilleure ;

La cylix signée du potier Nicosthène, n° 1319 ;

La magnifique péliké de travail attique représentant la chasse du sanglier de Calydon, n° 1345, aux peintures jadis rehaussées de nombreux ornements dorés ;

Les lécythus athéniens à fond blanc, n°ˢ 1374, 1375, 1376 et 1381 ;

La cylix de travail étrusque, n° 1383 ;

La suite des vases de la fabrique de Gnatia.

Les verres présentent une pyxis à couvercle en cristal taillé, n° 1461, trouvée dans un tombeau de Cumes, bel échantillon d'une nature d'objets de la plus grande rareté.

Parmi les monuments mexicains, on remarquera quelques intéressantes sculptures en pierre, comme on n'en rencontre guère dans les collections privées, deux figurines en feldspath et en jade, quelques intéressantes terres cuites.

La collection des vases péruviens se recommande aussi

d'une manière toute spéciale à l'attention des amateurs. Le vase en forme de tête humaine, n° 1528, peut être considéré comme la perle des antiquités américaines jusqu'à présent connues. Aucun monument, ni dans les collections de l'Europe, ni même dans celle du Pérou, ne l'égale sous le rapport de l'art. C'est un objet qui n'intéressera pas seulement les américanistes, mais tous les amateurs du beau.

Enfin, dans le Panthéon indien, à côté de quelques beaux bronzes, nous signalerons la statuette en marbre de Bouddha, n° 1607, qui porte une inscription en caractères dévanagâris du x° siècle de notre ère.

En terminant cette préface, j'exprimerai ma profonde reconnaissance aux savants éminents qui ont bien voulu m'aider dans mon travail de leurs lumières et de leurs précieux avis : à M. le baron de Witte, dont les conseils vraiment paternels ne m'ont pas plus fait défaut à cette occasion que dans toutes les autres circonstances de ma vie; à M. le vicomte de Rougé, à qui j'ai dû de si utiles indications pour le catalogue des monuments égyptiens, particulièrement pour celui des papyrus; à M. de Longpérier, dont l'immense savoir et la haute expérience m'ont assisté dans toutes les sections du catalogue et tout spécialement dans le classement et l'explication des monuments américains, où j'ai pris pour modèle son beau travail sur ceux du musée du Louvre.

Fr. Lenormant.

19 février 1867.

I

MONUMENTS ÉGYPTIENS.

—

MONUMENTS DE GRANDE DIMENSION.

1. Granit noir. Tête royale coiffée du *schent;* provenant d'une statue.

2. Groupe en grès. Le défunt *Aïaoui* (?) et sa femme *Taï,* assis l'un à côté de l'autre sur un siége à dossier. Inscription hiéroglyphique de nature funéraire, en 7 colonnes verticales, derrière le dossier. H. 0,48. L. 0,27.

2 *bis.* Groupe en pierre calcaire. Le *scribe Amensé,* et sa femme, *odiste d'Hathor,* assis avec le scribe *Schatsaa,* qui a près de lui sa femme *Karifi* debout, représentée dans de très-petites proportions. Derrière le dossier, inscription hiéroglyphique en 9 lignes horizontales.

3. Granit noir. Statuette de *l'intendant de la maison de la reine, Thothnofré,* agenouillé, tenant devant lui la représentation colossale de la tête de la déesse Hathor. Légende dans le dos : invocation à Hathor. H. 0,40.

4. Granit noir. Statuette accroupie d'un personnage de la caste sacerdotale, tenant devant lui un naos qui contient la figure du singe cynocéphale, symbole du

dieu Thoth. Légende hiéroglyphique dans le dos. Sur les côtés de la figure sont gravées en creux les images du fils et de la fille de ce personnage, l'un *prophète d'Osiris*, l'autre *pallacide d'Ammon*. H. 0,43.

5. Granit noir. Fragment de la statuette d'assez fortes dimensions d'un personnage agenouillé, tenant devant lui l'image colossale de la tête de la déesse Hathor. Légende dans le dos. H. 0,40.

6. Granit noir. Statuette accroupie d'un personnage de l'ordre sacerdotal. Légende en deux colonnes verticales d'hiéroglyphes dans le dos et longue inscription en 10 lignes sur le devant. Style de l'époque des Saïtes. H. 0,49.

7. Basalte noir. Bas-relief mutilé provenant de la Grande Oasis et représentant trois déesses debout, de face, vêtues de tuniques collantes qui dessinent toutes les formes du corps, la tête surmonté du disque solaire, tenant dans leurs mains la croix ansée, symbole de vie. Fragment d'inscription sur le côté. H. 0,30.

Gravé dans le grand ouvrage de la Commission d'Égypte, *Antiquités*, t. V, pl. LXX.

8. Basalte vert. Tête d'un très-remarquable travail de l'époque saïte, provenant d'une statuette qui représentait un hiérogrammate.

9. Calcaire. Statuette d'un lion couché. H. 0,23. L. 0,45.

10. Calcaire. Stèle funéraire de forme cintrée. Le défunt et sa sœur, qui était en même temps sa femme, assis devant la table des offrandes et accompagnés de leur fille *Amentemoph*, debout, reçoivent les hommages du culte funéraire de la part du *scribe Mahaï*. Au-dessous, en deux registres, les enfants des défunts, au nombre de huit. H. 0,74. L. 0,45.

11. Calcaire. Stèle funéraire de forme carrée disposée en trois registres. Douze défunts d'une même famille, cinq couples, dont deux avec un enfant, reçoivent les offrandes funèbres de sept personnages de leurs parents. H. 0,32. L. 0,29.

12. Calcaire. Petite stèle funéraire de forme cintrée. Le défunt *Nofré-mennou* et sa femme *Ka*, assis devant la

table des offrandes, reçoivent les hommages funéraires de leur fils *Oua*. H. 0,22. L. 0,19.

13. Calcaire. Petite stèle funéraire de forme cintrée à
trois registres. En haut, adoration à *Osiris* et à *Isis*
par le défunt *Amenhotep, dit Haï* (?), et *sa sœur, Amen-
set*. Au-dessous, hommages funèbres rendus par
la famille à deux générations d'ancêtres. H. 0,82.
L. 0,37.

14. Bois peint. Stèle funéraire de *l'odiste d'Ammon-Ra
Nehems-Ra-téti, fille du prophète de l'Out'a* (1) *Onkh-
pe-khrot*. La défunte conduite par *Anubis* devant
Osiris, Isis, Nephthys, Horus, Hathor et *Hop-hioue*.
Inscription hiéroglyphique en 14 lignes; invocation
à *Sa Majesté le roi Osiris Ounnofré et aux grands
dieux résidant dans les enfers*. H. 0.53. L.0,35.

15. Calcaire compacte. Pierre à libations dédiée par un
personnage nommé *Sneb*. (Collection Anastasi, n° 117.)
L. 0,46. H. 0,27.

16. Calcaire. Petit naos, sans sculptures ni inscriptions.
(Collection Anastasi, n° 124 *bis*.)

(1) C'est le symbole divin appelé vulgairement l'*œil d'Osiris*.

MONUMENTS FUNÉRAIRES.

17. Caisse intérieure de la momie d'un hiérogrammate
nommé *Naha* (?). Sur la poitrine, l'image de *Ma*,
déesse de la justice. Au-dessous, épervier à tête de
bélier surmontée du disque solaire, tenant dans ses
serres le sceau, symbole de domination, et accompagné de quatre grands serpents uræus qui symbolisent les quatre régions du ciel. Sur le dessus de la
gaîne : 1° Jugement de l'âme : *Horus* amène le défunt
devant *Osiris, Isis* et *Nephthys*. 2° Le symbole de la
royauté d'*Osiris* sur l'Orient, une coiffure divine portée sur une enseigne (voy. sur ce symbole le
chap. 138 du *Rituel funéraire*), gardé par deux éperviers les ailes ouvertes, la tête surmontée du disque
solaire, symbolisant les deux hémisphères. 3° Les
quatre génies de l'Amenti accroupis face à face, deux
par deux. Aux pieds, les deux chacals divins, gardiens de l'Occident et de l'Orient. Sur la partie postérieure de la gaîne, *les vingt-quatre parèdres* ou *assesseurs d'Osiris* dans son tribunal des enfers.

18. Caisse intérieure de la momie d'un prêtre nommé
Pétéménoph. Sur la poitrine, l'image de *Ma*, déesse
de la justice, et le héron *Vennou*, symbole d'Osiris.
Au-dessous, scarabée les ailes ouvertes, à tête de bélier surmontée du disque solaire, image du *dieu démiurge* ou créateur, accompagné des deux éperviers
divins qui président aux deux hémisphères et de deux
serpents à têtes de lionnes, représentant *Isis* et
Nephthys. Sur la gaîne : 1° Jugement de l'âme : *Horus*
et *Thoth* amènent le défunt devant *Osiris*, muni des

insignes de la royauté des enfers, debout, accompagné d'*Isis* et de *Nephthys*, les figures des *quatre génies de l'Amenti* devant lui. 2° Le symbole de la royauté d'*Osiris* porté sur l'enseigne entre *Isis* et *Nephthys* debout : de chaque côté, un bélier, coiffé des deux pousses de palmier, attribut ordinaire d'*Ammon* : à droite et à gauche, deux vautours et les uræus ailés de *Souan* et de *Bouto*, déesses qui président aux deux régions de l'Egypte, et par conséquent aux deux hémisphères. 3° *Osiris*, sous la forme d'un nilomètre coiffé de deux cornes de bélier, du disque du soleil et de deux plumes d'autruche, symbole de justice, tenant le fouet et le pédum, adoré par les *esprits purs* sous la forme de deux génies, l'un à tête d'épervier, l'autre à tête de chacal, entre deux *out'a* et deux éperviers, la tête surmontée du disque solaire, qui étendent leurs ailes. 4° Purification du défunt par *Horus* et *Anubis*. (*Collection Anastasi*, n° 126.)

19. Caisse extérieure de la momie du *chef des portiers du temple de Mouth, Ahmès*. Très-intéressante par la richesse de son ornementation et la multiplicité des sujets mystiques qui la décorent.

COUVERCLE :

Sur le dessus : 1° Le disque solaire accompagné de deux grandes ailes ouvertes, image de *Har-hat*, l'intelligence lumineuse directrice et principe du monde, flanqué de chaque côté du vautour de *Mouth*, la mère divine, et de l'image d'*Anubis* accroupi, à tête de chacal, deux fois répétés. 2° Le *scarabée divin*, image du démiurge, surmonté du disque solaire, entre les *génies* accroupis *des deux hémisphères* ou des deux régions de l'Egypte ; de chaque côté, le dieu *Ra*, le soleil, assis, ayant derrière lui une *déesse* debout, la tête munie du disque solaire, et devant lui, une fois, *Anubis*, sous la forme d'un chacal couché, l'autre fois, l'*out'a* ; en face du dieu est placé l'*épervier divin* qui préside à une des deux divisions du monde. 3° La déesse *Neith* accroupie, la tête surmontée du disque solaire, munie de deux grandes ailes ouvertes, soutenant sur chacune de ses mains un *out'a* ; des deux côtés de sa tête sont d'abord les deux

vautours et les deux serpents uræus , qui personni-
fient les deux parties de l'Egypte et du monde, puis
deux dieux ou *deux génies à formes humaines,* accroupis, sans attributs, et l'image de l'âme deux fois
répétée, comme la symbolisaient les Egyptiens, sous
la figure d'un oiseau à tête d'homme; ensuite, du côté
droit, l'épervier divin d'*Horus,* et, du côté gauche,
l'*out'a;* enfin les représentations doubles du *dieu grand
seigneur de la demeure de gloire* sous une forme humaine, tenant le fouet et le pédum, et d'*Anubis* sous
la figure d'un chacal couché. 4° Le *scarabée divin,*
la tête surmontée de la triple coiffure de *Phtah-
Sokharis,* ayant au-dessus de lui le disque solaire et
flanqué des deux côtés du thyrse, auquel est attaché
la nébride, attribut placé d'ordinaire devant Osiris
dans son rôle de juge des enfers ; de chaque côté est
répétée la représentation de *Ra,* assis, la tête surmontée du disque solaire, ayant derrière lui *Chons*
debout, enveloppé dans sa gaine, la tête surmontée du
disque lunaire, et en face de lui *Mouth* agenouillée,
munie de deux grandes ailes ouvertes, la tête surmontée du soleil, tenant dans chaque main une plume
d'autruche, symbole de justice, ayant près d'elle son
vautour sacré et l'*out'a.* 5° Sous un naos, *le génie de
l'éternité,* accompagné de deux *out'a,* sous une forme
humaine, la tête surmontée du disque solaire, accroupi
au-dessus du symbole de *l'or* et de la *splendeur,* tenant de chaque main la croix ansée, emblème de *vie,*
et une branche de palmier garnie des marques d'un
grand nombre de pousses annuelles, symbole des
périodes d'années infinies ; de chaque côté de ce génie
de l'éternité est le dieu *Ra* assis sur un trône, ayant
devant lui *Anubis* debout, à tête de chacal, enveloppé
dans une gaîne. 6° Le *scarabée divin,* les ailes ouvertes, surmonté du disque solaire et accompagné de
deux *out'a,* image du Soleil créateur, naviguant dans
sa barque sur le fleuve céleste. 7° *Aux pieds :* Invocations à Mouth, à Seb et à Anubis, en trois colonnes
verticales d'hiéroglyphes.

Sur le côté droit : 1° *Ra* assis sur un trône, ayant
en face de lui *un des génies infernaux* debout, en
gaîne, avec une tête de serpent munie d'une barbe et

surmontée de la plume d'autruche. 2° *Le même dieu*, également assis, mais dans une autre pose, ayant devant lui le même génie debout. 3° Le symbole de la royauté d'*Osiris* sur l'Orient, accompagné d'une *figure divine* enveloppée de la gaîne, la tête surmontée du disque solaire, et ayant devant lui le même *génie infernal* que dans les deux tableaux précédents, accroupi. 4° *Anubis* à tête de chacal, assis sur un trône en face du *génie infernal* à tête de serpent, qui se tient debout. 5° Sous un naos, *Ra*, assis sur un trône, ayant derrière lui *Anubis* debout, et en face de lui un des serpents uræus, qui symbolisent les deux régions du monde, dressé, la tête surmontée du disque solaire, muni de deux grandes ailes éployées. 6° Sous un naos, *Ra*, assis sur son trône, ayant derrière lui *Chons* debout, en gaîne, avec le disque lunaire, et en face de lui *un dieu à figure humaine*, la tête surmontée du soleil, puis *Anubis* à tête de chacal. 7° *Ra* hiéracocéphale debout, en face de *Neith* accroupie, la tête surmontée du disque solaire, munie de deux grandes ailes ouvertes. 8° Aux pieds, un *génie infernal* accroupi, ayant en guise de tête la plume d'autruche, symbole de justice, un autre *génie à figure humaine* debout, ayant devant lui le thyrse et la nébride, *Anubis* sous la forme d'un chacal couché, enfin un des deux serpents uræus qui symbolisent les deux hémisphères, dressé, la tête surmontée du disque solaire et muni de deux grandes ailes éployées.

Sur le côté gauche : 1° *Le grand dieu seigneur de la demeure de cohibition* assis sur un trône, tenant le fouet et le pédum, la tête surmontée d'une plume d'autruche ; devant lui est accroupi *un génie* coiffé de la partie infère du *schent*. 2° *Ra, seigneur de la demeure de gloire*, assis sur un trône, ayant devant lui l'épervier à tête humaine, emblème de *l'âme*, et en face de lui un des deux serpents uræus ailés qui président aux deux régions du ciel. 3° Le symbole de la royauté d'Osiris sur l'Orient placé entre *Anubis* à tête de chacal, debout, en gaîne, et le *dieu grand seigneur de la demeure de cohibition* assis sur un trône, coiffé de la partie inférieure du *schent*, tenant par la queue un serpent uræus dressé, dont la tête est surmontée du disque solaire. 4° Un *génie hiéracocéphale* accroupi et un serpent uræus dressé, muni de deux grandes ailes éployées. 5° *Anubis* à tête de chacal debout, en gaîne, ayant près de sa tête l'*out'a*, et *le dieu grand seigneur de la demeure de cohibition* assis sur un trône, coiffé du *schent* complet, ayant derrière lui le thyrse et la nébride, placés face à face; entre deux est un épervier divin, coiffé du *schent* complet et posé sur le signe hiéroglyphique qui désigne l'*Amenti* ou l'enfer égyptien. 6° Sous un naos, *Atom*, le soleil dans l'hémisphère inférieur, assis sur un trône, ayant derrière lui *Anubis* debout, en gaîne, et en face de lui un grand serpent uræus ailé, dressé sur un autel; dans le champ, le vautour de *Mouth*, le chacal couché d'*Anubis* et un *génie hiéracocéphale* accroupi. 7° *Atom* assis sur son trône, ayant derrière lui un *génie infernal* debout, en gaîne, à tête de serpent munie d'une barbe et surmontée du disque lunaire; en face du dieu est *Anubis* debout. 8° *Le dieu grand seigneur de la demeure de cohibition* assis sur un trône, coiffé de la partie inférieure du *schent*, en face de *Neith* accroupie, la tête surmontée du disque solaire, munie de deux grandes ailes ouvertes. 9° Aux pieds, un *génie infernal* accroupi, ayant en guise de tête la plume d'autruche, symbole de *justice*, et tenant le thyrse avec la nébride; un autre *génie à figure humaine* assis sur un trône, tenant le fouet et le pédum; *Anubis* sous la forme d'un chacal couché; enfin un des deux serpents uræus qui symbolisent les deux hémisphères, dressé, la tête surmontée du disque solaire et muni de deux grandes ailes éployées.

Cercueil :

Intérieur. — A la tête, *le dieu grand seigneur de la demeure de gloire* sous figure humaine, tenant le fouet et le pédum, accroupi en face de *Bouto*, représentée sous la forme d'un serpent uræus dressé, la tête surmontée du disque solaire, muni du sceptre à tête de fennec, symbole de *puissance,* et de la croix ansée, emblème de *vie.* Dans le fond, sous le corps, *Osiris* debout, en roi, coiffé du casque et tenant le fouet et le pédum. Autour de la grande figure du dieu sont groupées une série de figures plus petites; devant lui : 1° *Bouto* sous

la même forme qu'au-dessus et le vautour divin,
muni du sceptre à houppe de papyrus de l'Egypte
inférieure et de la croix ansée, reposant sur le signe
hiéroglyphique de la *splendeur ;* 2° le défunt accroupi
dans une attitude d'adoration, tenant le sceptre *pat,*
emblème de *béatitude ;* 3° le *génie infernal* à tête de
serpent barbue et surmontée de la plume d'autruche,
ayant derrière lui *l'out'a* et le cercueil, assis sur un
trône, en face d'*Anubis* debout ; 4° le même *génie*
debout, séparé par une table chargée d'offrandes
du *dieu grand seigneur de la demeure de gloire,* à
forme humaine, assis sur un trône. Derrière la figure
d'Osiris : 1° L'*épervier divin, manifesté sur la montagne solaire,* avec la croix ansée et le sceptre à tête de
fennec. 2° *Le dieu grand manifesté dans la demeure
de gloire,* sous la figure de l'oiseau à tête humaine,
emblème de l'âme, avec la plume d'autruche, symbole
de *justice.* 3° Un *génie hiéracocéphale* accroupi, tenant le fouet et le pédum. 4° Un serpent uræus muni
du sceptre à tête de fennec, dressé sur la tige de papyrus, emblème de la Basse-Egypte et du monde inférieur. 5° *Anubis* sous la figure d'un chacal couché.
6° *Nephthys* agenouillée, dans l'attitude de l'adoration.
Dans un dernier registre, en bas, le mort adorant
deux génies infernaux, l'un à tête humaine surmontée
du disque solaire, l'autre à tête de serpent barbue et
surmontée de la plume d'autruche.

Sur les côtés de l'intérieur, à la tête, l'épervier à
tête humaine, emblème de l'âme, surmonté du disque
solaire qu'accompagnent deux serpents uræus. De
chaque côté de cette figure se répètent les images
d'*Anubis* et du *génie infernal* à tête de serpent. Le
long du corps, les figures des *trente parèdres* ou *assesseurs d'Osiris* dans son tribunal des enfers.

Extérieur. Côté gauche : 1° Sous un naos décoré
de deux *out'a* ailés, le *dieu grand seigneur de la demeure de cohibition,* dédoublé en deux personnages à
forme humaine, coiffés l'un de la partie supérieure et
l'autre de la partie inférieure du *schent,* assis sur deux
trônes adossés, ayant en face de chacun d'eux *Anubis*
et *Horus* hiéracocéphale, debout, en gaînes. 2° *Osiris,*
sous la forme mystique d'un nilomètre à tête et à bras

humains, tenant le fouet et le pédum, coiffé des cornes de bélier que surmonte le disque solaire accompagné de deux plumes d'autruche et de deux uræus, debout, entre la double répétition d'une scène où l'on voit *Anubis* à tête de chacal, coiffé du *schent* complet, assis sur un trône et adoré par une âme, sous la forme de l'oiseau à tête humaine placé en face de lui, puis *Ra* assis sur un trône, ayant en face de lui le *génie infernal* à tête de serpent, debout. 3° Un *dieu* ou *génie à forme humaine*, type de l'Atlas des Grecs, soutenant le ciel sur ses deux bras élevés et ayant à ses pieds un grand serpent, image du monde comme nous l'apprend Horapollon, muni de deux grandes ailes ouvertes, porté sur quatre jambes humaines et jetant du feu par sa gueule ; d'un côté de cette représentation cosmique est *Anubis* debout, en gaîne, ayant devant lui le thyrse et la nébride, de l'autre un *génie infernal*, en gaîne, dont la tête est remplacée par une plume d'autruche. 4° *Anubis, Isis, Méoui*, une *déesse* sans nom, le *génie infernal* à tête de serpent, une autre *déesse* et *Seb*, tirant à la cordelle sur les eaux du Nil céleste la barque où est le *Soleil* sous ses deux formes, supérieure et inférieure, de *Ra* et d'*Atom*, en présence du *dieu grand seigneur de la demeure de gloire*, sous forme humaine, la tête surmontée du disque solaire et du *génie infernal* en gaîne, à tête de serpent barbue, coiffée de la plume d'autruche.

Côté droit : 1° Sous un naos décoré de deux *out'a* ailés, le *nœud mystique*, emblème de la *vie divine*, dressé sur le signe hiéroglyphique de la *splendeur* et surmonté du disque solaire, qu'accompagnent deux serpents uræus coiffés du *schent* complet, est placé entre la double répétition d'une scène où l'on voit *le dieu infernal* coiffé de la partie inférieure du *schent*, assis sur un trône entre *Anubis* et *Horus* à tête humaine surmontée du disque solaire, tous deux debout ; toutes ces scènes, répétées deux fois d'une manière identique, ont trait à la conception dualiste de la division du monde en deux parties parallèles, dont l'image terrestre est dans les deux régions de l'Egypte. 2° Le symbole de la royauté d'*Osiris* sur

l'Orient, surmonté du disque solaire, flanqué de deux
out'a, de deux vautours et de deux petits génies hiéracocéphales accroupis, ayant à sa base, d'un côté
une table chargée d'offrandes, et de l'autre le thyrse
avec la nébride, est adoré par *deux esprits purs*, sous
forme humaine, la tête surmontée du disque solaire ;
de chaque côté de cette scène on voit se répéter les
images d'*Anubis* et d'*Horus*, à tête humaine surmontée du soleil, assis sur deux trônes et ayant en face
d'eux un *génie infernal* debout, en gaîne, à tête de
serpent munie d'une barbe et surmontée du disque
lunaire. 3° Scène cosmique du *dieu* soutenant le ciel
et ayant à ses pieds le serpent, image du monde, représentée exactement comme sur l'autre côté, entre
Anubis et *Horus*, à tête humaine surmontée du disque
solaire, accroupis l'un et l'autre. 4° Le *dieu grand seigneur de la demeure de gloire*, la tête surmontée du
disque solaire, ayant auprès de lui le thyrse avec la
nébride, assis sur un trône en face d'*Anubis* debout,
en gaine. 5° Le défunt *Ahmès* adorant la vache mystique d'*Hathor*, placée à l'entrée du séjour des tombeaux et surmontée d'un grand uræus ailé, d'un vautour et de l'*out'a*. 6° La montagne de l'Occident,
séjour de l'autre vie, sur laquelle est *Ra-Atom*, le
soleil dans l'hémisphère inférieur, adoré par une âme
bienheureuse, sous la forme de l'oiseau à tête humaine.

20. Six cadres renfermant des fragments de cartonnages
de momies, décorés de peintures.

21. Cadre contenant : 1° un grand fragment de car-
tonnage de momie peint et découpé; 2° deux sandales
funéraires en carton ; 3° une bande de carton frappé
et doré, portant une invocation à Osiris en caractères
hiéroglyphiques.

22. Hypocéphale en bronze portant des sujets gravés
d'une extrême finesse. Navigation du *Soleil* dans les
deux hémisphères. (*Collection Anastasi*, n° 134.)

23. Pectoral en forme de naos en terre émaillée.
D'un côté, l'image d'*Anubis*, sous la forme d'un chacal couché; de l'autre, le symbole appelé vulgaire-

ment *nilomètre*, image d'*équilibre* et de *stabilité*, entre deux nœuds mystiques, emblèmes de la *vie divine*.

23 *bis*. Or estampé. Pectoral en forme de naos. *Anubis*, à tête de chacal, couche la momie sur le lit funèbre, en présence d'*Haroéris* hiéracocéphale.

23 *ter*. Or estampé. Pectoral en forme de naos. Le *nilomètre* entre *Isis* et *Nephthys* agenouillées.

23 *quater*. Bois doré et incrusté de pâtes de verre. Pectoral en forme de naos. D'un côté, *Anubis* sous la forme d'un chacal couché; de l'autre, le *nilomètre* entre *Isis* et *Nephthys*.

24. Pectoral de forme carrée en pierre calcaire grise. *Osiris* dans sa barque divine entre *Isis* et *Nephthys*.

25. Pectoral de forme carrée d'une momie gréco-égyptienne, en terre émaillée bleue, portant le nom :

ΕΙϹΙΔ

ѠΡΟϹ

Scarabées funéraires.

Le chapitre 30 du *Rituel funéraire* explique l'usage de ces grands scarabées de pierre dure que l'on trouve toujours à côté du mort dans les caisses de momies. J'en emprunte la traduction aux travaux encore inédits de mon père : « *Mon cœur est celui que j'ai reçu de ma mère;* « *mon cœur est celui que j'avais sur la terre pour me préserver de la* « *destruction, pour me rapprocher des anges royaux, pour me mettre* « *en présence des dieux, pour faire mon repos en présence du dieu* « *grand, seigneur de l'Amenti! Honneur à toi qui réveilles les cœurs!* « *Honneur à vous, dieux qui discernez les intentions tortueuses, et* « *qui rendez vaines les violences des êtres typhoniens! Faites en-* « *tendre vos bonnes paroles en l'honneur de l'Osiris! Sauvez-le du* « *Superbe! Fais que je dompte aussi la terre soumise, ô grande reine* « *du ciel! Accrois ma force. Que je ne sois pas comme un ennemi dans* « *l'Amenti; que je brille sans être renversé éternellement.* Texte pour « le scarabée de pierre dure éprouvant la pureté de l'or (pierre de tou- « che), que l'on place sur la région du cœur de chacun, pour faire l'office « des chapitres destinés aux migrations, avec le commencement des « paroles qui sont sur lui, comme viatique. » Le mort, dans le monde intérieur, devait présenter son scarabée aux gardiens des diverses portes qu'il avait à franchir; c'etait ce qu'a été plus tard chez les Grecs la pièce de monnaie destinée à payer la barque de Charon. On lit le chap. 30 du *Rituel* gravé sur le plat des scarabées exécutés avec soin; on le lit aussi tracé sur un autre genre d'objets que nous avons réunis à ceux-ci : ce sont des amulettes en pierre dure représentant un vase cordiforme qui, dans les textes hiéroglyphiques, sert à exprimer l'idée du *cœur*. Le texte du chapitre explique cette autre forme donnée au passe-port du défunt dans l'Amenti. Quelquefois, pour compléter les symboles relatifs aux idées qui se rattachent à cette classe d'objets, on a gravé, sur le cœur ou sur les élytres du scarabée, l'espèce de héron à aigrette nommé par les Egyptiens *Vennou*, qui était consacré à Osiris et dont le nom signifie l'*ouvreur, celui qui pénètre.*

26. Scarabée en serpentine, exécuté pour un individu nommé *Nofré-ari*. Sous le plat, le chap. 3o du Rituel.

27. Scarabée en schiste argileux compacte, sans nom de défunt. Sous le plat, le chap. 3o du Rituel.

28. Scarabée en feldspath tenace verdâtre, exécuté pour *le scribe Páres* (?). Sous le plat, le chap. 3o du Rituel.

29. Scarabée en serpentine, exécuté pour le *chef des scribes Har-mes*. Sous le plat, le commencement du chap. 3o.

30. Trois scarabées en serpentine sans nom de défunt. Sous le plat de chacun, le chap. 3o.

31. Scarabée en serpentine sans nom de défunt. Sous le plat, le chap. 3o.

32. Scarabée en feldspath tenace, exécuté pour le *scribe Schau*. Sous le plat, le commencement du chap. 3o.

33. Scarabée d'un travail très-fin, en serpentine, sans nom de défunt. Sous le plat, le chap. 3o.

34. Scarabée en serpentine verte, sans nom de défunt. Sous le plat, le chap. 3o.

35. Scarabée en basalte vert, portant sous son plat le chap. 3o.

36. Scarabée en serpentine noire à tête de femme, reposant sur le vase cordiforme. Sans nom de défunt. Sous le plat, le chap. 3o. Sur le corselet du scarabée une main moderne a grossièrement gravé quelques hiéroglyphes sans signification.

37. Scarabée en serpentine, exécuté pour le défunt *Sa-p-Ra* (?). Sous le plat est peint le commencement du chap. 3o.

38. Treize scarabées funéraires sans légendes en matières diverses, serpentine, chiste argileux compacte, basalte, feldspath tenace.

39. Cœur en basalte noir, exécuté pour un nommé *Neb-mes*. Porte gravé le chap. 3o.

40. Cœur en feldspath tenace, exécuté pour une femme nommée *Taï*. D'un côté, la figure du *Vennou*, de l'autre les premiers mots du chap. 3o. (Collection Anastasi, n° 166.)

Figurines funéraires.

C'est encore le *Rituel funéraire* qui nous révèle la signification de ces figurines en diverses matières qu'on trouve en grand nombre dans les tombeaux égyptiens, et qui représentent l'image d'un mort enveloppé dans sa momie. Le chapitre 6 de cette encyclopédie religieuse leur est consacré, et c'est ce chapitre qui est tracé sur la gaîne des figurines de grande dimension et d'une exécution soignée. Le nom égyptien de ces images signifie *répondants* ou *figures d'omission;* on les déposait dans les tombeaux, comme compensation de tout ce qu'on avait pu négliger d'accomplir des cérémonies, prières ou offrandes pour le mort. C'est ce qu'exprime le chapitre 6 du *Rituel,* en disant : « Comptez pour toutes « les offrandes qui n'ont pas été faites dans le tombeau. » Lorsque les figures funéraires sont de petite dimension et ne portent pas le chapitre, elles présentent seulement le nom et la profession du défunt, avec ou sans la formule : *Illumination de l'Osiris N.*

Le mort est toujours représenté, dans les figurines funéraires, portant sur chaque épaule une houe, et derrière le dos une couffe, ou sac en sparterie, destiné à mettre les grains : ce sont les instruments agricoles avec lesquels l'*Osiris* cultivera dans les campagnes d'Atoura (les Champs-Elysées égyptiens) ce blé mystique de la science divine qu'il doit recueillir avant d'arriver à la justification, ainsi que nous le montre le chapitre 41 du *Rituel.*

41. Terre émaillée. Cinq figurines en gaîne du *capitaine des archers Pkhas.* Portant sur la gaîne le chap. 6 du Rituel.

42. Terre émaillée. Deux figurines en gaîne avec le chapitre 6, exécutées pour un défunt nommé *Ouahprahet- -em-achou.*

43. Terre émaillée. Figurine en gaîne avec le chap. 6, exécutée pour *le patron de la barque du roi Psamétik, Phtah-maï.*

44. Terre émaillée. Deux figurines en gaîne avec le chap. 6, exécutées pour un défunt nommé *Psamétik.*

45. Terre émaillée. Figurine en gaîne avec le chap. 6, exécutée pour un officier du roi Psamétik, nommé *Si-Neith.*

46. Terre émaillée. Figurine en gaîne avec le chap. 6, exécutée pour un défunt nommé *Hor-iri-aa.*

47. Terre émaillée. Trois figurines en gaîne du *scribe Hor-cheb.* Portant le chap. 6 disposé en quatre colonnes verticales, deux devant et deux derrière.

48. Terre émaillée. Figurine en gaîne avec le chap. 6, exécutée pour un défunt nommé *Psamétik.*

49. Terre émaillée. Figurine en gaîne avec le chap. 6, exécutée pour un défunt dont le nom est illisible.

50. Bois. Figurine en gaîne d'un travail très-fin, avec le chap. 6, exécutée pour *le scribe royal, chef de la cavalerie du roi, Arétou.*

51. Bois. Figurine en gaîne d'un travail très-fin, avec le chap. 6, exécutée pour un individu *attaché au temple d'Ammon, premier prophète de Phtah,* nommé *Sen-ouot.*

52. Bois. Figurine en gaîne d'un travail très-fin, avec le chap. 6, exécutée pour un défunt nommé *Pchot.*

53. Stéatite. Figurine en gaîne, avec sur la poitrine l'image d'Isis agenouillée, munie de deux grandes ailes étendues, exécutée pour un défunt nommé *Ra-em-oua.* Porte le chap. 6.

54. Bois. Figurine en gaîne avec le chap. 6, exécutée pour un défunt nommé *Ra.*

55. Terre émaillée. Petite figurine en gaîne avec le commencement du chap. 6, exécutée pour un défunt nommé *Ouah-pra-het.*

56. Basalte noir. Figurine vêtue d'une longue robe, du *chef des gardiens de la double maison de lumière (bibliothécaires) Nofré-rompé.* Portant le chap. 6.

57. Bois. Figurine vêtue d'une longue robe, d'un défunt nommé *Ouab-hor-necht* (?). Portant le chap. 6.

58. Terre émaillée bleue et noire. Figurine vêtue d'une longue robe, d'un défunt dont le nom est illisible. Portant le chap. 6.

59. Terre émaillée. Figurine en gaîne avec le commencement du chap. 6, exécutée pour un défunt dont le nom est illisible.

60. Schiste émaillé. Figurine en gaine, fragmentée, avec le chap. 6, exécutée pour un défunt nommé *Pétaménoph*.

61. Terre émaillée bleue et noire. Cinq figurines en gaine avec la formule d'*illumination*, portant des noms propres divers.

62. Terre émaillée blanche et noire. Deux figurines en gaine, l'une avec le chap. 6 et l'autre avec la formule d'*illumination*.

63. Terre cuite rousse. Figurine en gaine, avec la formule d'*illumination*, exécutée pour un défunt nommé *Hor-out'a*.

64. Terre émaillée. Sept figurines en gaine avec la formule d'*illumination*, portant des noms propres divers.

65. Bois peint. Seize figurines en gaine avec la formule d'*illumination*, portant des noms propres divers.

66. Bois peint. Deux figurines vêtues de longues robes, avec la formule d'*illumination*, portant des noms propres divers.

67. Serpentine. Figurine vêtue d'une longue robe, avec la formule d'*illumination*; le nom propre est resté en blanc.

68. Serpentine. Figurine vêtue d'une longue robe, du défunt *Sounar*. Portant le chap. 6.

69. Bois peint et terre émaillée. Deux figurines en gaine avec le chap. 6; noms propres divers.

70. Bois peint. Deux figurines en gaine avec le chap. 6, très-abîmées.

71. Bois et terre émaillée. Sept figurines diverses avec et sans légendes.

72. Serpentine et calcaire. Trois figurines fragmentées.

Vases funéraires.

Dans toutes les catacombes égyptiennes on rencontre quatre vases ordinairement en pierre, surmontés chacun d'une tête d'animal différente. Ces vases servaient à contenir, enveloppés dans le bitume, le cœur, le foie et les autres viscères du mort, que le paraschiste retirait du corps pour les préparations de l'embaumement. La conservation de ces viscères était mise sous la garde des quatre génies de l'Amenti, fils d'Osiris : Amset (tête d'homme), Hapi (tête de cynocéphale), Tatmautf (tête de chacal), et Kebhsnef (tête d'épervier). Dans les idées religieuses des Egyptiens, la préservation de ces parties du corps avait la plus haute importance; car, avant de commencer ses migrations dans l'autre monde, le mort, pour être en état de les entreprendre, de combattre les monstres qui s'opposeront à son passage, doit retrouver son cœur et ses entrailles intacts, et s'adresser aux diverses divinités qui veillent à leur garde pour qu'elles les lui rendent. C'est à ces invocations de l'âme que sont consacrés les chapitres 28-29 du *Rituel funéraire.*

Les inscriptions tracées sur les vases funèbres (improprement désignés dans l'usage vulgaire par le nom de *canopes*) se rattachent à cet ordre d'idées; la formule en varie quelquefois, mais le fond reste toujours le même. C'est chaque fois une déesse qui intercède auprès du génie, Isis auprès d'Amset, Nephthys auprès de Hapi, Neith auprès de Tatmautf, et Selk auprès de Kebhsnef, et qui l'invoque pour la conservation des viscères de l'Osiris, en demandant qu'il les enferme soigneusement, de manière à ne pas les laisser violer ou dissoudre.

73. Albâtre. Quatre vases, têtes d'Amset, de Hapi, de Tatmautf et de Kebhsnef, portant le nom du *scribe royal Khéra.*

74. Albâtre. Quatre vases à têtes humaines, mais dédiés aux quatre génies différents, portant le nom d'un *prophète d'Osiris.*

75. Albâtre. Deux vases à têtes humaines, dédiés à Hapi et à Kebhsnef, portant le nom d'un individu appelé *Khem-nekht.*

76. Terre cuite rouge. Deux têtes humaines ayant servi de couvercle à des vases funéraires.

77. Bois enduit de bitume. Tête humaine ayant servi de couvercle à un vase funéraire.

78. Terre émaillée blanche et violette. Tête du génie Hapi ayant servi de couvercle à un vase funéraire.

Statuettes en bois ayant contenu divers objets momifiés.

79. Bois peint. Statuette d'Osiris en gaîne, coiffé du diadème appelé *atef.* Cette statuette est creusée en coffre de momie.

80. Bois. Figure en gaîne privée de ses attributs, qui a dû être originairement une image d'Osiris.

Cônes funéraires.

On a beaucoup varié d'opinions sur la destination probable·de ces cônes en terre cuite portant sur leur base des inscriptions en relief, qu'on trouve dans les hypogées d'Egypte. La forme en est celle même du caractère qui, dans l'écriture hiéroglyphique, sert à rendre l'idée d'*offrande*, et le verbe *donner* s'exprime par un bras soutenant cette même figure. Il est donc probable que c'était une manière de symboliser l'idée même des *offrandes*. Quant aux inscriptions que portent ces cônes, la formule en est constamment la même : c'est un souhait d'*accès vers Osiris* pour l'âme du défunt.

81. Cône portant le nom du *directeur des constructions du temple d'Ammon à Thèbes, Souti*.

82. Cône à légende effacée, sous la base duquel est représenté le mort adorant le Soleil dans sa barque.

83. Partie inférieure d'un cône portant le nom du *prophète d'Anubis à Coptos, Besa*, fils du prêtre *Amen-em-an*.

84. Partie inférieure d'un cône portant le nom du *scribe royal, chargé des greniers publics, Ramenkheper-sneb*.

85. Partie inférieure d'un cône portant le nom d'un gouverneur de ville appelé *Amen-em-oph*.

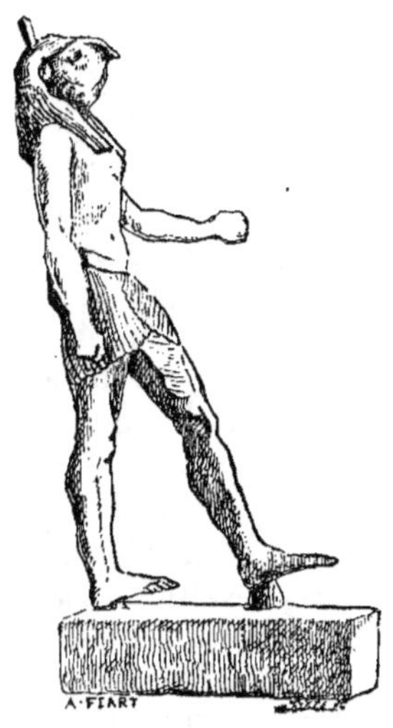

MONUMENTS RELIGIEUX.

Proscynèmes ou actes d'adoration.

86. Bois peint. Offrande à *Ra* hiéracocéphale, la tête
surmontée du disque peint en rouge, par un *prêtre
d'Ammon-Ra, roi des dieux*.

Figures de divinités.

87. Bronze. *Ammon,* le roi des dieux, le maître suprême
des demeures de l'univers, le dieu éponyme de
Thèbes, le Jupiter égyptien. Le dieu est debout, vêtu
de la *schenti,* et porte sur sa tête sa coiffure habituelle,
composée de la partie inférieure du *schent* surmontée
de longues pousses de palmier.

88. Bronze. Deux figurines d'*Ammon*, dans la même
attitude; une est fragmentée.

89. Bronze. Figure d'*Ammon* dans la même attitude,
privée de tête.

89 *bis.* Bronze. *Ammon-Chnouphis,* l'âme du monde, le
premier démiurge ou créateur, à tête de bélier surmontée du diadème *ouetf,* debout, vêtu de la *schenti.*

89 *ter*. Bronze. *Ammon* assis sous un naos, portant les cartouches du roi éthiopien *Schabatak,* xxv⁰ dynastie. (*Collection Anastasi,* n° 286.)

90. Bronze. Deux figurines d'*Ammon-Khem*, générateur, le fils de Mouth, le mari de sa mère, le Pan et le dieu obscène des Egyptiens; ce dieu est représenté sous sa forme habituelle, enveloppé dans la gaîne, ithyphallique, la tête chargée de la coiffure d'Ammon, et la main droite armée du fouet mystique, symbole de l'impulsion génératrice.

91. Bronze. Deux statuettes d'*Ammon-Horus*, le premier et le dernier-né des dieux, le grand dieu de la seconde triade de Thèbes, représenté assis, le doigt dans sa bouche, dans l'attitude propre à l'enfance; il porte la coiffure ordinaire d'Ammon, et la grosse tresse qui caractérise les enfants et que l'on quittait à l'âge de la virilité.

92. Bronze. *Ammon-Horus* représenté de même, mais debout.

93. Lapis. La déesse *Neith*, la Minerve de Saïs, l'inventrice des arts, la forme terrestre de Mouth, la mère des dieux, debout; elle est coiffée de la partie inférieure du *schent.*

94. Bronze. *Neith* debout, représentée de même.

95. Bronze. *Neith* assise, coiffée de la partie inférieure du *schent.*

96. Bronze. *Chons*, la forme passive du fils de Mouth, le dieu fils de la grande triade de Thèbes, le premier Hercule égyptien de Cicéron; ce dieu est représenté enfant, tout le corps enveloppé jusqu'au-dessous des pieds dans une gaîne; la tête rasée et surmontée du disque lunaire, portant au-dessus de l'oreille droite la tresse, signe de l'enfance.

97. Terre émaillée. Figurine très-petite de *Chons*, représenté de même.

98. Terre émaillée. Quatre figurines de *Aah* ou Lunus, une des formes secondaires de Chons, agenouillé, vêtu de la schenti, les bras élevés pour soutenir au-dessus de sa tête le disque lunaire.

99. Or. *Phtah,* le Vulcain égyptien, le dieu ouvrier, le second démiurge ou créateur, le dieu éponyme de Memphis, la seconde capitale de l'Égypte; il est

debout, barbu, la tête rasée, enveloppé dans la gaîne. (*Collection Anastasi,* n° 310.)

100. Bronze. Deux statuettes de *Phtah* debout, en gaîne, tenant à la main le sceptre surmonté du nilomètre, symbole de stabilité.

101. Bois. Figurine de très-petite dimension de *Phtah,* représenté de même.

102. Bronze. Deux figurines d'*Apis,* le taureau divin de Memphis, la manifestation vivante de *Phtah;* une est de très-petite dimension.

103. Bronze. Figure d'*Apis,* ajustée modernement sur un morceau de bois antique avec une statuette d'*Osiris* en bronze.

104. Terre émaillée. Trois figurines de *Phtah* démiurge, représenté sous sa seconde forme d'un nain ou pygmée difforme, aux jambes torses, analogue aux *Patèques* phéniciens.

Les noms de *Phtah*, chez les Egyptiens, et de *Patæcus,* en Phénicie, paraissent dérivés de la même racine, commune aux langues des deux peuples (en égyptien : *ptah,* « sculpter » ; en hébreu : *phatah,* « ouvrir »). L'expression de *Phtah Patèque* n'est donc employée que pour éviter à chaque fois une longue explication.

105. Terre émaillée. *Phtah Patèque* debout, avec quatre grandes ailes dans le dos.

106. Terre émaillée. *Phtah Patèque* panthée, chaque pied reposant sur la tête d'un crocodile ; sur sa tête est le scarabée, image du créateur, un épervier sur chaque épaule ; derrière son dos, la déesse *Hathor,* ailée, ouvrant ses ailes ; sur son côté droit *Nephthys* debout, et sur son côté gauche *Isis*.

107. Terre émaillée. *Phtah Patèque* debout, les pieds sur les crocodiles, les éperviers sur les épaules, la tête surmontée du scarabée ; derrière son dos, *Hathor* ailée.

108. Terre émaillée. *Phtah Patèque* debout, les pieds sur les crocodiles et la tête surmontée du scarabée.

109. Terre émaillée. Trois figurines de *Phtah Patèque,* avec divers attributs.

110. Terre émaillée. Tête d'une statuette remarquablement fine de *Phtah Patèque.*

111. Terre émaillée. *Bès,* le second Hercule égyptien de Cicéron, la forme hideuse et vieille du démiurge, le

principe à la fois destructeur et créateur. C'est un Patèque barbu, à la figure repoussante, au corps difforme, coiffé de plumes, et portant une peau de lion sur le dos. Il a un cynocéphale sur chaque épaule et un autre entre les jambes, un oryx derrière lui, et il tient entre ses bras le jeune *Harpocrate*.

112. Terre émaillée. Huit figurines de *Bès Patèque* debout, coiffé de plumes, la peau de lion sur les épaules.

113. Or. *Bès Patèque* debout, la tête nue. (*Collection Anastasi,* n° 333 *bis.*)

114. Bois. Manche d'un objet indéterminé, représentant *Bès Patèque* debout.

115. Terre émaillée. Trois amulettes représentant la tête de *Bès* barbue, coiffée de plumes.

116. Bronze. *Bès Patèque* debout, coiffé de plumes, brandissant une épée.

117. Bronze. Manche de miroir orné de la même figure.

118. Terre cuite gréco-égyptienne. *Bès Patèque* debout, coiffé de plumes, vêtu d'une cuirasse, tenant une épée et un bouclier.

118 *bis.* Terre cuite gréco-égyptienne. *Bès Patèque* debout, tête nue et sans attributs.

119. Terre émaillée. *Phtah Patèque* accroupi, muni d'un phallus démesuré, qu'il replie au-dessus de sa tête. (*Collection Anastasi,* n° 326.)

120. Terre émaillée. Même représentation.

121. Terre émaillée. *Phtah Patèque* accroupi, muni d'un phallus démesuré, qu'il ramène vers sa bouche.

122. Terre émaillée. *Phtah Patèque,* muni d'un énorme phallus, et un autre pygmée. Groupe obscène.

123. Bronze. La déesse *Pacht,* la grande amante de Phtah, la déesse de Memphis, la Bubastis des Grecs, la Diane égyptienne, debout; elle a une tête de lion surmontée de l'uræus royal et du disque solaire.

124. Bronze. *Pacht* léontocéphale debout, tenant le sceptre terminé par une houppe de papyrus.

125. Terre émaillée. Même représentation; légende dans le dos de la figure.

126. Terre émaillée. *Pacht* léontocéphale debout, sans attributs. Légende dans le dos de la figure.

127. Bronze. *Pacht* léontocéphale, assise sur un trône.

128. Terre émaillée. Quatre figurines de *Pacht* léontocéphale, assise sur un trône.

129. Bronze. Deux figurines représentant *Pacht,* à tête de chatte, debout, tenant le sistre de la main droite, et de la gauche une sorte d'égide surmontée d'une tête de lionne. Un panier est passé à son bras gauche.

130. Bronze. Même représentation, mais plus grande et les attributs manquants.

131. Terre émaillée. Double tête d'*Hathor,* la déesse aux beaux yeux, épouse de Phtah, la Vénus céleste égyptienne, munie d'oreilles de vache.

132. Serpentine. Tête d'une statuette d'*Hathor,* surmontée du disque solaire entre deux cornes de vache.

133. Bronze. *Hathor,* coiffée des cornes et du disque, assise, allaitant le jeune *Ohi,* forme d'Harpocrate adorée dans le temple de Dendérah.

134. Bronze. Quatre répétitions du même groupe, de dimensions diverses.

135. Terre émaillée. *Hathor* allaitant le jeune *Ohi.* Deux figurines.

136. Bronze avec incrustations d'or. *Ra,* le Soleil, roi de l'hémisphère supérieur, roi du monde physique, fils de Phtah et de Neith, nourrisson d'Hathor, père des dieux du second ordre, manifestation d'Ammon-Ra dans le monde matériel; sous la forme de *Montou.* Le dieu est représenté debout, vêtu de la schenti, avec une tête d'épervier surmontée du disque solaire. Figurine du plus beau style et du travail le plus fin. Légende sur la base. (*Collection Anastasi,* n° 356.)
Gravée à la p. 19.

137. Bronze. *Ra* hiéracocéphale, debout, la tête surmontée du disque solaire.

138. Bronze. Même représentation; mutilée.

139. Terre émaillée. *Ra* hiéracocéphale, debout, la tête surmontée du disque solaire. Trois figurines.

139 *bis.* Bois. *Ra* hiéracocéphale accroupi, tenant la plume d'autruche, symbole de justice. Figure d'applique.

140. Bronze. *Imhotep*, fils de Phtah et de Pacht, l'Esculape des Égyptiens, l'inventeur de la philosophie et des sciences communiquées aux hommes. Il est représenté assis, la tête rase comme son père Phtah, tenant un volume de papyrus déployé sur ses genoux. (*Collection Anastasi*, n° 366.)

141. Bronze. Deux autres figures d'*Imhotep*, de dimensions diverses. (*Collection Anastasi*, n° 367.)

142. Bronze. Figurine d'*Imhotep*, très-fine et de dimensions exiguës.

143. Bronze. Autre figure d'*Imhotep*.

144. Terre émaillée. *Thoth*, le second Hermès, régulateur du cours de la lune, le conseiller d'Osiris, l'instituteur de la religion, des lois et des sciences de la nation égyptienne; il a une tête d'ibis et est debout, vêtu de la schenti. Quatre figurines.

145. Bronze. *Thoth*, sous la forme d'un cynocéphale accroupi, le disque de la lune sur la tête.

145 *bis.* Terre émaillée. Amulette avec la figure de *Thoth* ibiocéphale.

146. Bronze. La déesse *Ma*, fille de Ra, la Justice et la Vérité personnifiées, assise, les bras et les mains enveloppés sous le vêtement qui recouvre le corps jusque sous la plante des pieds. Une grande plume d'autruche surmonte sa tête.

146 *bis.* Lapis. *Ma* dans la même attitude. Deux figurines. (*Collection Anastasi*, n° 377.)

147. Terre émaillée. La déesse *Oph*, forme de Nout, la déesse céleste, en tant que mère de Seth ou Typhon. Elle est représentée sous la figure d'un hippopotame femelle, les mamelles pendantes. Cinq figurines.

147 *bis.* Granit. Image fragmentée d'*Oph*, représentée de même.

148. Terre émaillée. La déesse *Thouoris*, la concubine de Typhon, autre forme d'Oph, représentée par un

hippopotame femelle, debout, les mamelles pendantes, avec une tête de lionne, tenant dans ses mains un nœud, symbole de nécessité.

149. Bronze. *An-hour,* forme secondaire de Thoth, debout, vêtu de la schenti, portant sur la tête une houppe de papyrus que surmontent deux longues pousses végétales.

150. Bronze. Figure d'*An-hour* de plus petites dimensions.

151. Terre émaillée. *An-hour* debout. Deux figurines.

152. Serpentine. *Osiris,* l'Être Bon, le dominateur des régions inférieures et le juge des enfers, sous sa forme ordinaire, debout, enveloppé dans une longue gaîne, la tête couverte de la partie supérieure du schent, flanquée de deux plumes d'autruche, tenant dans ses mains le fouet et le pédum, symboles d'impulsion et de cohibition.

153. Bois doré avec ornements de bronze. Image d'*Osiris,* décorée des mêmes attributs.

154. Bronze. *Osiris* avec les mêmes attributs.

155. Bronze. Onze figures d'*Osiris* de dimensions diverses, avec les mêmes attributs.

156. Bois. Deux figures d'*Osiris* debout, avec les mêmes attributs.

157. Bronze doré. *Osiris* assis, avec les mêmes attributs.

158. Serpentine. Deux têtes de statuettes d'*Osiris.*

159. Bois. Partie antérieure de la tête d'une statue d'*Osiris* de grande dimension. Les yeux sont incrustés en bronze et en émail.

160. Bois. *Osiris* assis. Cette figurine forme coffre et contient un petit objet momifié.

161. Lapis. La déesse *Isis,* fille de Nout, sœur et épouse d'Osiris, Neith incarnée pour organiser la société humaine; elle est debout, et porte sur sa tête le trône symbolique qui sert à écrire son nom. Deux figurines, dont une très-fine.

162. Terre émaillée. *Isis* dans la même attitude.

163. Bois. *Isis* assise sur un trône, la tête surmontée du disque solaire entre deux cornes de vache.

163 *bis*. Pierre calcaire. *Isis* assise de même, légendes dans le dos.

164. Bronze. *Isis* debout, les cornes et le disque sur la tête, munie de deux grandes ailes qu'elle étend en avant comme pour protéger la momie d'Osiris.

165. Terre émaillée. Trois figurines d'*Isis* debout, avec des coiffures variées.

166. Bronze. *Isis*, nourrice, présentant le sein à son fils *Horus*. Deux figures.

167. Terre émaillée. Trois figurines représentant le même sujet.

168. Lapis. La déesse *Nephthys*, sœur d'Osiris et d'Isis, fille de Nout et de Seb, mère d'Anubis. Elle est debout et porte sur sa tête les signes hiéroglyphiques de son nom, la *corbeille* et le *plan de maison*, prononcés NEBT-HI.

169. Pâte de verre bleue. *Nephthys* dans la même attitude.

169 *bis*. Bois peint. *Nephthys* accroupie.

170. Terre émaillée. *Harpocrate* (Horus enfant), portant la tresse de la jeunesse, debout entre *Isis* et *Nephthys*. Deux groupes.

171. Lapis. *Harpocrate*, l'Horus enfant, le jeune Soleil, fils d'Osiris et d'Isis, incarnation de Chons, portant la tresse caractéristique de la jeunesse. (*Collection Anastasi*, nᵒ 429.)

172. Bronze. *Harpocrate* assis, avec la tresse et le doigt sur la bouche. Cinq figures.

173. Terre émaillée. *Harpocrate* assis, avec la tresse et le doigt sur la bouche.

174. Bronze. *Harpocrate* assis. Deux figurines.

175. Bronze. *Haroéris-Harpocrate* debout, coiffé du schent complet.

176. Bronze. *Haroéris-Harpocrate* assis, coiffé du schent complet.

177. Terre-cuite gréco-égyptienne. *Harpocrate* accroupi, tenant un chat sur sa cuisse gauche.

178. Or. *Haroéris*, Horus l'aîné, la forme suprême du fils d'Osiris et d'Isis, debout, vêtu de la schenti; il a une tête d'épervier et est coiffé du schent complet. Deux figurines.

179. Bronze. *Haroéris*, *Osiris*, *Isis* et *Pacht*, debout, accompagnés d'un chat, d'un scarabée et d'un serpent.

180. Porphyre vert. *Haroéris* représenté sous la forme d'un épervier coiffé du schent complet.

181. Lapis. *Horus*, fils d'Osiris et d'Isis, vengeur de son père, debout, vêtu de la schenti, avec nne tête d'épervier. (*Collection Anastasi,* n° 437.) Deux figurines.

182. Bronze. *Anubis*, fils d'Osiris et de Nephthys, compagnon fidèle d'Isis dans son veuvage, gardien de la momie et du tombeau d'Osiris, et de tous les tombeaux en général, qui préside à l'embaumement, et, de concert avec son frère Horus, pèse les âmes dans l'Amenti; il est debout, vêtu de la schenti, et est muni d'une tête de chacal. (*Collection Anastasi,* n° 438.)

183. Pâte de verre. *Anubis* représenté de même.

184. Bois peint. *Hapi,* l'un des génies de l'Amenti, à tête de cynocéphale.

184 *bis*. Terre émaillée. Plaque ornée de l'image de *Hapi.*

185. Cire. Images de *Amset* et *Kebhsnef*, génies de l'Amenti.

185 *bis*. Terre émaillée. Images de *Tatmautf* et de *Kebhsnef.*

186. Bronze. *Génie infernal* à tête de serpent.

187. Terre émaillée. Figure panthée analogue à celle qui est dessinée au dernier chapitre du *Rituel funéraire*. C'est un homme nu, avec le masque hideux de Bès flanqué de six autres têtes de serpent et de bélier, portant la coiffure d'Ammon-Chnouphis,

muni de quatre grandes ailes et de quatre bras
tenant divers attributs. Il se tient debout sur un
serpent qui se mord la queue.

188. Bronze. Génie sans attributs accroupi sur une
fleur de lotus.

189. Lapis. Deux figurines d'une déesse debout, la
tête surmontée d'un attribut difficile à déterminer.

190. Lot de statuettes en divers matières.

Insignes divins.

191. Or. Espèce d'égide arrondie, surmontée d'une
tête de lionne portant l'uræus et le disque solaire,
attribut de Pacht. (*Collection Anastasi*, n° 451.)

192. Electrum. Amulette représentant le même symbole.

193. Bronze. Même symbole.

194. Terre émaillée. Six répétitions du même symbole.

195. Terre émaillée. Contre-poids de collier appelé
menat, surmonté d'une tête de lionne, attribut de
Pacht. (*Collection Anastasi*, n° 452.)

195 *bis*. Terre émaillée. Contre-poids de collier portant la légende de *Pacht, la grande amante de Phtah.*
(*Collection Anastasi*, n° 453.)

196. Feldspath compacte et terre émaillée. Quatre
amulettes en forme de contre-poids de collier. (*Collection Anastasi*, n° 454.)

197. Bronze. Contre-poids de collier surmonté d'une
égide arrondie avec les têtes de Pacht et de Nofré-
Atom.

198. Bronze. Egide arrondie surmontée d'une tête de
bélier coiffée de la partie supérieure du schent entre deux plumes d'autruche; attribut d'Ammon-
Chnouphis.

199. Bronze. Egide arrondie surmontée de la tête
d'Hathor.

200. Bronze, même symbole, très-mutilé.

201. Terre émaillée. Double tête d'Hathor, à oreilles de vache, supportant l'abaque d'un chapiteau.

202. Bronze. Manche de sistre surmonté d'une double tête d'Hathor, à oreilles de vache.

203. Bronze. Sceptre d'Haroéris, surmonté d'un épervier portant sur la tête le schent complet.

Animaux sacrés.

204. Ivoire. Cynocéphale (*cynocephalus hamadryas*) accroupi; animal consacré à Thoth.

205. Bronze. Cynocéphale accroupi.

206. Terre émaillée. Cynocéphale accroupi.

206 *bis.* Terre émaillée. Deux amulettes portant d'un côté le cynocéphale accroupi, et de l'autre divers symboles en creux.

207. Serpentine. Encrier en forme de cynocéphale accroupi, portant la légende du *prêtre de Phtah, Horus.*

208. Terre émaillée. Cynocéphale accroupi jouant de la harpe.

209. Bois. Chacal (*canis aureus*) couché, animal consacré à Anubis.

210. Bronze. Chacal debout sur une enseigne sacrée. (*Collection Anastasi,* n° 474.)

211. Terre émaillée. Parties antérieures de deux lions réunies et opposées; symbole solaire expliqué dans le chap. 17 du *Rituel funéraire.*

212. Bronze. Chat (*felis catus*) accroupi, animal consacré à Pacht. (*Collection Anastasi,* n° 479.)

213. Bronze. Chat accroupi. Trois statuettes.

214. Bois. Chat accroupi; deux figures de dimensions diverses.

215. Serpentine. Chat accroupi. Statuette mutilée.

216. Terre émaillée. Chat accroupi; deux figurines.

217. Bronze. Chatte couchée, allaitant ses petits.

218. Momie de chat.

219. Bois peint. Tête de lion.

220. Bois. Partie antérieure d'un lion, provenant du bras d'un trône.

221. Terre émaillée. Tête de vache ; fragment d'applique.

222. Granit. Bélier (*ovis ammon*) debout ; animal consacré à Ammon-Chnouphis.

223. Bronze. Épervier (*falco nisus*) ; animal consacré à Ra et à Horus. Il a la tête surmontée du disque solaire. Deux figures.

224. Serpentine. Épervier coiffé du schent complet ; symbole d'Haroéris.

225. Lapis. Épervier.

226. Terre émaillée. Épervier.

227. Lapis. Vautour (*vultur fulvus*) ; animal consacré à Mouth, symbole de maternité, de mort et de victoire.

228. Or. Vautour les ailes éployées, tenant deux anneaux dans ses serres : symbole de victoire auquel est consacré le chapitre 167 du *Rituel funéraire*. (*Collection Anastasi*, n° 502 *bis*.)

229. Ibis (*ibis sacer*) ; animal consacré à Thoth. Figurine en silex blanc, les pattes et la tête en bronze. (*Collection Anastasi*, n° 504.)

230. Bronze. Tête d'ibis.

231. Terre émaillée. Ibis.

232. Momie d'ibis enveloppée dans ses bandelettes.

233. Moule en grès. L'oiseau *vennou* (*ardea bubulcus*) couché ; animal consacré à Osiris.

234. Serpentine. Crocodile (*crocodilus vulgaris*) ; animal consacré à Sevek, la forme terrible du Saturne égyptien.

235. Petit crocodile embaumé.

236. Bronze. Le serpent uræus (*naja haje*), le cou dressé et gonflé, symbole de royauté. Cinq figures provenant de coiffures royales ou divines.

237. Bronze. Tête de vautour surmontée de deux uræus, coiffés chacun d'une des parties du schent.

238. Bronze. Grand uræus à tête humaine coiffée de la partie inférieure du schent.

239. Bronze. Uræus, coiffé de la partie supérieure du schent et enroulé autour d'une tige de papyrus; symbole de la déesse Souan, présidant à la Haute Égypte.

240. Serpentine et feldspath tenace. Grenouille (*rana esculenta*), symbole de multiplication, de renaissance et d'éternité. Deux amulettes.

241. Bronze. *Rami* (*cyprinus binni*), le poisson qui mangea le phallus d'Osiris, symbole de deuil. Deux figures.

242. Or. Le poisson latus (*perca latus*), consacré à Chnouphis–Nilus.

243. Or. Deux amulettes provenant de colliers et représentant une coquille bivalve du genre *Venus*. (*Collection Anastasi*, n° 525.)

244. Scarabée (*ateuchus sacer*), symbole de création. Quatre amulettes en diverses matières dures.

245. Terre émaillée. Scarabée.

246. Lot de figures d'animaux en diverses matières.

247. Bois peint. Épervier à tête humaine, symbole de l'âme. Il porte sur la tête le disque solaire.

248. Bois. Oiseau symbolique de l'âme. Trois figures.

249. Pâte de verre. Fragment d'applique représentant l'oiseau symbolique de l'âme, muni de deux bras humains, qu'il élève en signe d'adoration.

250. Terre émaillée. Chatte accroupie à tête humaine; symbole de la déesse Pacht.

251. Terre cuite et bronze. Sphinx ou lion à tête humaine, emblème de puissance, de victoire et de domination, image symbolique du soleil. Deux figures mutilées.

Symboles portés en amulettes.

252. Terre émaillée et pâte de verre. Quatre répétitions, dans des proportions différentes, du symbole vulgairement appelé *nilomètre*.

Il portait en égyptien le nom de *tat*. Les peintures des tombeaux retraçant des scènes de la vie civile nous apprennent que ce symbole représentait une espèce d'étagère à gradins où les potiers déposaient leurs vases pour les faire sécher. C'était l'image de l'idée d'*équilibre* et de *stabilité*. Le chapitre 155 du *Rituel funéraire* lui est consacré.

253. Cornaline. Symbole vulgairement désigné sous le nom d'*œil d'Osiris*.

C'est une combinaison de l'œil et de la langue, appelée en égyptien *out'a*, symbole du λόγος ou verbe divin, de sa puissance génératrice et conservatrice, et des périodes cosmiques auxquelles il préside. Sur cette figure, voy. Horapollon, l. I, ch. xxvii, et le ch. 160 du *Rituel funéraire*.

254. Trois petits *out'a* en diverses matières dures.

255. Dix petits *out'a* en terre émaillée.

256. Or. Petite plaque carrée portant la figure de l'*out'a*.

257. Terre émaillée. Nœud mystique, symbole de la vie divine, vulgairement désigné sous le nom de *croix ansée*. Deux exemplaires.

258. Jaspe rouge. Nœud mystique de forme un peu différente, avec deux boucles latérales tombantes.

259. Feldspath vert. Pousse de papyrus avec sa panicule; symbole de végétation, de renaissance et de croissance. Porte une inscription. (*Collection Anastasi,* n° 561.)

C'est de ces symboles qu'il est question dans les chap. 159 et 160 du *Rituel funéraire*.

259 *bis*. Feldspath blanc. Le même symbole. (*Collection Anastasi,* n° 562.)

260. Cinq petits amulettes de diverses matières dures représentant la pousse de papyrus.

261. Terre émaillée. Cinq amulettes représentant la pousse de papyrus.

262. Agate oolithique. Vase cordiforme exprimant l'idée de *cœur* et d'*existence active*. Porte la légende du scribe *Raouserma-nekht*.

Le sens attaché à ces amulettes doit être le même que celui des grands cœurs à inscriptions, dont nous avons parlé plus haut (p. 13).

263. Huit amulettes en diverses matières dures représentant le vase cordiforme.

264. Feldspath tenace et lapis. Deux amulettes représentant un sceau; symbole de *domination*.

265. Hématite. Chevet ou support de la tête, en égyptien *ouols*, symbole du *repos divin* dans l'Amenti. Trois échantillons.

266. Hématite. Niveau à plomb; symbole de *pondération*, image de la *mesure* (μέτρον, comme disent les Grecs), qui préside au mouvement du monde. Deux exemplaires.

267. Cornaline. Tête de serpent, imitant l'extrémité d'un phallus, symbole de *régénération*. Sept exemplaires de dimensions diverses. (*Collection Anastasi*, n° 591.)

268. Feldspath blanc. Même symbole.

269. Terre émaillée. Trône symbolique.

270. Lapis. Amulette en forme de cartouche royal.

271. Schiste argileux. Amulette semblable.

272. Calcaire lithographique. Deux plumes d'autruche adossées comme dans la coiffure d'Osiris.

273. Terre émaillée. Fleur de lotus.

274. Stéatite. Amulette représentant la tête du dieu Bès.

275. Terre émaillée. Amulette carré, représentant d'un côté l'*out'a*, et de l'autre un bélier.

276. Deux scarabées en terre émaillée avec symboles sous le plat, munis encore de leur monture en argent.

277. Treize scarabées en terre émaillée avec symboles et inscriptions diverses sous le plat.

278. Cinq scarabées en matières dures, sans gravures sous le plat.

279. Jaspe vert. Scarabéoïde, avec sous le plat la figure
d'un lièvre couché, symbole de *lumière*.

Ex-voto.

280. Deux phallus en pâte de verre.

281. Terre émaillée. Extrémité d'un grand phallus.

282. Bronze. Bras votif.

283. Bronze. Jambe avec le pied chaussé d'une sandale
recourbée.

Objets du culte.

284. Bronze. Seau à libations, sans figures, portant le
nom d'*Amen-Hotep, fils de Mer-Sokhar*. (*Collection
Anastasi*, n° 681.)

285. Bronze. Seau à libations de petite proportion, à
figures en relief. Adoration à Ammon-Khem, Hathor,
Isis, An-Hour, Nephthys et Pacht léontocéphale.

286. Bronze. Deux seaux à libations, sans figures, de
très-petite taille.

287. Bronze. Simpulum, avec l'extrémité du manche
brisée.

288. Terre cuite. Sorte de bouteille imitant la forme des
vases à libations, avec figures en relief. Adoration à
Ammon-Khem, Haroéris, Hathor, Isis, Phtah, Tafné
léontocéphale, Anubis et Seb.

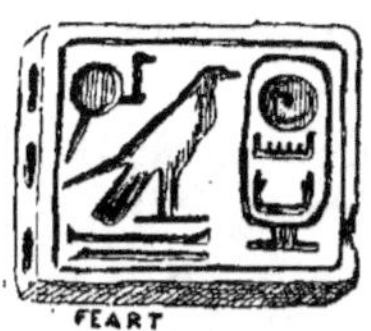 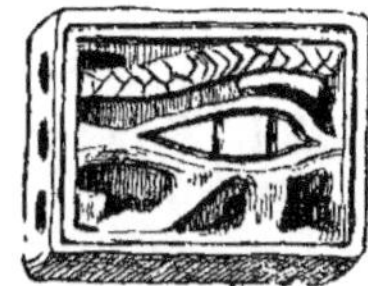

MONUMENTS PORTANT DES NOMS ROYAUX.

289. Amulette carré en terre émaillée, portant d'un côté l'*out'a*, et de l'autre le cartouche du roi Menkaré (ive dynastie).

290. Terre émaillée. Deux scarabées portant le cartouche prénom du roi Amenhotep II (xviiie dynastie), avec divers titres.

291. Scarabée de terre émaillée portant le cartouche prénom de Thouthmès III (xviiie dynastie), avec sa monture en or.

292. Scarabéoïde de terre émaillée portant la figure et le cartouche prénom de Thouthmès III, avec sa monture en or.

293. Quinze scarabées de terre émaillée portant le cartouche prénom de Thouthmès III, aves des titres divers.

294. Amulette de terre émaillée en forme de cartouche, portant d'un côté le prénom de Thouthmès III, et de l'autre un nom propre de particulier.

295. Terre émaillée de deux couleurs, jaune et bleue. Petit vase à mettre le *kohol*, ou poudre d'antimoine, portant les cartouches d'Amenhotep III (xviiie dynastie) et de sa femme, la reine Taïa.

296. Terre émaillée. Demi-cylindre portant les deux noms d'Amenhotep III, avec sa monture en or.

297. Terre émaillée. Amulette carré portant la figure et le prénom d'Amenhotep III.

298. Terre émaillée. Amulette offrant d'un côté la figure de l'*out'a*, et de l'autre le cartouche prénom d'Amenhotep III.

299. Terre émaillée. Trois scarabées et scarabéoïdes avec le cartouche prénom d'Amenhotep III.

300. Email rouge-brun. Tête du roi Amenhotep IV Chou-en-Aten (xviiie dynastie). Fragment d'une figure d'applique.

300 *bis*. Terre émaillée. Figurine funéraire au nom du roi Séti Ier (xixe dynastie); sur la gaîne, le chapitre 6 du *Rituel funéraire*.

300 *ter*. Bois. Six figurines funéraires au nom du roi Séti Ier; sur la gaîne, le chap. 6 du *Rituel*.

301. Terre émaillée. Scarabée portant le nom propre d'un des rois de la xxiie dynastie, appelé *Osorkon*.

302. Terre émaillée. Cylindre portant les deux cartouches du roi éthiopien Schabak (Sabacon) (xxve dynastie).
Voy. plus haut le n° 89 *ter*, dans les MONUMENTS RELIGIEUX.

303. Terre émaillée. Amulette carré offrant d'un côté la figure de l'*out'a*, et de l'autre le nom propre du roi éthiopien Tahraka (xxve dynastie).

304. Terre émaillée. Amulette carré offrant d'un côté la figure de l'*out'a*, de l'autre l'image d'une chatte et le cartouche d'Apriès (xxvie dynastie).

305. Basalte vert. Masque d'une figure royale indéterminée, d'une très-grande finesse. C'est peut-être celle de Cléopâtre Séléné ou de Cléopâtre Coccé.

306. Serpentine. Figure royale indéterminée, assise, coiffée du schent complet.

307. Bronze. Figure royale agenouillée, en adoration.

308. Bois. Figure royale agenouillée, en adoration.

309. Bronze. Figure royale agenouillée, coiffée du diadème de la puissance suprême; elle tient de chaque main un vase rond qu'elle présente aux dieux.

MONUMENTS DE LA VIE CIVILE.

Statuettes représentant des particuliers.

310. Serpentine. Statuette d'un scribe accroupi, écrivant sur ses genoux. Travail d'une grande finesse.

311. Bois. Figure de femme nue, d'une grande finesse. Sur le socle, prière pour la jeune défunte *Bekt-Mouth*, par son père *Néfer* et sa mère *Mès*.

312. Bois. Statuette d'un prêtre debout, vêtu d'une longue robe et la tête rasée. Travail très-remarquable.

313. Bois. Femme debout, vêtue d'une robe collante. Le type de cette figure tient de la race noire.

314. Bronze. Trois statuettes de personnages agenouillés, en adoration.

315. Basalte noir. Statuette de femme debout.

316. Bois. Statuette d'un homme debout, vêtu de la schenti. Sur le socle, en argile crue, inscription peinte, contenant une prière pour le défunt *Outkaou* (?).

317. Terre émaillée. Musicien grotesque, jouant de la mandoline et muni d'un énorme phallus.

318. Plaque de terre cuite, sur laquelle est représentée une femme nue, debout, de face.

Objets d'habillement.

319. Pièce de mousseline.

320. Paire de sandales en feuilles de palmier tressées, avec une bride pour retenir le pied. (*Collection Anastasi*, n° 769.)

Bijoux.

321. Grande boucle d'oreille d'or, décorée de l'épervier d'Horus, au-dessous duquel pend une espèce de vase.

322. Collier composé alternativement de perles d'or cannelées et de grains de cornaline en balustre.

323. Collier composé de grains ronds entremêlés, en or, cornaline, feldspath vert, améthyste, agate, avec un second rang en très-petits grains d'or et de cornaline, auquel pendent un nilomètre de lapis, une tête de serpent en cornaline, un *out'a* de la même matière et un scarabée en hématite, sans gravure sous le plat.

324. Collier composé de tubes de verre allongés, de diverses couleurs.

325. Collier de petits grains d'or et de grains allongés de lapis.

326. Fragments d'un collier composé de tubes allongés en or et en pâtes de verre bleues, et de grains de pâte de verre en balustres ; deux petites plaques d'or estampées avec le nom d'Ammon-Ra y sont attachées, et le pendant est formé d'une tête de serpent en cornaline, à laquelle on a joint deux ailes d'or.

326 *bis*. Deux petits bracelets de bronze.

327. Anneau en or, représentant deux lotus, incrustés de lapis, turquoises et cornalines. (*Collection Anastasi*, n° 821.)

328. Deux anneaux en or, cannelés. (*Collection Anastasi*, n° 822.)

329. Deux anneaux ronds et creux en or, décorés d'élégantes rosaces, qui ont dû faire partie d'un gros collier.

330. Deux gros anneaux de la même forme, en or uni.

331. Deux anneaux pleins, en or, de la même forme.

332. Huit anneaux de la même forme, en or, cornaline et émail purpurin.

333. Espèce de bulle de collier, creuse, en forme d'anneau.

334. Deux anneaux en terre émaillée, portant sur le chaton, l'un l'égide à la tête d'Athor, l'autre un *ibex* ou bouquetin agenouillé.

335. Quatre anneaux en terre émaillée et en pâte de verre, portant sur le chaton, les deux premiers un serpent uræus, le troisième un *out'a*, et le quatrième un singe cynocéphale accroupi.

336. Quatre anneaux en bronze, portant gravés sur le chaton divers symboles plus ou moins effacés.

337. Anneau en argent, portant gravée sur le chaton la barque du Soleil.

338. Anneau en argent; sur le chaton, le Soleil dans sa barque.

339. Scarabée incrusté en lapis et en émail, monté en argent.

340. Scarabée et scarabéoïde avec leurs montures antiques en or.

341. Amulette carré avec monture antique en or.

342. Scarabée avec monture antique en argent.

343. Deux anneaux en argent, avec symboles gravés sur le chaton.

344. Anneau de momie, formé d'une feuille d'or.

345. Trois boucles d'oreille d'or sans ornements.

346. Grains de colliers en or, lapis et pâte de verre.

347. Amulette représentant le vase cordiforme, en cire revêtue d'une feuille d'or.

348. Amulette carré en jaspe vert, portant gravés, d'un côté un uræus, et de l'autre un lièvre.

Ustensiles de toilette.

349. Miroir en métal, dont le manche représente une femme nue élevant les bras. (*Collection Anastasi*, n° 848.)

350. Miroir de métal à manche d'ivoire.

351. Manche de miroir de bronze, terminé en volutes.

352. Deux peignes en bois.

353. Deux petits pots en albâtre, ayant contenu de la poudre d'antimoine pour peindre les yeux (appelée *stim* en égyptien).

354. Deux styles en os destinés à placer l'antimoine sur les bords de l'œil.

355. Trois petits pots à onguents de formes diverses, en albâtre.

356. Pot à onguent monté sur un pied, en calcaire compacte.

357. Deux vases à parfums ou à onguents en albâtre, de la forme appelée par les Grecs *alabastron*.

358. Vase à parfums en albâtre, d'une forme très-voisine.

359. Trois petits mortiers en albâtre, destinés à broyer le fard.

360. Deux petites cuillers rondes à onguents, en os.

361. Sept vases à parfums en albâtre, de formes variées.

362. Cuiller de toilette en bois, fragmentée, représentant une femme de race éthiopienne, nue, nageant et soutenant un bassin sur ses bras.

363. Cuiller de toilette en bois, fragmentée, représentant une esclave qui porte une amphore sur ses épaules.

364. Cuiller de toilette en bois représentant le poisson *latus*.

365. Cuiller de toilette en bois, en forme de bassin dans lequel jouent des oiseaux aquatiques et des poissons.

366. Cuiller de toilette en bois, de forme ronde, avec pour manche une tête de canard.

367. Épingle et deux passe-lacets en os.

368. Pince à épiler en bronze.

369. Deux petites cuillers à collyres en bronze.

370. Cuiller et pilon à collyres en os.

Vases.

371. Patère ronde en albâtre.

372. Mortier plat en porphyre rouge.

373. Mortier plat en granit noir.

374. Cinq vases de terre cuite, de formes diverses.

375. Deux vases de terre cuite en forme de gourde, rappelant les eulogies chrétiennes des premiers siècles.

376. Vase de terre cuite en forme de creuset.

377. Vase de terre cuite peinte, d'une forme analogue à celle que les Grecs appelaient *ascos*.

378. Vase fusiforme en terre cuite rouge; c'est ce même vase qui sert à exprimer le son н dans la forme habituelle du verbe нôs, « chanter. » (*Collection Anastasi*, n° 935.)

379. Sorte de flacon allongé en terre émaillée bleue et noire.

380. Fragments d'une coupe en argent dont le fond était décoré de poissons *binni* se jouant parmi des fleurs de lotus. On voit encore les traces d'une inscription hiéroglyphique qui régnait tout autour, et contenait les titres d'un basilicogrammate nommé *Thoth*. Une coupe semblable en or, intacte, conservée au musée du Louvre, permet de restituer l'inscription, et nous apprend que ce Thoth avait été *intendant de l'or, de l'argent et de l'étain* sous le règne de Thouthmès III. L'existence aujourd'hui constatée des deux coupes du Louvre et de la collection Raifé nous montre que ce personnage avait fait exécuter un triple modèle de ce vase dans chacun des métaux dont il avait l'intendance. L'exemplaire d'étain reste à trouver. (*Collection Anastasi*, n° 956.)

381. Deux petits vases de bronze.

382. Vase de bois à couvercle.

Meubles.

383. Chevet en bois, décoré de chaque côté du masque du dieu Bès.

384. Deux chevets en bois.

Ustensiles.

385. Ciseau à froid en bronze.

386. Sorte de truelle en fer.

387. Instrument de bronze de forme lancéolée.

388. Polissoir en obsidienne noire, en forme de deux doigts joints.

Jeux.

389. Poupée d'ivoire à bras et jambes mobiles, d'un travail très-délicat.

390. Poupée de bronze à bras mobiles.

391. Poupée de chiffons.

392. Poupée de bois grossière, sans sa tête.

393. Balle à jongler, en terre émaillée de deux couleurs.

394. Deux espèces de dames ou de pions d'échiquier (*latrunculi*), l'un en albâtre et l'autre en bois.

395. Dé en serpentine.

Instruments de l'écriture.

396. Belle palette de scribe en basalte vert, portant une double prière à Osiris et à Thoth.

397. Palette de scribe en bois.

398. Encrier en bois d'ébène à six tubes réunis.

399. Encrier en serpentine noire, représentant un esclave qui porte un vase sur son épaule.

Voy. plus haut le n° 207, dans les MONUMENTS RELIGIEUX.

Papyrus.

1° Manuscrits du *Rituel funéraire.*

Le *Rituel funéraire* est le plus considérable et le plus important des livres religieux que l'antique Égypte nous ait légués, car il contient l'exposé de toute la doctrine des Égyptiens sur la destinée de l'âme dans l'autre vie. C'est en même temps le plus répandu; car, auprès de toute momie, on en trouve un exemplaire plus ou moins complet, ou du moins un abrégé.

Nous croyons que le public, encore trop peu familiarisé avec les études hiéroglyphiques, nous saura gré de lui donner ici, avant de passer à la description de la riche série de manuscrits du *Rituel* que renferme la collection Raifé, une rapide analyse de ce livre capital, d'après]l'exemplaire du musée de Turin publié par M. Lepsius, le plus complet qui soit connu jusqu'à présent. J'emprunte cette analyse aux travaux inédits de mon père.

Le *Rituel funéraire* s'ouvre par une grande scène dialoguée (chap. I) qui se passe au moment même de la mort, lorsque l'âme vient de se séparer du corps. Le mort, s'adressant à la divinité infernale, énumère tous ses titres à sa faveur, et lui demande de l'admettre dans son empire. Le chœur des âmes glorifiées intervient, comme dans la tragédie grecque, et appuie la prière du défunt. Le prêtre, sur la terre, prend à son tour la parole et joint sa voix pour implorer aussi la clémence divine. Enfin Osiris répond au mort : « Ne crains rien en m'adressant ta prière pour l'éternelle durée de ton âme, pour que j'ordonne que tu franchisses le seuil. » Rassurée par cette parole divine, l'âme du défunt pénètre dans l'Amenti et recommence ses invocations.

Après le début grandiose que nous venons d'analyser viennent plusieurs petits chapitres (chap. II-XIV), beaucoup moins importants, relatifs aussi à la mort et aux premières cérémonies des funérailles. Enfin, l'âme du défunt a franchi les portes de l'Amenti; il pénètre dans cette région infernale, et, à son entrée, il est ébloui de l'éclat du Soleil, qui se manifeste à lui pour la première fois dans l'hémisphère inférieur. Il entonne un hymne de louanges au Soleil, sous forme d'invocations et de litanies entremêlées (chap. XV).

Après cet hymne, une grande vignette, représentant l'adoration et la glorification du Soleil à la fois dans le ciel, sur la terre et dans les enfers (chap. XVI), indique la fin de la première partie du *Rituel*, qui en est comme l'introduction. La seconde partie va nous retracer les diverses péripéties des migrations de l'âme dans l'hémisphère inférieur.

« Les Égyptiens, dit Horapollon dans ses *Hiéroglyphiques*, appellent la science *sbo*, ce qui veut dire plénitude de nourriture. » Ce passage renferme certainement une allusion aux idées religieuses sur la destinée des morts. La science et la nourriture sont en effet identifiées à chaque instant dans le *Rituel*. La science des choses religieuses est cette nourriture mystique que l'âme doit emporter avec elle, et qui doit la soutenir dans ses pérégrinations et dans ses traverses. L'âme qui n'aura pas assez de science ne parviendra pas au terme de son voyage et sera repoussée au tribunal d'Osiris. Il faut donc, avant qu'elle commence son voyage, la munir d'une provision de cette nourriture divine. C'est à cela qu'est destiné le long chapitre qui ouvre la seconde partie (chap. XVII). Il est accompagné d'une grande vignette qui représente une série des symboles les plus augustes de la religion égyptienne. Le texte contient la description de ces symboles avec leur explication mystique. Au commencement du chapitre, les descriptions et explications sont assez claires; mais, à mesure que l'on avance, on s'élève dans une région plus haute et plus obscure. A la fin du chapitre, le fil se perd pour nous presque complétement, et, comme il arrive souvent en pareil cas, l'explication finit par devenir beaucoup plus difficile à comprendre que le symbole et la phrase expliquée. M. le vicomte de Rougé a donné une traduction complète et un très-remarquable commentaire de ce chapitre, capital pour la connaissance de la religion égyptienne.

Vient ensuite une série de prières à prononcer pendant l'embaumement, tandis qu'on enroule le corps dans ses bandelettes (chap. XVIII-XX). Ces invocations sont adressées à Thoth, l'Hermès égyptien, qui remplit, comme dans la religion des Grecs, le rôle de *psychopompe* ou de conducteur des âmes. Elles présentent un haut intérêt, car chacune fait allusion à un fait de la grande épopée d'Osiris et de sa lutte contre Typhon, dont Plutarque et Synésius nous ont laissé des versions plus récentes. Le mort s'adresse au dieu et lui demande de lui rendre encore le service que, dans cette circonstance solennelle, il a rendu à Osiris et à son fils Horus, *rengeur de son père*.

Une fois le corps enveloppé dans sa momie, l'âme bien pourvue de la provision de science qui lui est nécessaire, le mort va commencer son voyage. Mais il est encore immobile, il n'a plus l'usage de ses membres; il faut qu'il s'adresse aux dieux, qui lui rendent successivement toutes les facultés qu'il avait dans sa vie terrestre, pour qu'il puisse se tenir debout, marcher, parler, prendre sa nourriture et combattre (chap. XXI-XXIX). Ainsi muni, il part; et, avec l'aide de son scarabée, qu'il tient sur son cœur comme passe-port, il franchit l'entrée des enfers (ch. XXX).

Dès les premiers pas, des obstacles terribles se présentent sur son chemin. Des monstres effroyables, serviteurs de Typhon, crocodiles de terre et d'eau, serpents de toutes sortes, tortues et autres reptiles, se précipitent sur le mort pour le dévorer (chap. XXXI-XLI). Alors s'engage une série de combats où le mort et les animaux contre lesquels il lutte s'adressent mutuellement des injures, à la façon des héros d'Homère. Enfin l'*Osiris* a vaincu tous ses ennemis; il a renversé les monstres typhoniens et forcé le passage; dans l'exaltation de sa victoire, il entonne un chant de triomphe (chap. XLII), où il s'assimile à tous les dieux, dont les membres sont devenus les siens. « Mes cheveux, dit-il, sont ceux de l'abîme céleste; ma face, celle du Soleil; mes yeux, ceux d'Hathor, » et ainsi de suite de toutes les parties de son corps. Il a même la force de Seth, c'est-à-dire de Typhon : car la lutte du bon et du mauvais principe n'est qu'apparente : au fond, ils se confondent l'un et l'autre dans le même panthéisme, et reçoivent également les adorations de l'initié.

Après de pareils travaux, le mort a besoin de repos : il s'arrête quelque temps pour reprendre ses forces et repaître sa faim dévorante (chap. LII-LVI). Il a évité de grands dangers; il a échappé au billot sur lequel on décapite les damnés, et il ne s'est pas égaré dans le désert où on meurt de faim et de soif (chap. L et LI). Du haut de l'arbre de la vie, la déesse Nout lui verse une eau salutaire qui le rafraîchit (chap. LVII et LXIII) et lui permet de recommencer sa route, afin d'atteindre la première porte du ciel.

Là s'engage un dialogue entre le mort et la lumière divine qui l'instruit (chap. LXIV). Ce dialogue présente les plus remarquables rapports avec le dialogue placé au début du *Pœmander*, l'un des livres hermétiques dont nous possédons le texte grec, entre Thoth et la lumière, laquelle explique également à Thoth les mystères les plus sublimes de la nature. Ce morceau est certainement un des plus beaux et des plus grandioses du *Rituel funéraire* ; il peut marcher presque de pair avec les invocations au Soleil qui terminent la première partie (1).

Le mort a franchi la porte; il continue à s'avancer, illuminé par cette nouvelle lumière à laquelle il adresse ses invocations (chap. LXV-LXX). Il entre alors dans une série de transformations où il s'élève peu à peu, revêtant la forme et s'identifiant avec les symboles divins les plus élevés. Il se change successivement en épervier (chap. LXXVII et LXXVIII), en *ange* ou messager divin (chap. LXXIX), en lotus (chap. LXXXI), en héron (chap. LXXXIII), en grue (chap. LXXXIV), en oiseau à tête humaine, image de l'âme (chap. LXXXV), en hirondelle (chap. LXXXVI), en serpent (chap. LXXXVII), et en crocodile (chap. LXXXVIII).

Jusqu'ici l'âme du défunt a fait seule sa pérégrination; elle a revêtu une espèce d'εἴδωλον, s'il m'est permis d'employer cette expression grecque intraduisible en français; c'est-à-dire une image, une apparence de son corps qui reste étendu sur le lit funèbre. Après les transformations, l'âme vient se réunir à son corps, qui lui est devenu nécessaire pour le reste du voyage. C'est pour cela que le soin de l'embaumement est une chose si importante; il faut que l'âme retrouve le corps intact et bien conservé. « Oh! s'écrie le corps, que je réunisse mon âme brillante « avec moi dans la demeure du maître des souffles (de la vie): n'or- « donne pas aux gardiens du ciel, pour ce qui me concerne, de faire la « destruction, de manière à éloigner mon âme de mon cadavre, et à em- « pêcher l'œil d'Horus, qui est avec toi, de me préparer les chemins. »

Le mort traverse la demeure de Thoth, qui lui remet un livre contenant des instructions pour le reste de sa route et de nouvelles leçons de science dont il va bientôt avoir besoin (chap. XC). Il arrive en effet sur les bords du fleuve infernal, qui le sépare des Champs Elysées; mais là un nouveau danger l'attend. Un faux nautonier, envoyé par les puissances typhoniennes, est embusqué sur sa route et essaye, par de trompeuses paroles, de l'attirer dans sa barque, qui l'égarera et l'emportera vers l'orient au lieu de l'occident, terme de sa course, où il doit rejoindre le Soleil infernal (chap. XCIII). Le mort surmonte encore ce nouveau péril; il démasque la perfidie du nouveau pilote et le repousse en l'accablant d'injures. Il rencontre enfin la véritable barque, celle qui doit le conduire au port (chap. XCVIII). Mais, avant d'y monter, il faut qu'on sache s'il est véritablement capable de faire sa navigation ; s'il possède, à un degré suffisant, cette science indispensable pour son salut. Le batelier divin lui fait donc subir un interrogatoire, l'initiation préliminaire qui semble répondre aux petits mystères dans le culte d'Eleusis. Le mort passe un examen de capitaine (chap. XCIX); chacune des parties de la barque semble successivement s'animer; elle demande quel est son nom et le sens mystique de ce nom.

« Dis-moi le nom du piquet pour amarrer la barque? — Le Seigneur « des mondes dans son enveloppe est ton nom. — Dis-moi le nom du « maillet? — L'adversaire d'Apis est ton nom. — Dis-moi le nom de la « corde? Le nœud attaché au piquet? — Anubis, dans les circonvolutions « du lien, est ton nom. » Et ainsi de suite.

---

(1) Une sorte de note historique placée à la fin du chapitre LXIV raconte que ce texte fut trouvé dans un tombeau très-antique, sous le règne de Menkaré, le Mycérinus d'Hérodote, constructeur de la troisième pyramide de Gizeh. On voit quelle prodigieuse antiquité les Egyptiens prétendaient y attribuer.

Après avoir encore surmonté cette épreuve, le mort s'embarque, **traverse** le fleuve infernal et prend terre sur l'autre rive, où il parvient bientôt dans les Champs Elysées, au sein de la vallée d'Anoura ou de Balot, dont le *Rituel* nous donne la géographie en ces termes : « Est cette vallée de « Balot (l'abondance) à l'orient du ciel, de trois cent soixante-dix perches « en longueur, de cent quarante coudées de largeur. Est un crocodile, « seigneur de Balot, à l'orient de cette vallée, dans sa demeure divine, « au-dessus de l'enceinte. Est un serpent en tête de cette vallée, long de « trente coudées, le corps gros de dix coudées de tour (chap. CVIII)..... « Au midi est le lac des principes sacrés, et le nord est formé par les « eaux de la matière primordiale (chap. CIX). »

Un grand tableau qui suit (chap. CX) nous montre cette vallée, dans laquelle nous voyons l'*Osiris* se livrerà toutes les opérations de l'agriculture, labourer, semer, moissonner et récolter dans les champs divins une ample provision de ce froment de la science qui va bientôt lui être plus nécessaire que jamais. Il arrive en effet au terme de son voyage; il n'a plus devant lui que la dernière, mais aussi la plus terrible de ses épreuves.

Conduit par Anubis, il traverse le labyrinthe à l'aide du fil qui les guide dans ses dédales (chap. CXVII-CXIX), et pénètre enfin dans le prétoire où l'attend Osiris assis sur son trône et assisté de ses quarante-deux terribles assesseurs. C'est là que va être prononcée la sentence décisive qui admettra le mort dans la béatitude, ou l'en exclura pour toujours (chap. CXXV). Alors commence un nouvel interrogatoire, bien plus solennel que le premier. Il faut que le mort fasse preuve de sa science ; il faut qu'il montre qu'elle est assez grande pour lui donner le droit d'être admis au sort des âmes glorifiées. Chacun des quarante-deux jurés, portant un nom mystique, l'interroge à son tour; il faut qu'il lui dise ce qu'est ce nom et ce qu'il signifie. Ce n'est rien encore : il doit rendre compte de toute sa vie. Ici commence une des parties certainement les plus curieuses du *Rituel funéraire* ; c'est ce que Champollion a appelé la *confession négative*, et qu'on pourrait désigner plus exactement par le mot d'*apologie*. Le mort s'adresse successivement à chacun des juges et lui déclare pour sa justification qu'il n'a pas commis telle ou telle action coupable. Nous avons là tout le code de la conscience égyptienne. On est stupéfait quand on le contemple, et quand on voit quelle morale avancée, supérieure à celle des autres peuples de l'antiquité, l'Egypte avait su fonder sur une base aussi fragile que celle de sa religion. C'est là un sujet d'étude digne d'attirer les yeux du philosophe. Deux choses sont en présence : d'un côté, la religion, impure et dégradante autant et plus qu'aucune autre forme du paganisme; de l'autre, une doctrine élevée, fondée sur la religion naturelle, une aspiration sublime vers la vérité qui amène jusqu'au dogme de la responsabilité de l'âme humaine. Ces deux principes sont côte à côte, et la religion, si inférieure à la morale qui la contredit sans cesse, essaye de s'en emparer et de la fondre en elle, de réunir à la fois la négation de l'individualité de l'âme et l'idée de sa responsabilité. De là l'explication de ces deux faits, si étranges et si difficiles à comprendre l'un à côté de l'autre : que la religion de l'Egypte a été certainement, comme tout le paganisme l'a jugé, la plus avilissante pour la dignité humaine, et qu'en même temps l'Écriture elle-même a pu vanter la *sagesse des Egyptiens*.

« Je n'ai pas commis de fautes, s'écrie le mort. Je n'ai pas blasphémé. « Je n'ai pas trompé. Je n'ai pas volé. Je n'ai pas divisé les hommes par « mes ruses. Je n'ai traité personne avec cruauté. Je n'ai excité aucun « trouble. Je n'ai pas été paresseux. Je ne me suis pas enivré. Je n'ai pas « fait de commandements injustes. Je n'ai pas eu une curiosité indis- « crète. Je n'ai pas laissé aller ma bouche au bavardage. Je n'ai frappé « personne. Je n'ai causé de crainte à personne. Je n'ai pas médit d'au-

« trui. Je n'ai pas rongé mon cœur d'envie. Je n'ai mal parlé ni du roi
« ni de mon père. Je n'ai pas intenté de fausses accusations. »

Ces préceptes, quoique corrects, ne donnent pas encore une idée du
degré de pureté auquel était arrivée la conscience des Egyptiens : ceux
qui suivent sont plus frappants. La débauche, sous toutes ses formes,
est sévèrement condamnée ; les vices infâmes, que la Grèce avait élevés
au rang d'institution religieuse, que Virgile lui-même a chantés, sont ex-
pressément réprouvés. « Je n'ai pas retiré le lait de la bouche des nour-
« rissons, dit aussi le mort. Je n'ai pas pratiqué d'avortements. » Dans
toute l'antiquité classique, la condamnation des opérations de l'avorte-
ment ne se trouve qu'une fois ; c'est dans ce beau *Serment du médecin*
usité dans l'école d'Ionie et qui nous a été conservé parmi les œuvres
d'Hippocrate. Mais voici qui est encore plus grand, une aspiration qui
s'élève presqu'à la hauteur de l'Evangile, et qui surprend profondément
au milieu du paganisme : « Je n'ai pas fait de mal à mon esclave en
« abusant de ma supériorité sur lui. » Le mort ne se borne pas à la dé-
négation du mal, il parle de ce qu'il a fait de bien dans sa vie : « J'ai
« fait aux dieux les offrandes qui leur étaient dues. J'ai donné à manger
« à celui qui avait faim ; j'ai donné à boire à celui qui avait soif ; j'ai
« fourni des vêtements à celui qui était nu. » Le sentiment des œuvres
de charité était si ancré dans le cœur des Egyptiens, que nous voyons,
dans une inscription funéraire des dynasties primitives, un grand personnage, un gouverneur de province, qui rend ainsi à la postérité compte
de son administration : « Aucun orphelin n'a été maltraité par moi ;
« aucune veuve n'a été violentée par moi ; aucun mendiant n'a été bâ-
« tonné par mes ordres ; aucun pâtre n'a été frappé par moi ; aucun
« chef de famille n'a été opprimé par moi ; je n'ai pas enlevé ses gens à
« leurs travaux (1). » Dans la société romaine, il faut en arriver, sinon
jusqu'au christianisme même, du moins jusqu'à l'infiltration des idées
chrétiennes, pour trouver un individu qui sur sa tombe se glorifie du
titre d'ami des pauvres, AMATOR PAVPERVM. Malheureusement, en
Egypte, la connaissance de la vérité religieuse manquait pour donner la
sanction à ces aspirations élevées, et l'homme, à qui le code de la morale
défendait la débauche, s'en allait brûler son encens devant Ammon,
mari de sa mère (*mari* est un équivalent chaste employé par Champollion pour voiler la brutalité de l'expression égyptienne).

A côté de ces préceptes généraux, l'*Apologie* nous montre des pres-
criptions de police et d'ordre public, que l'intérêt commun avait fait élever en Egypte au rang des devoirs qui engagent la conscience. Ainsi le
mort se disculpe d'avoir intercepté les canaux d'irrigation et d'avoir
jamais entravé la distribution des eaux du fleuve dans la campagne ; il
déclare qu'il n'a pas endommagé les pierres qui servent à amarrer les
barques du rivage. Viennent aussi les fautes contre la religion, dont
quelques-unes nous paraissent bizarres, surtout quand on les trouve au
même rang que les véritables atteintes à la morale. Le mort n'a pas altéré
les prières, il n'y a introduit aucune interpolation ; il n'a pas porté atteinte
aux propriétés sacrées, en s'emparant des troupeaux ou en pêchant les
poissons divins dans leurs lacs ; il n'a pas volé les offrandes sur l'autel ;
enfin il n'a pas souillé de ses excréments les flots sacrés du Nil.

L'*Osiris* s'est pleinement justifié ; son cœur a été mis dans la balance
avec la justice, et on ne l'a pas trouvé plus lourd ; les quarante-deux jurés
lui ont reconnu la science nécessaire. Osiris rend sa sentence, que Thoth,
comme greffier du tribunal, inscrit sur son livre, et le mort entre enfin
dans la béatitude.

C'est ici que s'ouvre la troisième partie du *Rituel funéraire*, plus

____

(1) Inscription du tombeau d'*Amenemhé*, à Beni-Hassan.

mystique et plus obscure que les deux autres. Elle nous fait voir l'*Osiris* désormais identifié avec le Soleil, parcourant, avec lui et comme lui, les diverses demeures du ciel, et le lac de feu, source de toute lumière. Puis il s'élève par degrés dans l'époptisme, jusqu'à la contemplation et à l'identification avec une figure symbolique qui réunit les attributs de toutes les divinités du Panthéon égyptien, et dont la représentation termine l'ouvrage.

Après cette analyse rapide, nous n'ajouterons qu'un mot nécessaire pour l'intelligence des chapitres qui vont suivre.

Les Égyptiens niaient l'individualité de l'âme humaine dans l'autre vie. En effet, le but des prières qu'ils prononcent pour le mort, la suprême béatitude, consiste dans l'absorption au sein du panthéisme universel, la fusion et l'identification de l'âme avec la divinité qui réside dans le monde entier, et qui, dans ses diverses émanations, prend mille formes et mille noms divers. De toutes ces formes de la divinité, celle avec laquelle l'identification est la plus absolue est Osiris, le dieu des régions infernales. Le mort n'est plus qu'un autre Osiris; ce sont les mêmes ennemis qu'il a à combattre; son jugement, quoique présidé par Osiris, ne diffère pas au fond de la justification par laquelle Osiris lui-même a repoussé les accusations de ses ennemis; et, quand le mort invoque la divinité infernale, son principal titre est dans son identité avec cette divinité même; il s'écrie : « Je suis Osiris. » Un mot révèle à lui seul cette inextricable confusion, c'est le nom même que les Égyptiens donnent au défunt : il ne s'appelle plus tel ou tel, c'est l'*Osiris* un tel.

La forme du dialogue se retrouve à plusieurs reprises dans le *Rituel funéraire*, où elle a été reconnue pour la première fois par M. de Rougé. Ce n'en est pas une des moindres difficultés. Chacun connaît la charmante préface de l'*Iphigénie* de Racine, et l'anecdote qu'il raconte d'une discussion élevée dans le sein de l'Académie des Inscriptions, alors naissante, au sujet de deux vers de l'*Alceste* d'Euripide, que les uns voulaient mettre dans la bouche d'Alceste, les autres dans celle d'Admète, où ils allaient fort mal. Cette divergence d'opinions, qui nous paraît aujourd'hui ridicule, s'explique pourtant bien quand on a vu les manuscrits des tragiques grecs, où les personnages ne sont pas distingués, et les premières éditions publiées d'après ces manuscrits, où la distinction n'est encore faite que de la façon la plus irrégulière. Nous sommes fort exposés à tomber dans la même méprise que les académiciens du temps de Louis XIV. Les papyrus du *Rituel* n'indiquent jamais les changements d'interlocuteurs; on est obligé de les deviner d'après le sens même et le changement des pronoms dans le discours.

400. Beau manuscrit hiératique du Rituel, exécuté pour un défunt du nom de *Scha-Hapi*. Il est déroulé et collé en trois cadres.

Premier cadre : 1. Tableau de la glorification du Soleil : Chapitre 16. — Chapitres 18, 19 et 20. — Chapitres 21, 22, 23 et 24. — Chapitre 27. — Chapitre 26. — Chapitre 28. — Tableau de la culture des Champs-Élysées : Chapitre 110. — Deux chapitres mutilés. — 2. Fin du chapitre 31. — Chapitre 32. — Tableau du jugement de l'âme : Chapitre 125.

Deuxième cadre : Chapitres 33, 35, 36, 37, 39,

40, 41 et 42. — Tableau du chapitre 148. — Chapitres 90, 91, 94, 95, 96, 98 et 110. — Tableau du chapitre 150. — Chapitres 116, 117, 119 et 124. — Chapitre 127. — Tableau du chapitre 161.

Troisième cadre : Fragment à intercaler entre les n°s 1 et 2 du premier cadre : Fin de deux chapitres mutilés. — Deux chapitres qui manquent à l'exemplaire de Turin. — Commencement du chapitre 31.

400 *bis*. Manuscrit très-fin et très-complet du *Rituel* en écriture hiératique, encore en partie roulé, orné de vignettes, exécuté pour un défunt du nom de *Psen-Séni*, fils de la dame de maison *Isé-oer-t*.

401. Tableau du jugement de l'âme (Chap. 125). Fragment d'un papyrus exécuté pour *le prêtre d'Osiris Oéri, fils de la dame de la maison Isé-oer-t*.
Déroulé et collé dans un cadre.

402. Manuscrit en écriture hiératicisante du temps de la xixe dynastie, exécuté pour *le prophète d'Ammon Bok-en-Khonsou*.
Il contient : Le tableau du chapitre 110. — Deux chapitres relatifs à la culture des Champs-Elysées. — Le chapitre 53. — La *Confession négative* du chapitre 125.
Déroulé et collé dans un cadre.

403. Manuscrit hiératique exécuté pour *le chargé du grand temple d'Ammon Pen-chou-mennou*. Il contient une vignette coloriée de l'adoration d'Osiris par le défunt, puis les chapitres 23-28.
Déroulé et collé dans un cadre.

404. Lambeaux d'un manuscrit en écriture hiératique, comprenant divers fragments de la IIIe partie du *Rituel*.

405. Fragments d'un magnifique manuscrit en écriture hiératicisante du temps de la xixe dynastie, exécuté pour *le scribe de l'armée Poéri* ou *Psar*.

406. Lambeaux d'un *Rituel* en écriture hiératique, comprenant principalement des fragments de la dernière partie.

407. Fragments d'un bel exemplaire en écriture hiératique, exécuté pour un défunt nommé *Pa-hébi*.

408. Lambeaux informes de différents manuscrits hiératiques et hiéroglyphiques.

409. Magnifique manuscrit en écriture hiératique, encore roulé, exécuté pour un défunt nommé *En-sa-Khem*, fils de la dame de maison *Ta-Amon*. Le texte, remarquablement complet, commence au chapitre 21.

410. Gros manuscrit hiératique encore roulé, orné de vignettes d'un style remarquable. La première partie du texte est en blanc, jusqu'au tableau de l'adoration du Soleil dans les deux hémisphères (Chap. 16). Le texte commence au chapitre 47, après lequel vient immédiatement le chapitre 57. Exécuté pour un individu nommé *Hotep-Amon*, fils de la dame de maison *Ta-sen-Chonsou*. (*Collection Anastasi*, n° 1020.)

411. Manuscrit des chapitres 18-20 en écriture hiératique, avec vignettes autres que celles que l'exemplaire de Turin donne pour ces chapitres. Exécuté pour un individu nommé *Har-out'*.
Déroulé et collé dans un cadre.

412. Lambeaux d'un manuscrit en écriture hiératicisante du temps de la xix° dynastie, roulés et collés ensemble.

413. Deux rouleaux composés de lambeaux de manuscrits en écriture hiératique, collés ensemble.

414. Texte en écriture hiératique des chapitres 15, 16 et 17, avec vignettes. Écrit sur une bande de toile.

415. Fragments d'un manuscrit en écriture hiératique tracé sur une bande de toile.

416. Lambeaux d'un manuscrit sur toile en écriture hiératique.

417. Lambeaux d'un manuscrit sur toile en écriture hiératicisante du temps de la xix° dynastie.
Ces fragments ne sont pas d'une authenticité absolument certaine ; ils pourraient bien être l'œuvre d'un faussaire fort habile et connu à Paris.

418. Fragments des chapitres 27-30 d'un papyrus en écriture hiéroglyphique du temps des Ptolémées, avec vignettes.

419. Beau manuscrit sur papyrus en écriture hiératique, avec vignettes, exécuté pour *le prêtre d'Ammon à Thèbes, prêtre de la couronne blanche d'Horus, prêtre de Chons souffle de vie, prêtre d'Osiris à Ombos, prêtre de Khem, Hor-hanet-atef.*

Il comprend : Les chapitres 112, 115, 116, 117, 119 et trois autres chapitres intercalés, après lesquels vient une lacune. — La fin du chapitre 125. — Le tableau du jugement de l'âme. — Les chapitres 126, 127, 128, 129, 138 et 139. — Le tableau du chapitre 148. — Les chapitres 155, 156, 157, 159 et 163. — Le tableau du chapitre 161.

Ce manuscrit est déroulé.

420. Fragments d'un manuscrit en écriture hiératique avec vignettes exécuté pour un nommé *Thoth-iou*, fils de la dame de maison *Ta-Amon-iou*. Il comprend entre autres : 1° Les lambeaux des chapitres 1-15. — 2° Le tableau de l'Adoration du Soleil dans les deux hémisphères. — 3° et 4° Les chapitres 18-20. — 5° Les chapitres 24, 25, 31 et 38. — 6° Le tableau de la culture des Champs Elysées. — 7° Les *Litanies d'Osiris :* chapitre 142.

Ces fragments sont déroulés et collés.

421. Fragment d'un manuscrit en écriture hiératique, contenant le chapitre 18.

422. Fragments d'un manuscrit en écriture hiératicisante du temps de la xix° dynastie, exécuté pour un individu nommé *Nanai-as-em-hotep.* On distingue entre autres des débris considérables des chapitres 17 et 125.

422 *bis.* Fragment d'un beau manuscrit en écriture hiératicisante avec peintures, exécuté pour un défunt du nom de *Har-nefer.*

422 *ter.* Beaux fragments d'un manuscrit en écriture hiératique du temps de la xviii° dynastie. Ils comprennent le chapitre 17.

2° Autres manuscrits religieux.

423. Manuscrit du livre que Champollion appelait le *Rituel royal,* et auquel sont en effet empruntées les peintures décoratives des tombeaux des rois à Thèbes. Il se compose de figures représentant la navigation du Soleil, avec des explications en écriture hiéroglyphique hiératicisante. Ce manuscrit est encore roulé.

423 *bis*. Manuscrit funéraire, composé de figures représentant la navigation du Soleil; en fort mauvais état. (*Collection Anastasi*, n° 1031.)

424. Manuscrit complet du *Livre des migrations* en écriture hiératique. Déroulé et collé dans un cadre.

Ce livre, sorte de résumé du *Rituel funéraire* en quelques pages, a été traduit par M. Brugsch.

425. Prières funéraires en écriture hiératique.

425 *bis*. Prières funéraires en écriture hiératique, déroulées et collées dans un cadre.

426. Fragment d'un manuscrit en écriture hiératique disposée en colonnes verticales.

427. Manuscrit funéraire en écriture hiératique, dont les fragments ont été maladroitement collés dans tous les sens.

428. Lambeaux d'un manuscrit funéraire opisthographe en écriture hiératique.

429. Fragment d'une série de peintures sur papyrus dont le style paraît indiquer l'époque des Ptolémées.
On y voit : 1° *Anubis* étendant la momie d'*Osiris* sur le lit funèbre, entre *Isis* et *Nephthys* agenouillées. 2° *Ammon-Khem* générateur, debout, ayant derrière lui *Moui* léontocéphale, coiffé du schent complet. 3° *Thoth* ibiocéphale adorant *Osiris* assis sur son trône, derrière lequel *Isis* se tient debout. 4° L'hippopotame d'*Oph* accroupi sur une base en forme de naos.

3° Manuscrits non religieux.

430. Registre de comptes opisthographe en écriture hiératique du temps de la xixe dynastie, déroulé et collé entre deux verres.
Sur l'un des côtés est un état de sommes reçues par un scribe du nom de *Neb-paï*, attaché au palais du

roi Séti Ier. De l'autre côté sont des comptes de distributions faites à des soldats, l'an 3 d'un règne qui n'est pas précisé.

431. Fragment de papyrus hiératique portant la date du règne de Ramsès II (xixe dynastie).

M. de Rougé a reconnu dans ce fragment une des premières pages du fameux papyrus Sallier, contenant le poëme de Pen-ta-our sur les exploits du grand Ramsès dans sa première campagne contre les Khétas (Héthéens), devant la ville de Kedesch, sur les bords de l'Oronte. Le texte en est conforme à celui que M. de Rougé a retrouvé sur les murailles du palais de Karnak.

432. Contrat démotique encore roulé ; l'écriture en est celle du temps des premiers Ptolémées.

433. Fragment de contrat démotique, déroulé, comprenant les signatures des témoins de l'acte.

434. Fragments de plusieurs contrats démotiques déroulés et maladroitement collés ensemble dans un cadre.

435. Lettre grecque encore pliée, avec sa suscription.

436. Divers fragments de papyrus coptes.

437. Deux rouleaux composés de fragments de papyrus coptes collés ensemble.

438. Cadre renfermant deux vignettes de manuscrits du *Rituel* et un fragment de papyrus copte.

438 *bis*. Papyrus arabe. Passe-port délivré en l'an 133 de l'hégire, au nom du gouverneur de l'Égypte Abdelmélik-ibn-Yézid, à un homme du monastère d'Abou-Hermès, pour aller librement travailler à Fosthath.

On ne connaît que trois autres papyrus analogues, qui ont été publiés et commentés par M. de Sacy. Celui-ci est également tracé en écriture *neskhie*.

Voici la traduction de cette pièce du plus haut intérêt, que M. de Slane a bien voulu faire à notre demande :

1. Au nom du Dieu miséricordieux et clément.
2. Ceci est un écrit (*émanant*) de Khadem, affranchi d'Abou Moussa et de Chebib, fils de . . . . agents de l'émir
3. Abd el Mélik Ibn Yezid (*et préposés ?*) au nome de Menf, à. . . . K. . . . . long de barbe,
4. . . . . sur sa figure plusieurs taches noires, habitant du *deïr* (*monastère*) d'Abou Hermès, du nom de
5. . . .a, nous deux l'avons autorisé de travailler (*litt.* d'agir) à Fostat avec leurs femmes. . . . .
6. . . . Nous lui avons assigné pour terme la fin du mois de Rebia second de l'an cent trente-trois.

7. (*Quiconque*) des agents de l'émir, que Dieu lui accorde le bonheur! le rencontre, il ne doit lui opposer aucun empêchement à cela.

8. Que ce soit un des principaux? . . . . Écrit par Ibrahim.

Abd-el-Mélik Ibn Yezid, surnommé Abou-Aoun et natif de Djordjan, fut nommé gouverneur de l'Egypte par Es-Saffah, le premier khalife abbasside, l'an 133 de l'hégire. Il fut destitué l'an 135; nommé de nouveau, l'an 137; destitué, l'an 140.

L'an 133 est aussi la date de deux des papyrus publiés par M. de Sacy, qui sont également des passe-ports délivrés à des Coptes pour circuler dans le pays. En cette année, les Coptes de Semenhoud, localité de la basse Egypte, située très-près de la mer, se révoltèrent contre Abou-Aoun. Une armée qu'il envoya contre eux les combattit et les extermina. On comprend comment, dans cette année, en présence de la révolte de Semenhoud, les autorités musulmanes ne permettaient aux chrétiens coptes d'aller et de venir que munis de passe-ports.

439. Lambeaux de divers papyrus, principalement en écriture hiératique, encore roulés ou collés par les Arabes autour de morceaux de bois de palmier.

Tessères et tessons inscrits.

440. Éclat de pierre calcaire de grande dimension portant, d'un côté, un long texte de 15 lignes serrées d'écriture hiératique de la xviiie ou xixe dynastie; de l'autre, 3 lignes d'écriture plus grande et plus lâche, mais de la même main. (*Collection Marcel.*)

441. Trois tessons portant des reçus de contributions en grec. (*Collection Marcel.*)

Le premier a été déjà publié par Ottfried Müller (*Göttinger gelehrte Anzeiger*, 1827, p. 1529), Franz (*Corp. inscr. græc.*, n° 4866), et par M. Frœhner (*Revue archéologique*, mai 1865, p. 427, n° 6).

Le second, encore inédit, est ainsi conçu :

Ζήνων, μισθ(ωτὴς) ἱε-
-ρᾶς πύ(λης) Σοήνης, διὰ
Παχομψάχις βοηθ(οῦ). Διέ-
-γρα(ψε) Παπρημείθης Ἀρ-
-παήσιος, μητ(ρὸς) Τηνψαε-
-σειτῶτος, ὑπ(ὲρ) χειρω(ναχτίου) ⌊ χ
⊤ β′, δραχ(μὰς) εἴχοσι ὀβολ(οὺς)
δύο. ⌊ χ′ Ἀντωνείνου
Καίσαρος τοῦ Κυρίου
. . . . .ι′.

Zénon, fermier de Syène, la porte sacrée (de l'Égypte), par l'employé auxiliaire Pachompsachis. Paprémithès, fils d'Harpaésis, dont la mère est Tenpsaesitos, a payé pour son droit de patente 20 drachmes et deux oboles. L'an 20 du seigneur César Antonin, du mois... le 6.

Le troisième, également inédit, mais très-difficile à lire en entier, est un reçu à compte (ὑπὲρ μερισμοῦ λογαριασμοῦ) de 3 oboles, délivré l'an 6 d'Hadrien, par le receveur Pachompsachis, à un nommé Petorsméthis.

442. Tessère de momie en terre émaillée portant un nom propre en écriture démotique.

Objets divers.

443. Bobine en terre émaillée bleue.

444. Quatre petits vases unis, représentation en terre émaillée. Trois exemplaires. (*Collection Anastasi*, n° 1110.)

445. Trois cercles d'ivoire sans ornements.

446. Lot de fragments indéterminés, en matières diverses.

II

MONUMENTS BABYLONIENS.

Inscriptions.

447. Tablette carrée en stéatite noire portant sur une
de ses faces 13 lignes, et sur l'autre 12 lignes d'inscription en écriture babylonienne archaïque cursive. Le
texte paraît en être relatif à une redevance religieuse.

Les monuments du caractère babylonien archaïque cursif parvenus
jusqu'à nous sont en très-petit nombre.

447 *bis*. Légende royale de Nabuchodonosor en caractères cunéiformes babyloniens, sciée dans une brique
provenant du *Kasr*, à Babylone.

Cylindres.

448. Serpentine. *Bel*, le dieu suprême de Babylone et
en général de tous les Assyro-Chaldéens, barbu et
vêtu d'une longue robe, assis sur un trône et adoré
par deux personnages en longues robes. Derrière le
dieu, inscription à demi effacée en deux lignes de
caractères cunéiformes babyloniens archaïques.

449. Agate laiteuse. *Bel* barbu, le front armé de cornes
de taureau, vêtu d'une longue robe, assis sur un trône.
Un prêtre vêtu d'une longue robe lui présente un
adorateur dans le même costume. Entre ces deux

personnages est le nom propre *I-bali* en caractères cunéiformes babyloniens archaïques.

450. Jaspe vert. *Bel* barbu et vêtu d'une longue robe, assis sur un trône et adoré par deux personnages barbus, vêtus de longues robes. Derrière le dieu sont deux grands scorpions, que semble contempler un personnage barbu, vêtu d'une longue robe.

451. Hématite. *Mérodach*, le dieu démiurge ou créateur, barbu, vêtu d'une longue robe et tenant le glaive à la main, assis sur un trône. Il est adoré par deux personnages en longues robes, dont l'un lui offre un coq. Derrière le dieu, inscription à demi effacée en trois lignes de caractères babyloniens archaïques.

452. Jaspe brun. *Ninip*, l'Hercule babylonien, debout, barbu, vêtu d'une courte tunique et portant la main droite au glaive qu'il a à sa ceinture. En avant de sa tête sont l'étoile de Vénus et le croissant. Un personnage vêtu d'une longue robe l'adore. Inscription en trois lignes de caractères cunéiformes babyloniens archaïques : « ...-*kima-tihamti* fils de *Nour-schamasch*, adorateur du dieu *Martou.* »

453. Hématite. *Bel* assis sur son trône et ayant devant sa tête la planète Vénus et le croissant, adoré par trois personnages tubulés et vêtus de longues robes.

454. Jaspe vert foncé. *Bel* barbu, vêtu d'une longue robe, la tête coiffée d'une tiare armée de cornes de taureau, assis sur son trône. En avant de sa tête est l'image que les Perses ont employée plus tard pour figurer Ormuzd, symbole assyro-chaldéen de la Divinité suprême ; devant lui un symbole planétaire. *Nisroch* à tête d'aigle est debout derrière le trône de *Bel*, qu'adore un personnage vêtu d'une longue robe.

Sur le dieu-oiseau Nisroch, voy. IV Reg. xix, 37 ; Isaï. xxxvii, 38. Les curieuses inscriptions du harem de Khorsabad en font le dieu de la fécondation, protecteur des mariages.

455. Jaspe brun. Cylindre fragmenté et à demi effacé, sur lequel on entrevoit cependant encore la figure de *Bel* assis, ayant près de sa tête le symbole devenu plus tard celui d'Ormuzd.

456. Hématite. *Bel* assis sur son trône, ayant près de la tête le symbole de la Divinité suprême et entouré d'autres symboles indistincts, qui paraissent planétaires. Un personnage en adoration est debout en face du dieu.

Travail grossier, dit *à pallotte,* de la basse Chaldée.

457. Hématite. *Bel* et *Mylitta* assis l'un en face de l'autre sur des trônes, ayant entre eux deux une table chargée d'offrandes. Derrière eux sont trois personnages debout.

Travail grossier de la basse Chaldée.

458. Hématite. Symboles fort peu distincts et pour la plupart planétaires, parmi lesquels on distingue clairement un taureau et la constellation de la grande Ourse.

Travail grossier de la basse Chaldée.

459. Chalcédoine. Deux bubales croisés. Dans le champ, une grande étoile.

Travail grossier.

460. Chalcédoine. Deux bubales affrontés qui semblent combattre. Dans le champ, le symbole du κτείς, un croissant et sept globes figurant les sept planètes.

Travail grossier.

461. Pétro-silex gris. Deux bubales croisés, un lion debout et deux bubales marchant l'un au-dessus de l'autre. Dans le champ, un symbole qui semble la plante sacrée du *hom.*

Cônes.

462. Chalcédoine enfumée. Prêtre chaldéen en adoration devant un autel que surmonte le pyrée ou *thymiatérium* et le trépied. Dans le champ, au-dessus du sujet, une grande étoile.

463. Chalcédoine saphirine. Prêtre chaldéen en adoration devant un autel qui porte la chèvre couchée, le pyrée et le trépied. Dans le champ supérieur, un croissant.

464. Chalcédoine. Prêtre chaldéen en adoration devant un autel que surmontent des symboles indéterminés.

465. Chalcédoine. Prêtre chaldéen en adoration devant un autel sur lequel sont placés un sceptre mélophore et un autre symbole.

466. Chalcédoine. Prêtre chaldéen en adoration devant un symbole qui semble être la plante sacrée du *hom*.

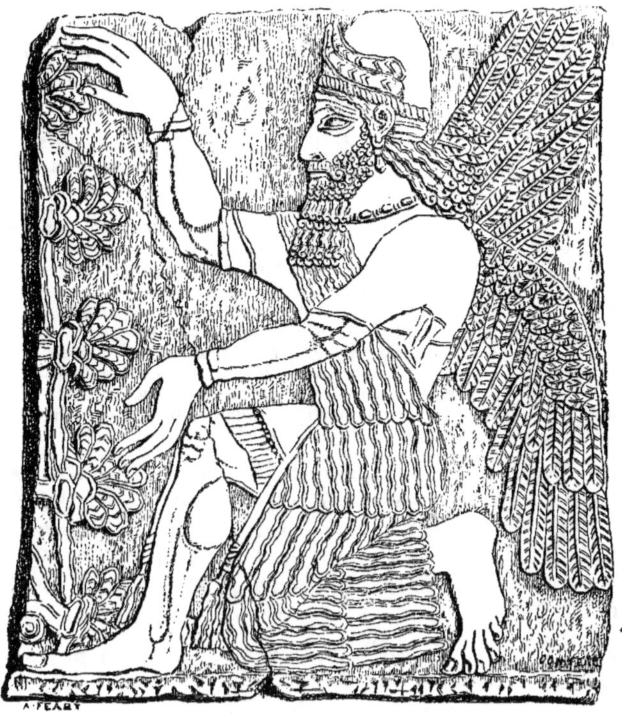

III

MONUMENTS ASSYRIENS.

—

Sculptures.

467. Génie ailé, tourné à gauche et agenouillé auprès
de la plante sacrée du *hom*. Il est barbu, l'oreille
ornée d'un pendant, la tête couverte d'une tiare ornée
à sa base de deux paires de cornes de taureau, les
pieds nus. Son vêtement se compose d'une courte

tunique par-dessus laquelle passe une *stola* talaire, qui laisse l'épaule droite à découvert. Les bras et les poignets sont ornés de bracelets; aux épaules sont fixées deux ailes dont l'une est abaissée. Bas-relief en albâtre gypseux provenant du palais de Nimroud. H. 0^m 8o. L. 0^m 65.

Les cornes de taureau qui décorent la tiare de cette figure, ainsi que d'un grand nombre d'autres représentées dans les bas-reliefs assyriens, sont un signe de puissance et de gloire dans les idées des Sémites. C'est ainsi que, dans le cantique d'Anne, mère de Samuel, on remarque ce passage : *Et exaltatum est cornu meum in Deo meo* (I Reg. II, 1). Les monnaies de Séleucus Ier, roi de Syrie, représentent ce prince avec un casque muni de cornes et d'oreilles de taureau, ou avec des cornes fixées à son diadème. La manière dont les cornes sont rangées à la base de la tiare nous explique de quelle façon le prophète Daniel comprenait la disposition des dix cornes du quatrième animal symbolique qu'il vit en songe. (Daniel, VII, 7 et 8.)

468. Tête de guerrier. Les cheveux, courts, sont disposés en mèches tordues; la barbe est courte et taillée en pointe. La coiffure paraît être formée d'une pièce d'étoffe qui laisse l'oreille à découvert. Fragment de bas-relief provenant du palais de Khorsabad. H. 0^m 52. L. 0^m 43.

469. Archer imberbe, aux cheveux longs disposés en grosses mèches tordues. Il a sur la tête un casque pointu en métal. Son vêtement se compose d'une cuirasse à écailles laissant les bras à découvert et d'une tunique talaire garnie de franges par le bas. Une courte épée est attachée à sa ceinture; le carquois, plein de flèches, pend derrière ses épaules. Il décoche son trait à couvert derrière une grande targe d'osier à hauteur d'homme, légèrement recourbée par le haut, que tient devant lui un autre guerrier, barbu, vêtu d'une courte tunique et coiffé du même casque pointu. Bas-relief en albâtre gypseux provenant du palais de Nimroud. H. 0^m 9o. L. 0^m 7o.

470. Tête d'eunuque, les cheveux longs et frisés à leur extrémité, l'oreille ornée d'un pendant. Fragment de bas-relief provenant du palais de Khorsabad. H. 0^m 55. L. 0^m 5o.

471. Partie supérieure d'une figure de tributaire apportant des présents au roi Sargon, fondateur du palais de Khorsabad, d'où provient ce fragment de bas-relief.

Le personnage, que l'analogie de sa coiffure avec celle qui est donnée sur leurs médailles aux rois de la Characène doit faire considérer comme un habitant de la rive droite du Tigre, a la barbe et les cheveux longs et frisés. Son front est ceint d'un diadème orné de rosaces, peint en rouge. Il est vêtu d'une courte et collante tunique plissée, sans manches. L'oreille a un pendant, et des anneaux de métal ornent les poignets. H. 0^m 6o. L. 0^m 45.

472. Bustes de deux chevaux amenés au roi en tribut. Leurs têtes sont surmontées d'une sorte de *crista;* des glands disposés en plusieurs rangées pendent sur leur poitrail. Fragment de bas-relief provenant du palais de Khorsabad. H. 0^m 70. L. 0^m 5o.

Cylindres.

473. Jaspe vert foncé. Un lion et un taureau debout et croisés, combattus, l'un par *Nergal*, le Mars assyro-chaldéen, à corps de taureau, debout, à face humaine barbue et munie de cornes; l'autre par *Ninip-Sandan,* l'Hercule assyrien, anthropomorphe, barbu. Derrière *Nergal* est un grand croissant; derrière *Sandan* un autre personnage debout, à demi effacé, qu'on ne distingue qu'incomplétement.

Ninip-Sandan et Nergal sont toujours invoqués ensemble dans les inscriptions cunéiformes assyriennes.

474. Jaspe gris foncé. *Ninip-Sandan* luttant contre le taureau dressé, et *Nergal,* tel que nous l'avons vu représenté au n° précédent, combattant le lion debout.

475. Jaspe noir. *Ninip-Sandan* debout, vêtu d'une longue robe, tenant de chaque main un bubale dressé. Entre les croupes des deux bubales, le *clou,* emblème du dieu *Ao,* l'intelligence divine, surmonté de l'étoile à huit rayons, symbole de la divinité.

476. Jaspe rouge. *Ninip-Sandan* debout, barbu, vêtu d'une longue robe, ayant devant lui la plante sacrée du *hom,* lance une flèche contre un taureau ailé.

477. Hématite. *Mylitta*, ou plutôt *Bilitta* (car Mylitta n'est qu'une forme grécisée du nom de l'épouse de Bel chez les Assyro-Chaldéens), la déesse suprême, assimilée par les Grecs à leur Rhéa, debout, vêtue d'une longue robe, ayant devant elle une table chargée d'offrandes, est adorée par un homme nu, qui lui offre un vase. Derrière la déesse sont, disposés en deux registres, deux scorpions, un lion et un bubale.

478. Hématite. *Mérodach* barbu, tutulé, vêtu d'une longue robe et tenant le glaive. Le croissant est placé dans le champ en avant de sa tête. Il est adoré par deux personnages vêtus de longues robes.

479. Serpentine. *Nébo*, le Verbe ou l'intelligence divine, dieu du sceptre et de l'onction royale, type de la royauté, forme de Bel qui préside à la planète Mercure, barbu, vêtu d'une longue robe et tenant le sceptre, assis sur un trône, adoré par un personnage vêtu d'une longue robe. Derrière le dieu, est la figure d'*Anaïtis-Zarpanit*, la Vénus physique assyro-chaldéenne, nue, les bras croisés sur la poitrine, vue de face.

480. Quartz rose. Deux lions dressés et opposés.

481. Hématite. *Bel* assis sur son trône, ayant devant lui une sorte d'enseigne surmontée de l'étoile. Deux personnages vêtus de longues robes debout en face l'un de l'autre, ayant entre eux un symbole incertain.

482. Hématite. *Bel* assis sur son trône, adoré par un prêtre vêtu d'une longue robe. *Mérodach* et *Nisroch*, vêtus de longues robes et la jambe droite nue, debout en face l'un de l'autre, ayant entre eux une sorte d'enseigne.

483. Jaspe vert foncé. Trois personnages virils nus et debout. Dans le champ, deux scorpions, le croissant, une chèvre dressée et un *Patèque* accroupi.

484. Hématite. *Mérodach*, vêtu d'une longue robe, debout, le glaive à la main, suivi d'un personnage vêtu d'une tunique courte en attitude d'adoration, en face de *Ninip-Sandan,* vêtu d'une courte tunique, portant la main au glaive attaché à sa ceinture, et d'un autre dieu, tutulé, en robe longue, peut-être *Nergal.*

485. Jaspe vert-olive. *Ninip-Sandan* et *Nergal*, nus, à cornes de taureau, combattant leurs ennemis. Entre les deux groupes, *Nébo* debout, vêtu d'une robe longue et tenant dans la main droite une sorte de sceptre court.

486. Jaspe laiteux mélangé. Deux personnages vêtus de courtes tuniques, en attitude de combat, l'un derrière l'autre; entre eux, un sceptre surmonté de l'étoile. Dans le champ, quelques caractères cunéiformes.

487. Jaspe vert-olive. Deux lions debout déchirant un bubale renversé.

488. Sorte de marbre. Deux lions debout déchirant un bubale renversé, en présence d'un personnage à courte tunique, en attitude d'adoration.

489. Jaspe noir. Figures presque effacées.

490. Hématite. Figures presque effacées.

491. Serpentine noire. Symboles indistincts du travail le plus grossier.

492. Jaspe noir. Figures entièrement effacées.

Cachet.

493. Calcaire noir compacte. *Nébo* debout, vêtu d'une longue robe et entouré d'une *gloire* radiée, ayant devant lui un objet effacé.

Objets divers.

494. Pointe de flèche en bronze, trouvée dans les fouilles de Khorsabad.

495. Clochette en bronze, trouvée dans les fouilles de Khorsabad.

496. Lame d'outil en bronze, de forme lancéolée, trouvée dans les fouilles de Khorsabad.

497. Objet de bronze d'un usage indéterminé, ayant probablement servi dans quelque vêtement, trouvé dans les fouilles de Khorsabad.

497 *bis*. Tête de lion en bois, provenant d'un petit meuble.

498. Perle de collier de forme ovoïde en agate rubanée, trouvée dans les fouilles de Khorsabad.

499. Extrémité de collier de forme quadrilatère, en agate rubanée, trouvée dans les fouilles de Khorsabad.

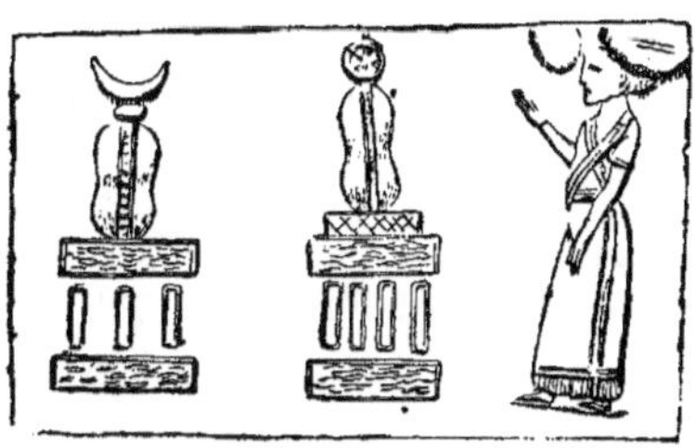

IV

MONUMENTS MÈDES.

---

500. Cylindre en chalcédoine résinite. Mage imberbe,
vêtu d'une longue robe à franges, en adoration devant
deux bétyles, placés sur deux autels et surmontés,
l'un de la planète de Vénus, l'autre du croissant de
la Lune.

Le style de cet admirable cylindre, l'une des perles de la collection
en fait de monuments asiatiques, est exactement celui des pierres gravées qui proviennent de Hamadan, l'antique Ecbatane. C'est cette circonstance qui nous le fait considérer comme un monument mède.

L'empire des Mèdes s'étant étendu jusqu'aux bords de l'Halys et ayant
englobé une partie de l'Asie Mineure, nous joignons à cette section cinq
pierres de style asiatique, mais qui paraissent plutôt appartenir aux pro-
vinces intérieures de la péninsule occidentale de l'Asie, comme la Phry-
gie ou la Cappadoce.

501. Prisme triangulaire en agate rubanée. Sur un des
côtés, un lion couché.

502. Quadrilatère en chalcédoine. Sur une de ses faces,
un griffon couché.

503. Porphyre vert. Scarabéoïde. Sous le plat, griffon couché et retournant la tête.

504. Scarabéoïde en agate rubanée. Sous le plat, griffon courant.

505. Scarabéoïde en porphyre vert. Sous le plat, un poisson.

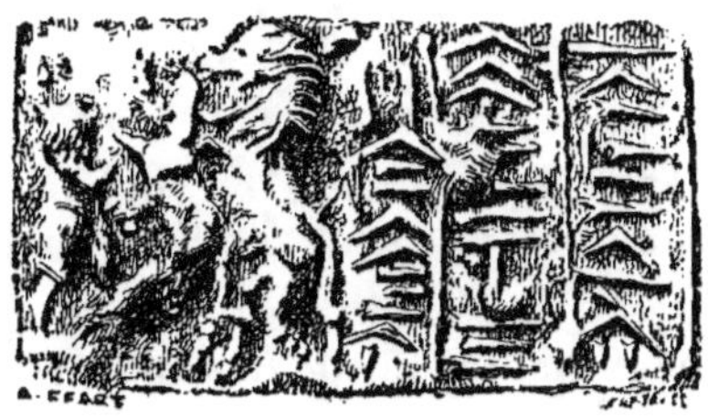

V

MONUMENTS PERSES.

—

Époque Achéménide.

506. Cylindre en silex blanchâtre. *Sandan* combattant
un taureau dressé, derrière lequel est un lion debout.

Ce cylindre était de travail babylonien; mais, dans
l'antiquité, une partie de ses représentations a été
effacée pour faire place à une inscription en trois
lignes de caractères cunéiformes perses : *Nañdakhya,*
le (nom de tribu illisible), *fils de Thadath.*

On ne connaît jusqu'à présent que deux autres cylindres avec des inscriptions en écriture cunéiforme perse, tous deux au Musée Britannique,
le fameux cylindre de Darius, et un autre portant le nom d'un particulier nommé Arsace.

507. Cylindre en agate rubanée. L'emblème d'*Ormuzd,*
la plante sacrée du *hom,* le symbole du χτείς, sept
globes représentant les sept planètes, enfin les étoiles
de la grande Ourse.

508. Cylindre en jaspe noir. L'emblème d'*Ormuzd* au-
dessus de la plante du *hom,* un arbre surmonté de
l'étoile et un personnage en adoration.

Époque Arsacide.

509. Cornaline. Intaille. Buste de roi barbu, coiffé de
la tiare droite. Devant, une étoile et les lettres grecques ΠΟ ; derrière, un lituus et la lettre Υ.

510. Sardoine. Intaille. Buste de roi barbu, coiffé de
la tiare arrondie.

C'est sans doute l'effigie de quelqu'un de ces satrapes héréditaires de
la Perse, ou roitelets vassaux des Arsacides, dont parle Strabon et dont
nous possédons des médailles à légendes pehlevies.

Époque Sassanide.

511. Sardoine rubanée. Sceau hémisphéroïde. *Ormuzd*
et *Mithra* debout, vus de face, tenant de longs sceptres étoilés.

512. Chalcédoine rubanée. Sceau hémisphéroïde. *Ormuzd* debout, de face, tenant de chaque main un
long sceptre.

513. Sardoine rubanée. Sceau. *Férouer* ailé tenant une
couronne.

514. Cornaline. Sceau. Le symbole du *mihir* au centre
d'une torsade.

515. Chalcédoine. Sceau. Buste d'homme barbu entre
le croissant et l'étoile.

516. Cornaline. Intaille. Buste d'homme barbu, tourné
à gauche.

517. Agate rubanée. Sceau hémisphéroïde. Buste
d'homme barbu entre deux palmes.

518. Sardoine. Intaille au revers de laquelle on a gravé
un cachet armorié. Guerrier armé d'une hache, vêtu

d'une courte tunique et d'anaxyrides, terrassant un ennemi vaincu. Légende pehlevie.

519. Silex blanchâtre. Sceau. Homme barbu, à demi couché sur des coussins, offrant une fleur à une femme assise sur ses genoux.

520. Chalcédoine. Sceau. Griffon debout, tourné à gauche.

521. Hématite. Sceau hémisphéroïde. Lion couché.

522. Grenat. Intaille. Lion debout.

523. Cornaline. Intaille. Lion debout.

524. Agate laiteuse. Intaille. Vache allaitant son veau.

525. Sardoine. Sceau. Tête de bœuf.

526. Agate laiteuse. Sceau. Zébu couché; dans le champ, une étoile.

527. Cornaline. Sceau. Zébu s'abattant.

528. Hématite. Sceau hémisphéroïde. Zébu debout.

529. Sardoine rubanée. Sceau hémisphéroïde. Mouflon debout.

530. Grenat. Intaille. Mouflon couché.

531. Cornaline. Intaille. Mouflon couché.

532. Chalcédoine brouillée. Sceau. Chèvre debout.

533. Sceau de bronze. Chèvre couchée.

534. Hématite. Sceau hémisphéroïde. Chèvre couchée.

535. Chalcédoine. Sorte d'antilope.

536. Grenat. Intaille. Autruche debout. Légende pehlevie.

537. Hématite. Sceau hémisphéroïde. Oie ou canard.

538. Cornaline. Intaille. Oie ou canard.

539. Onyx nicolo. Intaille. La plante sacrée du *hom*.

540. Hématite. Sceau. Symbole indéterminé.

541. Agate grise. Sceau hémisphéroïde. Symbole indéterminé.

542. Bague en bronze. Sous le chaton, un faon couché.

543. Paire de grosses boucles d'oreilles en or, en forme
de boudin serré de distance en distance par des cercles
de perles.

Provenant de Perse.

544. Paire de boucles d'oreilles en or, formées d'un
gros anneau décoré de la plante sacrée du *hom,*
duquel pendent un petit vase et un anneau. Une est
incomplète.

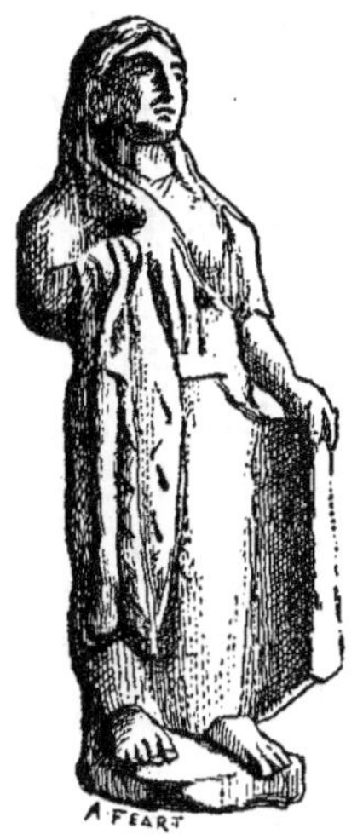

VI

MONUMENTS PHÉNICIENS.

—

Sculptures.

545. Calcaire blanc. *Hiérodule d'Astarté* debout, avec une longue chevelure éparse sur ses épaules, vêtue d'une tunique talaire qu'elle relève de la main droite, et d'un manteau qui tombe sur son bras gauche. Hauteur : o m. 33.

Provenant de l'île de Chypre.

546. Marbre de Paros. Statuette grossière d'*Astarté,* nue, les bras croisés sur la poitrine, provenant de l'île de Santorin, l'antique Théra, premier établissement des Phéniciens dans les mers de Grèce.

Sur ces figurines d'origine phénicienne qui se rencontrent dans toutes les îles méridionales de l'Archipel, voy. Thiersch, *Ueber Paros und Parischen Inschriften*, dans les Mémoires de l'Académie de Bavière, t. I, p. 586; Gerhard, *Ueber die Kunst der Phœnicier*, dans les Mémoires de l'Académie de Berlin pour 1848.

547. Marbre de Paros. Figurine encore plus rudimentaire de la même *Astarté*, provenant de l'île de Santorin.

548. Calcaire blanc. *Astarté* debout, les cheveux épars sur les épaules, vêtue d'une dalmatique talaire à bordure peinte en rouge. Elle a un collier de grosses perles à deux rangs. Sa main droite, tenant un fruit, est ramenée sur sa poitrine; la gauche pend sur le côté. Hauteur : o m. 22.

Provenant de l'île de Chypre.

Bronzes.

549. Idole de Sardaigne. *Astarté* nue debout, avec des oreilles de vache et une coiffure analogue à celle de l'Hathor égyptienne. Elle porte un collier à deux rangs.

550. Idole de Sardaigne. *Melkarth-Lunus,* dieu qui préside au mois, nu, debout, avec une tête de vache.

551. Figurine virile fort mal conservée, exactement du même style que les idoles de Sardaigne, trouvée dans les sables de la plage de Beyrouth.

552. Bœuf debout.

Figurine provenant de Beyrouth.

552 *bis*. Bœuf debout.

Provenant de la basse Egypte (*Collection Anastasi*).

552 *ter*. Moule de fondeur, en stéatite, avec le creux d'une figurine de Patèque nu, coiffé de plumes.

Provenant d'Amrith, l'antique Marathus.

552 *quater*. Moule de fondeur, en stéatite, avec le creux d'un pied chaussé d'une sandale.

Provenant d'Amrith.

Terres cuites.

553. Quadrige contenant quatre guerriers barbus, vêtus
de sortes de cabans dont les capuchons sont ramenés
sur leurs têtes. La tête des chevaux est surmontée
d'une *crista,* et leur poitrail orné de plusieurs rangs
de glands.

Provenant d'Amrith, et gravé dans le *Bulletin archéologique de
l'Athenæum français,* 1855, p. 40.

554. Fragment d'un char semblable.

Provenant d'Amrith.

554 *bis.* Statuette d'*Astarté* nue, remarquable par le
développement exagéré donné au bassin. La tête et
les bras manquent.

Provenant de l'île de Santorin.

Pierres gravées.

555. Chalcédoine. Cône. Sous le plat, roi barbu en costume mi-égyptien, mi-assyrien, tenant une fleur entre
chacune de ses mains élevées, debout entre deux
sphinx ailés à têtes de femmes, dressés. Au-dessus,
le disque solaire accompagné de deux grandes ailes
étendues; au-dessous, corbeille semi-circulaire en
joncs tressés.

La corbeille de sparterie, symbole de *domination* et de *totalité* dans
les hiéroglyphes de l'Egypte, se trouve comme un ornement indifférent
sur les pierres gravées phéniciennes, avec une telle constance qu'elle
peut être considérée comme un indice certain de leur origine.

556. Jaspe vert. Scarabée de style égyptisant. *Harpocrate* accroupi sur la fleur du lotus, entre deux mi-
nistres ou *camilles* (QEDEM-EL, *qui coram deo est*)
barbus, vêtus de la schenti égyptienne et coiffés de
bonnets coniques, tenant tous deux d'une main un
sceptre et de l'autre un vase. Au-dessus, le disque
solaire ailé; au-dessous, la corbeille semi-circulaire
en sparterie.

Provenant de la nécropole de Tharros, en Sardaigne.

557. Jaspe vert. Scarabée de style égyptisant. Deux *Horus* hiéracocéphales, vêtus de la schenti, la tête surmontée du disque solaire, debout l'un en face de l'autre aux deux côtés d'une sorte de colonne richement ornementée. Au-dessous, la corbeille semi-circulaire en sparterie.

558. Jaspe vert. Scarabée. *Satyre* ithyphallique à queue de cheval, tenant à la main une branche d'arbre.

559. Améthyste. Scarabée. Coiffure sacrée de l'*Hathor* égyptienne et de l'*Astarté* phénicienne, composée du disque solaire entre deux cornes de vache, surmonté de deux longues pousses de palmier.

Provenant de la basse Egypte (*Collection Anastasi*).

560. Jaspe noir. Scarabée de style égyptisant. Lion debout, ayant en face de lui un serpent uræus dressé.

561. Agate rubanée. Scarabée de style égyptisant. Le disque solaire avec les cornes de vache, le luth, emblème de *bonté* dans les hiéroglyphes égyptiens, et un autre symbole indéterminé.

562. Améthyste. Scarabée. Personnage imberbe debout, enveloppé dans une longue robe et tenant un sceptre. Devant lui est un uræus dressé.

563. Hématite. Cylindre. Le disque solaire ailé, placé au sommet d'un sceptre planté en terre et adoré par deux génies agenouillés, l'un à tête de lion et l'autre à tête de taureau; de chaque côté est placé un homme vêtu de la schenti, en attitude d'adoration; au-dessous sont deux chèvres couchées en face l'une de l'autre et un lion couché. Un personnage imberbe, vêtu d'une longue robe, contemple cette réunion de figures dans une attitude d'adoration.

Provenant de Djebaïl, l'antique Byblos.

Bijoux.

564. Trois boucles d'oreilles en or, dont la forme rappelle celle d'un cor recourbé.

565. Boucle d'oreille en or, décorée d'une tête de vache du travail le plus fin.

566. Boucle d'oreille, formée d'un anneau en or auquel est suspendue une tête de vache en sardoine brune.

567. Boucle d'oreille d'or, en forme de torsade terminée par une tête de lion.

568. Paire de boucles d'oreilles d'or, en forme de torsade très-mince.

569. Boucle d'oreille d'or, en forme de torsade très-mince avec une petite boule à moitié.

570. Petite boucle d'oreille unie en or.

571. Boucle d'oreille formée d'une feuille d'or en demi-une.

572. Esclave présentant un objet de chaque main. Petite figurine formée d'une feuille d'or repoussée, qui a dû faire partie d'un bijou.

Les nᵒˢ 564-572 proviennent de la nécropole de Tortose, en Syrie.

572 *bis*. Anneau d'or, portant gravé sur le chaton un scarabée à tête d'épervier, avec quatre ailes éployées, au-dessus d'une barque sur chaque extrémité de laquelle est posé un épervier.

Trouvé dans un tombeau de Tortose.

572 *ter*. Gros anneau d'argent ayant formé la monture d'un scarabée de pierre dure.

Trouvé dans un tombeau de l'île de Malte.

573. Deux perles de collier cylindriques, en verre opaque rubané de diverses couleurs.

573 *bis*. Pendant de collier en verre opaque de diverses couleurs, représentant une tête de vache.

Trouvé dans un tombeau de la nécropole de Tharros, en Sardaigne.

574. Perle de collier en forme d'olive, en verre opaque rubané de diverses couleurs.

574 *bis*. Deux perles de collier en verre opaque ocellé de couleurs variées.

575. Perle de collier ronde, en verre transparent revêtu d'une couche d'émail opaque granité de diverses couleurs.

575 *bis.* Morceau de verre transparent de forme ronde, décoré d'une rosace en émail opaque jaune.

576. Épingle de cheveux en obsidienne noire travaillée au tour de lapidaire.

VII

MONUMENTS

GRECS, ROMAINS ET ÉTRUSQUES.

—

MARBRES.

577. Marbre de Paros. Torse d'une statuette d'Apollon, nu, provenant de l'île d'Anaphé. Hauteur : o m. 18.

578. Marbre *grechetto*. Statuette d'Esculape debout. Les pieds sont restaurés ; le bras droit manque ; la tête est antique, mais n'appartient pas à cette figure. Hauteur : o m. 45.

579. Marbre de Luni. *Vénus Anadyomène* tordant ses cheveux. Travail médiocre et nombreuses restaurations. Hauteur : 1 m. 3o.

Statue trouvée à Tivoli, et ayant appartenu au marquis d'Aligre.

580. Marbre de Luni. Statuette de *Vénus*, le haut du corps nu, les jambes enveloppées d'une draperie retenue en nœud entre les cuisses. Les bras manquent. Une partie de la tête existe, mais détachée. Hauteur. o m. 70.

581. Marbre de Luni. Statuette de *Vénus* nue dans l'attitude de la Vénus pudique ; une draperie nouée devant le haut de ses cuisses. L'*Amour*, tenant une co-

quille, est auprès d'elle. Travail très-grossier. Hauteur :
o m. 22.

582. Marbre de Luni. Statuette de la *Vénus de Cos*,
drapée, le sein gauche découvert. La tête, les bras et
les pieds manquent. Hauteur : o m. 16.

583. Marbre de Luni. Statuette de *Sylvain*, barbu, nu,
avec une nébride pleine de fruits qu'il soutient devant
sa poitrine, portant sur son épaule gauche une branche d'arbre chargée de fruits. Les jambes, le bras
droit et la main gauche sont de restauration moderne. Hauteur : o m. 5o.

583 *bis.* Marbre *grechetto.* Statuette de la *Pudicité* debout et voilée. Hauteur : o m. 6o.

583 *ter.* Marbre *grechetto.* Statuette de femme de travail romain, restaurée en *Junon.* Le corps seul est
antique. Hauteur : o m. 55.

584. Marbre de Luni. Torse d'éphèbe, aux formes
presque féminines. Hauteur : o m. 8o.

585. Marbre de Luni. Torse d'une statuette de jeune
héros nu, avec la chlamyde jetée sur les épaules.
Hauteur : o m. 18.

586. Marbre de Luni. Tête de *Vénus* diadémée. Hauteur : o m. 15.

587. Marbre pentélique. Tête de *Vénus-Proserpine* surmontée du modius, trouvée dans les fouilles d'Eleusis. Hauteur : o m. 12.

588. Marbre de Luni. Buste de *Bacchus Pogon* en hermès. La tête seule est antique. Hauteur : o m. 23.

589. Marbre de Paros. Tête de jeune *Faune* souriant.
Sciée par derrière et placée sur des épaules de restauration moderne en forme d'hermès. Hauteur :
o m. 15.

590. Marbre de Luni. Buste de *Julie,* fille de *Titus.*
La tête seule est antique. Hauteur : o m. 15.

Provenant de la collection du général Miollis.

591. Marbre de Luni. Buste de l'impératrice *Sallustia Barbia Orbiana*, femme d'Alexandre Sévère. Hauteur : o m. 46.

592. Marbre de Paros. Masque d'une statue d'éphèbe. Hauteur : o m. 35.

593. Marbre de Paros. Tête d'éphèbe, de sculpture grecque. Le nez est restauré. Hauteur : o m. 23.

594. Marbre de Luni. Tête de philosophe, barbue. Hauteur : o m. o8.

595. Marbre *grechetto*. Tête d'un Romain du temps de l'empire. Hauteur : o m. 12.

596. Marbre de Luni. Tête de jeune fille. Hauteur : o m. 20.

597. Marbre pentélique. Tête de jeune fille. Le nez est restauré. Hauteur : o m. 16.

598. Marbre de Luni. Tête d'enfant romain. Le nez est restauré. Hauteur : o m. 10.

599. Marbre pentélique. Tête de griffon, trouvée dans les ruines de l'*Anactoron* d'Éleusis. Hauteur : o m. 11.

600. Marbre pentélique. Stèle funéraire, surmontée d'une palmette restaurée, provenant de l'île d'Égine. Bas-relief du repas funèbre ; homme couché sur la *cliné*, femme assise à ses pieds ; un enfant les sert.

Cette stèle est encastrée sur une plinthe, également en marbre, portant l'inscription :

ΚΥΔΙΛΛΑΜΝΑΣΙ

ΚΥΔΟΥΧΡΗΣΤΗ

ΧΑΙΡΕ.

Hauteur : o m. 8o.

Rapportée en 1820 par le peintre Louis Dupré. On trouvera plus loin, sous le n° 961, l'urne cinéraire en plomb trouvée dans le tombeau que surmontait cette stèle.

601. Marbre pentélique. Bas du corps d'un personnage de haut relief, nu, agenouillé. Trouvé dans l'enceinte du temple d'Artémis Brauronia, à l'Acropole d'Athènes. Hauteur : o m. 25.

602. Marbre pentélique. Fragment du bas-relief représentant une femme qui tient un enfant dans ses bras. Provenant d'Athènes. Hauteur : o m. 3o.

603. Marbre pentélique. Fragment d'un bas-relief votif représentant un jeune homme enveloppé d'un manteau, offrant une colombe en sacrifice. Trouvé à Éleusis. Hauteur : o m. 14. Largeur : o m. 17.

Sur ce fragment, voy. l'*Elite des monuments céramographiques*, t. IV, p. 236.

604. Marbre de Luni. Torse d'enfant provenant d'un sarcophage romain.

605. Marbre de Luni. Fragment d'une vasque à godrons à l'intérieur. Provenant de Pompéi.

605 *bis*. Albâtre oriental. Pied de table en forme de griffe, surmonté d'une tête de panthère. Le bas est restauré. Hauteur : o m. 64.

606. Lot de fragments divers.

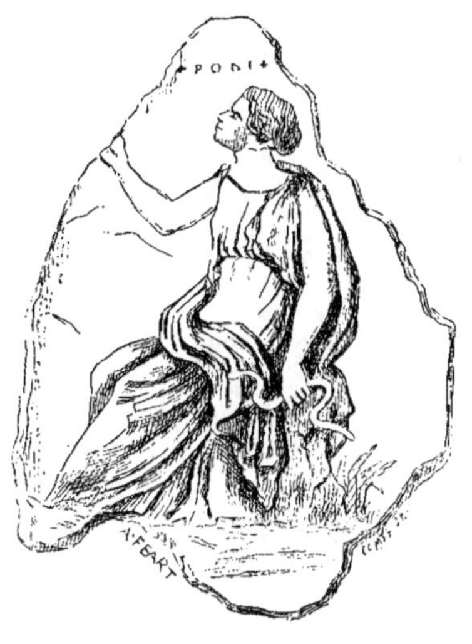

MOSAIQUES ET PEINTURES.

607. Mosaïque sur fond noir, en petits cubes, de travail très-fin. *Néréide* à demi nue, vue de dos, assise sur la croupe d'un *Triton* et donnant à manger dans une patère à un tigre marin. Hauteur : o m. 5o Largeur : o m. 5i.

Découverte à Sienne en 1850.

608. Fragment de fresque. *Vénus Apaturos* ou Trompeuse, accompagnée de son nom en grec, AΦPOΔIT[H

La déesse, vêtue d'une tunique jaune et d'un péplus bleu, est assise sur un rocher; elle tient dans sa main gauche un serpent; la droite est élevée. L'attitude de la figure indique qu'elle adressait la parole à un personnage debout devant elle. Hauteur : o m. 18. Largeur : o m. 11.

Cette figure, d'un style grec plein de finesse et d'élégance, provient d'une vaste composition découverte, il y a quelques années, dans un tombeau de la Campagne de Rome, par un certain Bonicchi, et dont malheureusement les figures, détachées séparément les unes des autres, ont été dispersées dans diverses collections. Celle qui faisait immédiatement pendant à la Vénus de la collection Raifé et se groupait avec elle, après avoir fait partie du cabinet de M. le vicomte de Janzé, appartient à M. le comte de Vogüé. Elle représente Myrtile debout, accompagné de son nom ΜΥΡΤΙΛΟΣ, auquel Vénus donnait le conseil d'ôter la cheville de l'essieu du char d'OEnomaüs, afin d'assurer la victoire à Pélops dans la lutte d'où devait dépendre la possession d'Hippodamie.

Les deux figures de l'aurige infidèle d'OEnomaüs et de la déesse des amours se retrouvent, représentées exactement de même et groupées de la même façon, occupant toute la partie droite de la composition principale d'une magnifique amphore de Ruvo appartenant jadis à Millingen (*Ann. de l'Inst. arch.*, 1840, pl. IV; *Archæologische Zeitung*, 1853, pl. LIV, nº 1), laquelle montre la scène de Pélops et OEnomaüs sacrifiant avant leur course. Les figures y sont même accompagnées de leurs noms écrits d'une façon identiquement semblable. Il est évident que la fresque et la peinture de vase retraçaient la même scène en traits identiques et sans doute d'après un même original de quelque maître illustre. C'est la première fois que se présente un semblable fait, dont nous n'avons pas besoin de faire ressortir la haute importance archéologique.

609. Fragment de fresque. *Bacchante* dansant, vue de dos. Elle est couronnée de pampres et vêtue d'une longue tunique verte, ouverte sur le côté, et d'un court péplus jaune, qui laisse son épaule droite à découvert; elle tient le thyrse à la main. Cette figure, d'une extrême élégance et d'une grande finesse d'exécution, s'enlève sur un fond uni de couleur noire. Hauteur : o m. 16. Largeur : o m. 08.

Provenant de Pompéi.

610. Fragment de fresque. Partie supérieure d'une figure de divinité égyptienne se détachant sur un fond noir. Hauteur : o m. 23. Largeur : o m. 18.

Fragment de la décoration du temple d'Isis, à Pompéi.

611. Fragment de fresque. Médaillon de forme ronde contenant un paysage d'une exécution très-sommaire et très-lâchée. Fabrique rustique; à droite, un pâtre et une chèvre; à gauche, une femme. Hauteur : o. m. 21. Largeur : o. m. 23.

Provenant de Pompéi.

612. Fragment de fresque. Bouquet de fleurs de couleurs variées sur fond blanc. Hauteur : o m. 15. Largeur : o m. 10.

Provenant de Rome.

613. Fragment de fresque. Décoration ornementale. Compartiments de diverses couleurs et Chimère peinte en violet sur un fond jaune. Hauteur : o m. 12. Largeur : o m. 17.

Provenant de Pompéi.

613 *bis*. Fragment de fresque. Décoration architecturale. Partie supérieure d'une colonne surmontée d'un chapiteau ionique. Hauteur : o m. 10.

Provenant de Pompéi.

614. Fragment d'enduit mural avec quelques lettres latines tracées en *graffito*.

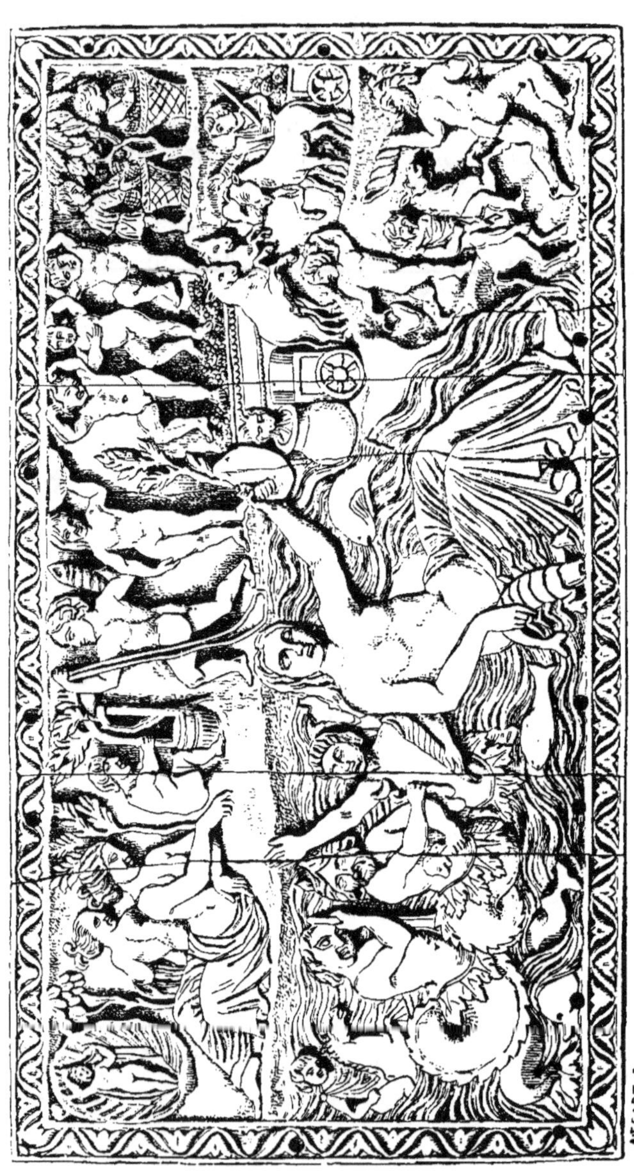

IVOIRE, OS, AMBRE, JAYET ET BOIS.

615. Os. Plaque fragmentée de travail étrusque, provenant d'un coffret, avec traces de peinture et de dorure. Un homme et une femme tutulés, à demi nus, couchés sur une *cliné* pour un banquet. Hauteur : o m. o35. Largeur : o m. o6.

616. Ivoire. Tête de *Jupiter Ammon*, d'un très-beau travail du Haut-Empire. Malheureusement le haut du masque est détruit. Hauteur : o m. o7.

617. Os. *Victoire* ailée, debout. Travail romain du iiie siècle. Hauteur : o m. o95.

618. Ivoire. Deux petits *Télamons,* nus et barbus, provenant d'un coffret. Hauteur de chacun : o m. o6.

619. Ivoire. Feuillet de diptyque en trois morceaux ; travail de la fin du ive siècle. L'élément humide.

Au centre est *Thalassa* (la mer) sous les traits d'une femme, le haut du corps nu , tenant par la queue un poisson et un homard, assise et à demi couchée au milieu des flots dans lesquels nagent des poissons. A gauche, dans le registre inférieur, les flots se continuent. On y voit nager trois *Tritons* et un jeune homme imberbe vêtu d'une chlamyde, probablement un *Vent,* monté sur un cheval marin. Le registre supérieur est limité en bas par la ligne du rivage. On y voit d'abord *Vénus Marine* dans une coquille, puis *deux femmes* demi-nues, assises à terre entre des arbres, et un petit *génie* accroupi auprès d'un puits. Ce registre continue, également limité par le rivage, au-dessus de la figure de la Mer ; juste au-dessus de cette figure est un *Vent*, nu, barbu, tenant d'une main un *lorum,* et de l'autre un buccin, puis un *génie féminin*, nu, élevant une *scaphé* sur sa main gauche.

La partie droite de la composition est divisée en trois registres. Les deux d'en haut retracent les diverses opérations de la vendange. De petits personnages, les uns vêtus de courtes tuniques, les autres nus, cueillent les raisins et les entassent dans des corbeilles, les transportent dans un chariot attelé de deux mulets, et les foulent dans la cuve, d'où le vin s'écoule dans une grande jarre par une ouverture en forme de mufle de lion; enfin deux bœufs emmènent un chariot contenant les barils du vin déjà fabriqué. Dans le registre inférieur nous voyons d'abord un petit *génie* nu et courant, qui tient un seau, probablement de métal, de sa main droite, et porte sur son épaule gauche une corbeille pleine de fruits; puis un personnage barbu, vêtu d'une chlamyde, peut-être un *Vent*, assis à la manière des femmes sur un cheval au galop; enfin un *Vent*, nu et barbu, soufflant dans un buccin. Hauteur: o m. 16. Largeur : o m. 29.

Ce précieux ivoire offre la plus complète analogie, comme travail et comme sujets, avec le célèbre diptyque de Sens (Millin, *Monuments inédits*, t. II, pl. L et LI). Toutes les représentations que nous avons réunies en un seul ensemble se trouvent réparties entre les deux feuillets du diptyque de Sens, qui y ajoute, au centre de l'un, le char de Bacchus, et, au centre de l'autre, celui de Diane Tauropole.

Sans doute, le second feuillet du diptyque, dont nous avons la moitié dans la collection Raifé, représentait une série de scènes symbolisant l'élément igné, en opposition avec celles qui symbolisent l'élément humide.

619 *bis*. Os altéré et imprégné d'un sel de cuivre. Manche d'ustensile terminé par une tête de panthère. Longueur : o m. 55.

620. Os. Epingle de tête surmontée d'un buste de femme.

621. Os. Quatre épingles de tête variées.

622. Os. Cure-oreilles.

623. Os. Cuiller à parfums.

624. Os. Style pour écrire sur des tablettes enduites de cire.

624 *bis*. Os. Cinq petites aiguilles à tête d'or. Provenant d'un tombeau de Kertch, l'antique Panticapée.

Collection Raoul-Rochette.

624 *ter*. Os. Style à écrire.

624 *quater*. Os. Tronçon de flûte percé de deux trous.

625. Ambre. Fragment d'une tête de *Minerve* casquée, de style grec archaïque.

Trouvé dans un tombeau de Nola.
Les sculptures d'ancien style grec, en ambre, sont de la plus extrême rareté.

625 *bis*. Ambre. Fragment d'une tête de style grec archaïque.

Trouvé à Nola.

625 *ter*. Ambre. Trois grains de collier de formes et de dimensions diverses.

626. Jayet. Buste de femme, provenant d'une épingle de tête.

627. Os noirci. Tête de femme dont la haute coiffure rappelle celle des effigies de Julie, fille de Titus. Provenant d'une épingle de tête.

628. Bois peint et doré. Deux fragments, l'un portant des oves et l'autre des rais de cœur, provenant de l'ornementation du grand sarcophage en bois, de travail grec, trouvé à Panticapée, dont les principaux débris sont maintenant au Musée de l'Hermitage à Saint-Pétersbourg.

Collection Raoul-Rochette.
L'ensemble de la décoration du sarcophage d'où proviennent ces fragments et quelques autres conservés au Cabinet des Médailles, est figuré dans les *Antiquités du Bosphore Cimmérien*, pl. LXXXI.

SCULPTURES EN MATIÈRES DURES.

629. Chalcédoine. Tête de *Vénus*, ornée d'un haut diadème, provenant d'une statuette. Travail de la plus
grande finesse et du style le plus charmant. Hauteur :
o m. o28.

629 *bis*. Chalcédoine saphirine. Buste de l'empereur
Marc-Aurèle. Hauteur : o m. o25.

629 *ter*. Cristal de roche. Lion couché, les pattes bri-
sées. Longueur : o m. o9.

630. Cristal de roche. Cigale. Longueur : o m. o4.

Trouvée dans un tombeau d'Athènes.

631. Cristal de roche. Coquille du genre *cardium*, avec
ses deux valves fermées. Hauteur : o m. o3. Largeur :
o m. o2.

Collection W. Hope.
Trouvée en 1830, à Rome, dans un columbarium voisin de la Porte
Latine.

632. Cornaline. Osselet.

PIERRES GRAVÉES.

Camées.

633. Chalcédoine transparente. Tête de *Méduse*, destinée à être portée en phalère. Hauteur : o m. o3. Largeur : o m. o4.

Sur ce genre d'objets, voy. le mémoire de M. Longpérier, *Rev. nu-
mism.*, 1848, p. 85 et suiv.

634. Chalcédoine. Tête de *Méduse* d'un fort relief.
Hauteur : o m. 35. Largeur : o m. o3.

635. Onyx à deux couches. *Léda* nue, accroupie, tenant au-dessus de sa tête une draperie gonflée par le
vent, reçoit les caresses du cygne. Hauteur : o m. o19.
Largeur : o m. 21.

636. Sardonyx à trois couches. Grylle composé de quatre têtes : celle d'*Alexandre* et celle de *Jupiter Ammon*
adossées dans les deux sens contraires ; une tête de
bélier en bas, et une tête virile barbue, indéterminée, en haut. Longueur : o. m. o4. Largeur : o m. o2.

Ce curieux camée, d'un travail très-inégal, car la tête d'Alexandre et
celle de Jupiter Ammon sont du plus beau style grec, la tête barbue d'en
haut est médiocre, et la tête de bélier est décidément mauvaise, a été
trouvé, en 1832, dans un tombeau de Mégare, avec des bijoux qui font
aujourd'hui partie des collections du Cabinet des Médailles. Il a appartènu
à Colettis et a été monté en broche.

637. Saphir. Tête d'*Alexandre* en Hercule, tournée à
droite. Hauteur : o m. o14. Largeur : o m. o10.

Monture moderne en épingle.

637 *bis.* Onyx à deux couches. Buste de *Messaline*,
tourné à gauche.

L'antiquité de ce camée n'est pas absolument sûre. On pourrait le re-
garder comme une œuvre du xvie siècle ; mais, dans tous les cas, le travail en est fin et le style élégant.

638. Onyx à deux couches. Tête d'éphèbe à cheveux courts, tournée à droite. Hauteur : o m. o18. Largeur : o m. o12.

639. Sardonyx à deux couches, fragmentée. Tête de femme tournée à droite, ceinte du cécryphale et d'une couronne de laurier. Hauteur : o m. 18. Largeur : o m. 18.

640. Onyx à deux couches. Tête de jeune fille tournée à gauche, les cheveux relevés par un *credemnum*. Hauteur : o m. 15 Largeur : o m. 14.

641. Sardonyx à deux couches. Inscription :

ΕΥΤΥΧΙ

ΚΑΠΙΤΩ

ΝΙΝΑ.

Hauteur : o m. 14. Largeur : o m. 19.

641 *bis*. Sardonyx à deux couches. Main touchant une oreille. Autour, l'inscription : ΜΝΗΜΟΝΕΥΕ.

Hauteur : o m. 18. Largeur : o m. 10.

642. Onyx nicolo. Inscription :

ΝΥΟΕ?

ΖΕSΑΙS

LVXVRIO.

Hauteur : o m. oo6. Largeur : o m. o13.

643. Sardonyx à deux couches. Bas du corps d'un éphèbe assis sur un rocher. Fragment d'un camée d'assez grandes dimensions.

Scarabées étrusques.

644. Cornaline. Satyre ivre agenouillé, tourné à droite. Monture antique en or.

644 *bis*. Sardoine rubanée. Intaille sciée d'un scarabée. Personnage assis, qui semble manœuvrer une sorte de grande marionnette représentant un homme barbu.

645. Cornaline. Panthère tournée à gauche.

646. Cornaline. Chimère tournée à droite.
Travail grossier, *a pallotte*.

Intailles.

647. Sardonyx à deux couches. Buste de *Saturne* voilé, la *harpé* sur l'épaule, tourné à gauche.
Monture moderne en bague.

648. *Jupiter*, debout à droite, drapé, tenant une patère et la haste pure. Devant lui est un autel allumé.
Travail grossier.

649. Sardoine brune. *Minerve*, vêtue d'une longue robe, avec le casque, la lance et le bouclier, marchant à gauche.
Travail grossier.

650. Cornaline. Fragmentée. *Minerve* casquée, assise, tenant une *Victoire* sur sa main étendue. Derrière la déesse : ROGAT. Devant, les lettres VS, qui complètent le nom propre *Rogatus*. Au dessus : .ESENI.
Travail grossier.

651. Cornaline. Buste du *Soleil*, radié, tourné à gauche.
Travail médiocre.

652. Prase. Le *Soleil*, nu, radié, debout à droite et appuyé sur une colonne.

653. Cornaline. *Diane*, debout à gauche, vêtue d'une tunique talaire, tenant l'arc et la flèche.
Travail médiocre.

654. Cornaline. Buste de *Diane*, lauré, à gauche, le sein gauche découvert, avec la flèche.

655. Onyx nicolo. *Diane Éphésienne*, debout, vue de face, en gaîne, la tête surmontée du modius, tenant d'une main la bipenne et de l'autre un rameau garni de ses feuilles.

656. Jaspe vert. Le boisseau de Cérès, surmonté d'épis et de pavots, entre deux cornes d'abondance, sur chacune desquelles est posée une colombe.
Travail grossier.

657. Cornaline. Hermès de *Bacchus Pogon*, garni de pampres. Inscription : CSEP-TELE, répartie des deux côtés, en deux lignes.

658. Cornaline. *Ménade* armée du thyrse, et *Satyrisque* dansant au son de la double flûte dans laquelle souffle un *Satyre*.
Travail grossier.

659. Cornaline. *Satyre* nu, imberbe, à petites cornes sur le front, tourné à gauche, présentant une grappe de raisin à un *Satyrisque* qui s'efforce de l'atteindre.

660. Onyx nicolo. *Mars*, debout à gauche, avec une simple chlamyde jetée sur les épaules, tenant à la main le casque et la lance. Le bouclier est à ses pieds.

661. Cornaline. *Mars*, cuirassé et casqué, debout en face de la *Victoire*, qui lui offre une couronne.
Travail grossier.

662. Cornaline. L'*Amour*, nu, debout, tenant la peau de lion, la massue et l'arc d'Hercule.

663. Agate grise opaque. L'*Amour*, sous les traits d'un enfant ailé, tenant par les ailes un papillon, emblème de *Psyché*.

664. Sardonyx à deux couches. Buste de *Morphée*, imberbe, tourné à gauche, avec des ailes aux épaules. Autour, l'inscription : ΛШYTΙΙΟϹ.

665. Jaspe rouge. La *Fortune* et l'*Équité*, debout, vues de face, l'une avec le gouvernail et l'autre avec les balances.
Travail grossier.

666. Cornaline. Fragmentée. Tête d'*Hercule*, barbue, tournée à gauche.

667. Émeraude. *Hercule* nu, debout, tenant la massue en face d'un hermès barbu. Devant la tête d'Hercule, les lettres ACI.

668. Améthyste percée. *Omphale* marchant à gauche, le bas du corps nu, le haut enveloppé dans la peau du lion de Némée, portant sur l'épaule la massue d'Hercule.

669. Sardoine brune. *Prométhée* assis, fabriquant l'homme.

670. Cornaline. Fragmentée. Partie supérieure de la figure d'un jeune héros, nu, tenant le *parazonium*.

670 *bis*. Jaspe rouge de grande dimension et de forme carrée. Tête d'*Auguste* tournée à gauche, au-dessus d'un calathus à trois pieds, surmonté d'une balance et de deux épis.

671. Émeraude de forme semi-cylindrique. Femme debout, vêtue d'une tunique talaire.

Travail grossier.

672. Cornaline. Personnage debout, vêtu d'une simple chlamyde, appuyé sur un long bâton, vu de dos et retournant la tête.

673. Cornaline. Fragmentée. Esclave barbu, en courte tunique, déposant à terre un cratère richement ornementé. Derrière on voit un autre personnage en tunique courte.

Fragment d'une composition étendue.

674. Grenat. Buste d'un cocher du cirque, vu de face, le fouet sur l'épaule. A gauche, les lettres H. I. P.

Travail du Bas-Empire.

675. Cornaline. Sphinx accroupi, à gauche.

Travail médiocre.

676. Onyx nicolo. Griffon couché, à gauche.

677. Sardoine brune. Griffon marchant à gauche.

Travail grossier.

678. Agate à deux couches. Capricorne.

679. Chalcédoine enfumée. Cheval paissant, à gauche.

680. Sardoine brune. Éléphant tourné à gauche. Au-dessus, les lettres L. NO.

681. Sardonyx à deux couches. Chèvre debout, à gauche.

682. Chalcédoine rubanée. Chèvre couchée, à gauche.

683. Cornaline. Deux colombes posées sur les bords d'un cratère, dans lequel l'une boit.

Travail grossier.

684. Agate opaque. Perroquet becquetant un fruit.

685. Prase. Colombe posée sur un autel et tenant dans son bec une couronne. Au-dessous, un scorpion.
Travail grossier.

686. Jaspe jaune. Scorpion.

687. Chalcédoine. Sauterelle.
Travail grossier.

688. Agate brouillée. Fourmi.

689. Sardonyx à deux couches. Papillon, emblème de l'âme, au-dessus d'un tibia décharné.
Monture moderne en bague.

690. Sardoine brune. Être fantastique, à corps d'homme avec une tête d'aigle et des ailes, agenouillé à gauche et retournant la tête. Devant, les lettres L. MEM.

691. Cornaline. Grylle, composé d'une tête humaine barbue, d'une tête de bélier et d'une tête de griffon avec des ailes, porté sur deux pattes de coq.

692. Jaspe noir. Grylle composé d'une tête d'homme barbue, d'une tête de porc, d'une tête de Chimère, de grandes ailes et de pattes de coq. Un papillon vole au-dessus.

693. Jaspe rouge. Grylle composé d'une tête d'homme barbue, d'une tête de bélier et d'une tête de panthère, porté sur des pattes de coq.

694. Cornaline. Grylle formé par un paon à tête humaine surmontée d'antennes, avec un masque d'homme barbu sur le dos. Autour les lettres CMAD.

695. Agate rubanée. Gouvernail et aplustre.

696. Cornaline. Fragment où on lit les lettres ΙΠΛΙΝΙ.

Pierres gnostiques.

697. Améthyste. *Mars* debout, cuirassé, casqué, tenant la lance et une couronne. Autour, inscription cabalistique en sept lignes de caractères très-fins.

698. Lapis. *Vénus Anadyomène* debout, tordant ses cheveux. Autour, inscription cabalistique en lettres grecques. Sur le revers : ΑΡΡΩΡΙ-ΦΡΑϹΙϹ, en deux lignes.

699. Jaspe sanguin. *Harpocrate-Soleil*, la tête radiée, assis sur la fleur du lotus. Au-dessous, un crocodile coiffé du schent et un uræus dressé. Autour, inscription cabalistique en lettres grecques. Sur le revers, une inscription cabalistique en huit lignes.

700. Jaspe vert. *Harpocrate-Soleil*, assis sur la fleur du lotus.

701. Jaspe sanguin. Figure virile panthée à quatre ailes et à queue d'oiseau, la tête surmontée de la coiffure d'Ammon-Chnouphis, tenant deux sceptres. Autour, inscription cabalistique en lettres grecques. Sur le revers, un serpent uræus dressé.

702. Jaspe vert. *L'éon Chnoubis*, criocéphale, en gaîne, debout sur un serpent à deux têtes qu'il tient de chaque main par le col. Le champ est semé d'étoiles et de signes cabalistiques. Sur le revers, signes cabalistiques.

703. Hématite. Orgue hydraulique. Sur le revers : ΟΡΩΡΙΟΥΘ, c'est-à-dire en hébreu « lumière des lumières, » écrit en deux lignes.

L'objet représenté sur cette pierre, comme sur un certain nombre d'autres amulettes gnostiques, a été expliqué par M. Vincent, de l'Institut, dans un mémoire spécial inséré au recueil de la Société des Antiquaires de France.

704. Cornaline. Inscription cabalistique en douze lignes de caractères grecs très-fins. Sur le revers, inscription de six lignes en caractères cabalistiques.

Pâtes de verre imitant les pierres gravées.

705. Pâte imitant un camée de sardonyx à deux couches. *Apollon lyricine*, assis à droite sur un trône richement ornementé. Hauteur : o m. o33. Largeur : o m. o36.

7

706. Pâte blanche opaque imitant l'agate laiteuse. Tête de *Méduse* en relief, destinée à être portée en phalère. Diamètre : o m. o65.

707. Pâte bleue. Tête de *Méduse* en relief, destinée à être portée en phalère. Fragmentée.

708. Pâte brune transparente, imitant la sardoine. Tête de *Méduse* en relief, destinée à être portée en phalère. Diamètre : o m. o3.

709. Pâte blanche opaque imitant l'agate laiteuse. En relief, l'*Amour* et *Psyché*, debout, en face l'un de l'autre.

710. Pâte brune imitant la sardoine. En relief, buste viril imberbe, tourné à droite. 2 exemplaires.

711. Verre blanc translucide, En relief, buste de l'empereur *Hadrien*, tourné à droite. 2 exemplaires.

711 *bis*. Verre blanc translucide. En relief, buste d'*Antinoüs*, tourné à droite.

712. Pâte jaune imitant la chalcédoine résinite. En relief, *Ibis*, tourné à droite.

713. Pâte opaque noire imitant le jaspe. En creux, *Victoire* debout à gauche, tenant une couronne.

714. Pâte brune imitant la sardoine. En creux, l'*Amour* sous les traits d'un enfant, debout à gauche, les ailes ouvertes.

715. Pâte brune imitant la sardoine. En creux, l'*Amour*, sous les traits d'un enfant, tourné à gauche.

716. Pâte brune imitant la sardoine. En creux, hippocampe.

717. Pâte brune imitant la sardoine. En creux, lion courant à gauche.

718. Pâte verte imitant l'émeraude. En creux, lion tourné à gauche.

719. Pâte jaune imitant la chalcédoine résinite. En creux, lion marchant à gauche.

720. Pâte brune imitant la sardoine. En creux, chien courant à gauche.

721. Pâte brune imitant la sardoine. En creux, cheval paissant, à gauche.

722. Pâte opaque imitant l'onyx nicolo. En creux, cheval paissant, à gauche.

723. Pâte brune imitant la sardoine. En creux, taureau courant à gauche.

724. Pâte brune imitant la sardoine. En creux, bœuf marchant à gauche.

725. Pâte brune imitant la sardoine. En creux, deux chèvres auprès d'un arbre, dont une broute les feuilles.

726. Pâte opaque imitant l'onyx nicolo. En creux, truie, tournée à gauche.

727. Pâte violette imitant l'améthyste. En creux, coq, tourné à gauche.

728. Pâte brune imitant la sardoine. En creux, le croissant et l'étoile dans une couronne de feuillage.

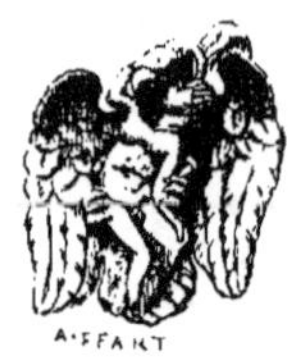 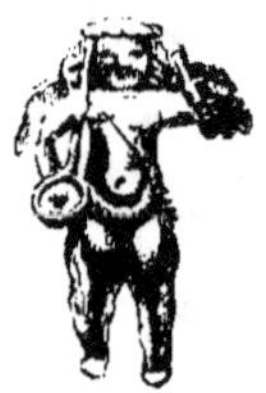

BIJOUX.

729. Or. Bandeau formé d'une mince feuille d'or, avec au milieu l'estampage de la face d'une monnaie de l'empereur Valérien.

Trouvé à Beyrouth.

730. Or. Grande feuille à quatre lobes, provenant d'une couronne funéraire.

731. Or. Huit feuilles de chêne, provenant d'une couronne funéraire.

732. Or. Deux feuilles d'olivier, provenant d'une couronne funéraire.

733. Or. Quatre feuilles de laurier, provenant d'une couronne funéraire.

733 *bis*. Bronze. Feuille de laurier, provenant d'une couronne funéraire.

734. Or. Épingle à cheveux, à tête en forme d'édicule rond à jour, surmonté d'un saphir en cabochon.

735. Bronze. Épingle à cheveux gauloise, à grosse tête.

Trouvée près de Paris.

736. Bronze. Épingle à cheveux, à tige cannelée, dont la tête est brisée.

737. Or. Paire de pendants d'oreilles représentant l'aigle de Jupiter enlevant le jeune Ganymède.

Le Cabinet des médailles possède une paire de pendants exactement semblables. Ils proviennent de la collection de Mme la baronne Rouen, et ont été trouvés dans un tombeau de l'Attique.

738. Or. Boucle d'oreille représentant un Amour ailé, nu, le front ceint de bandelettes, avec une guirlande de pampres passée diagonalement autour du corps, tenant un lécythus et une patère.

739. Or. Figurine d'un Amour ailé, nu, tenant à la main une patère. Provenant d'une boucle d'oreille.

740. Or. Paire de boucles d'oreilles, décorées d'une tête de Bacchante couronnée de pampres.

741. Or. Boucle d'oreille décorée d'une tête de femme.

742. Or. Boucle d'oreille décorée d'une tête de femme.

743. Or. Boucle d'oreille composée d'une figurine d'Harpocrate panthée, suspendue au-dessous d'un anneau.

744. Or. Boucle d'oreille décorée d'une tête de lion.

745. Or. Boucle d'oreille décorée d'une tête de lion.

746. Paire de boucles d'oreilles, composées d'un anneau d'or en torsade terminé par une tête de panthère, au-dessous de laquelle est un grain rond de grenat. De cet anneau pendent une chaînette d'or et une petite amphore en or et en grenat, décorée au granulé avec une extrême finesse.

747. Or. Paire de boucles d'oreilles, composées d'une rosace, au-dessous de laquelle est suspendue une amphore.

748. Or. Paire de boucles d'oreilles, composées d'une grosse rosace finement décorée en cordelé, au-dessous de laquelle est suspendue une petite lyre.

749. Boucle d'oreille, composée d'un anneau d'or uni, auquel est suspendue une tête de lion en verre bleu.

749 *bis*. Or. Paire de boucles d'oreilles en anneau tordu, terminé par une tête de lion.

Provenant de la nécropole de Tortose.

749 *ter*. Or et cornaline. Paire de boucles d'oreilles, en anneau terminé par une tête de lion.

Provenant de la nécropole de Tortose.

750. Or. Paire de boucles d'oreilles, composées d'une rosace décorée d'un mufle de lion, au-dessous de laquelle est suspendue une plaque cordiforme dont le centre était décoré d'une gemme aujourd'hui disparue, avec en bas trois petits pendants de forme allongée.

751. Or. Paire de boucles d'oreilles, décorées de la figure d'un Amour ailé, nu, ayant au travers de la poitrine l'ornement caractéristique de l'Amour hermaphrodite des mystères de la Grande-Grèce. Au-dessus de sa tête est enchâssé un petit grenat.

752. Or. Paire de boucles d'oreilles, composées d'un anneau uni avec au milieu une petite sphère à jour, au-dessous duquel est suspendue une feuille de lierre au bout d'une petite torsade.

753. Or. Paire de boucles d'oreilles, décorées d'un grenat taillé en cœur, enchâssé dans une bordure d'or.

754. Or. Petit vase rond à deux anses, décoré au granulé, provenant d'une boucle d'oreille.

755. Or. Boucle d'oreille décorée d'une colombe.

756. Boucle d'oreille formée d'un anneau d'or uni, duquel pend une petite massue en verre bleu, à la surface décorée d'une torsade.

757. Boucle d'oreille, formée d'un crochet d'or, terminé par une émeraude prismatique enchâssée dans un cadre d'or carré.

758. Boucle d'oreille formée d'un crochet d'or en S, à l'extrémité duquel pend une perle fine.

759. Paire de boucles d'oreilles formées d'un crochet d'or en S, au bout duquel est un chaton carré avec une émeraude enchâssée. Au-dessous de ce chaton sont les crochets auxquels s'attachaient les pendants aujourd'hui perdus.

760. Paire de boucles d'oreilles, composées d'un anneau d'or uni avec une petite perle fine, d'où pend une petite tige d'or granulée, avec au bout un grain octogone de verre vert imitant l'émeraude et une petite perle fine.

761. Deux boucles de verre bleu accouplées avec une monture en or très-finement décorée au granulé, provenant d'une boucle d'oreille, et fragments de celle qui y faisait pendant.

762. Or. Deux rosaces très-finement décorées au granulé, provenant de boucles d'oreilles.

763. Paire de boucles d'oreilles, composées d'une plaque d'or découpée, avec au centre un prisme de verre vert imitant l'émeraude, à laquelle sont attachés trois petits pendants décorés d'un grenat et d'une perle fine.

764. Or. Paire de boucles d'oreilles, formées d'un grand anneau uni auquel sont attachés un vase et une sorte de feuille de lierre. Travail grossier.

765. Boucle d'oreille, formée d'un anneau d'or délicatement ornementé, auquel est suspendu un petit vase sans anses en améthyste.

766. Boucle d'oreille formée d'une plaque d'or ovale avec une émeraude au centre, au-dessous de laquelle est suspendue une poire d'émeraude.

767. Or. Paire de boucles d'oreilles, formées d'un anneau ouvragé, auquel était attaché un pendant aujourd'hui perdu.

768. Or. Deux petites colombes, provenant de boucles d'oreilles.
Trouvées à Herculanum.

769. Or. Boucle d'oreille, formée d'un anneau ouvragé, auquel est attachée une plaque trilobée, décorée au granulé, dans laquelle étaient enchâssées trois gemmes aujourd'hui perdues. Un gland allongé et décoré au granulé était suspendu à chacun des lobes de cette plaque; il n'en reste plus qu'un.

770. Poire en saphir, provenant d'une boucle d'oreille.

771. Or. Paire de boucles d'oreilles, composées d'un anneau uni, au bas duquel est attachée une capsule hémisphérique à jour, dont la face plate portait une

grosse gemme, aujourd'hui perdue, entourée de plus petites pierres.

772. Or. Boucle d'oreille en forme de demi-bulle creuse et unie, avec un crochet.

773. Or. Paire de grandes boucles d'oreilles. En haut, un crochet sur le devant duquel est un ornement qui rappelle le disque solaire surmonté de deux pousses de palmier des monuments égyptiens ; il était décoré de gemmes enchâssées, aujourd'hui perdues. Au-dessous est une bulle ronde, décorée au granulé, dont le centre était occupé par une grosse gemme, disparue. De cette bulle pendent deux glands à fines cordelettes d'or et une autre bulle ronde plus petite, également ornée d'une pierre maintenant perdue, au-dessous de laquelle est suspendue une petite amphore d'un travail très-fin.

774. Or. Partie supérieure d'une boucle d'oreille semblable. Au centre de la bulle est un gros grenat en cabochon.

775. Or. Partie supérieure d'une boucle d'oreille semblable, dont toutes les pierres sont perdues.

776. Or. Plaque en losange, décorée au centre d'un masque au repoussé, provenant d'une boucle d'oreille.

777. Or. Paire de grandes boucles d'oreilles. Grosse chaînette terminée par une bulle ronde avec au centre une améthyste en cabochon, au-dessus de laquelle pend une petite amphore en sardoine rubanée et or, très-délicatement ornementée au granulé.

Une des deux boucles de la paire a perdu ses gemmes.

778. Or. Plaque ouvragée provenant d'une boucle d'oreille.

778 *bis*. Or. Deux rosaces de formes différentes, provenant de boucles d'oreilles.

779. Or. Boucle d'oreille en forme d'arc, au bout d'un crochet.

780. Or. Boucle d'oreille de travail byzantin, formée d'un gros anneau ouvragé et décoré de pâtes de verre

rouge encastrées, auquel est attachée une capsule
hémisphérique à jour, dont la face plate, décorée au
granulé, porte une croix en pâtes de verre encastrées, une, centrale, verte, et les quatre autres rouges.

781. Or. Collier de 32 chatons, dont les pierres sont
perdues.

782. Or. *Torques* gaulois en torsade, avec un crochet à
chacune de ses extrémités.

783. Or. Cinq grains de collier en balustres.

784. Or. Perle ronde, provenant d'un collier.

785. Bronze. *Torques* gaulois uni, renflé à ses extrémités, avec quelques ciselures.

786. Or. Collier composé d'une chaîne mince, à laquelle est suspendue une bulle.

787. Or. Grelot en forme de bulle provenant d'un
collier.

788. Or. Petit vase destiné à contenir des parfums,
composé de deux parties qui se vissent l'une sur
l'autre ; ayant formé pendant de collier.

789. Or. Nœud provenant d'une plaque centrale de
collier, avec au milieu un petit morceau de lapis
taillé en cœur.

790. Or. Petite fibule, décorée d'un lion ailé, couché.
Provenant d'un tombeau de Panticapée.

790 *bis*. Bronze. Deux fibules de forme allongée.

791. Or. Fibule en forme d'arc, décorée au granulé
avec une grande finesse. A l'extrémité de l'étui qui
reçoit l'aiguille est une toute petite figurine de sphinx
ailé, couché.

792. Argent. Cheval ayant formé la partie en arc d'une
fibule.

793. Bronze étamé d'argent par le procédé gaulois. Fibule en forme d'arc.

794. Argent. Fibule en forme d'arc.

795. Bronze. Fibule en forme d'arc. Traces d'argen-
ture par le procédé gaulois.

795 *bis*. Bronze. Deux fibules en forme d'arc, variées.

796. Bronze. Fibule en forme d'arc renflé au centre.

797. Bronze. Fibule en forme d'arc, renflé et plié en angle au centre.

798. Bronze. Plaque avec des émaux bleus et rouges, provenant d'une fibule gauloise.

799. Or. Seize bractéates destinées à être cousues sur un vêtement, les unes représentant des flots, les autres des dauphins.

Provenant d'un tombeau de Panticapée.

800. Or. Vingt-cinq bractéates en forme de pastilles unies, destinées à être cousues sur un vêtement.

Provenant d'un tombeau de Panticapée.

801. Argent. Anneau interrompu de distance en distance par des cercles de perles, ayant fait partie d'une agrafe ronde.

802. Or. Paire de bracelets, dits *péricarpes*, en forme de cercle uni, renflé d'un côté au centre, et présentant de l'autre, au même point, un ornement en spirale.

803. Bronze. Bracelet de l'espèce dite *spinther*, en forme de serpent enroulé en spirale et faisant quatre tours.

804. Bronze. Bracelet d'homme, dit *torques brachialis*.

804 *bis*. Bronze. *Torques brachialis* d'enfant.

805. Bronze. *Armilla*, ou bracelet militaire, donné en récompense pour les actions d'éclat, composé d'un fil de bronze enroulé en spirale et faisant quatre tours.

806. Bronze. *Armilla* faisant quatre tours.

807. Or. Anneau, portant gravé sur le chaton un grylle composé d'une tête d'homme barbu, d'une tête de lion, d'une tête de cheval et d'une tête de mulet.

808. Or. Anneau, portant gravé sous le chaton une colonne sur laquelle est posée une colombe tenant une couronne dans son bec, avec l'inscription : SERGIA.

809. Or. Anneau, portant gravée sur le chaton l'image d'une femme qui dépose un grain d'encens sur un *thymiaterium*.

810. Anneau d'or, portant sur le chaton une intaille en onyx rubané, représentant Mercure debout, tenant le caducée et la bourse, et ayant le coq auprès de lui.

811. Or. Anneau, décoré, en guise de chaton, d'un masque en relief de Silène, couronné de lierre, du travail le plus fin.

Provenant d'un tombeau d'Athènes.

812. Or. Petit anneau double de femme, décoré au granulé, ayant sur le chaton de tout petits camées représentant des têtes de femmes.

813. Or. Petit anneau à chaton plat.

814. Or. Deux anneaux tout entourés de chatons, dont les pierres sont perdues, attachés ensemble par un chaînon d'or, de manière à embrasser deux doigts à la fois.

815. Or. Deux anneaux conjugués pour embrasser deux doigts à la fois. Triple chaton commun aux deux anneaux ; un grenat entre deux sardoines rubanées.

816. Or. Anneau guilloché à chaton très-saillant, portant gravée une colombe qui tient une couronne dans son bec.

817. Bronze. Anneau portant sur le devant une petite clef de coffret.

818. Anneau d'ambre fragmenté, dans le chaton duquel est encastrée une intaille sur onyx nicolo, représentant Mercure assis, tenant la bourse et le caducée.

818 *bis*. Bronze. Les deux agrafes d'un ceinturon, de travail romain.

818 *ter*. Bronze. Les deux agrafes d'un ceinturon, de travail romain.

818 *quater*. Bronze. *Pelta* ou bouclier d'amazone, incrusté d'argent, ayant été attaché à un baudrier.

818 *quinquies.*— Bronze. Plaque de ceinture de travail romain, plaquée d'argent.

819. Moule à fondre les métaux, en stéatite, ayant appartenu à un bijoutier gréco-égyptien. Sur une des faces sont les creux d'un manche de patère, d'une figurine de Patèque, d'une figurine d'Harpocrate, et d'une sorte de bouton circulaire décoré d'un masque de face. De l'autre côté sont les creux de deux boucles d'oreilles, dont une décorée d'une tête de lion.

OBJETS D'ARGENT.

820. Statuette de *Junon*, assise, vêtue d'une tunique talaire et d'un ample manteau, diadémée, avec un voile sur le diadème, tenant une patère de la main droite; la main gauche est brisée. Hauteur: 0 m. 081.

821. Statuette d'un *Amour* ailé, couronné de pampres, une petite chlamyde jetée sur les épaules. Hauteur · 0 m. 05.

822. Masque de *Silène*. Hauteur : 0 m. 015.

823. Cuiller ronde de toilette.

824. Spatule de toilette.

Trouvée dans un tombeau de Céphalonie.

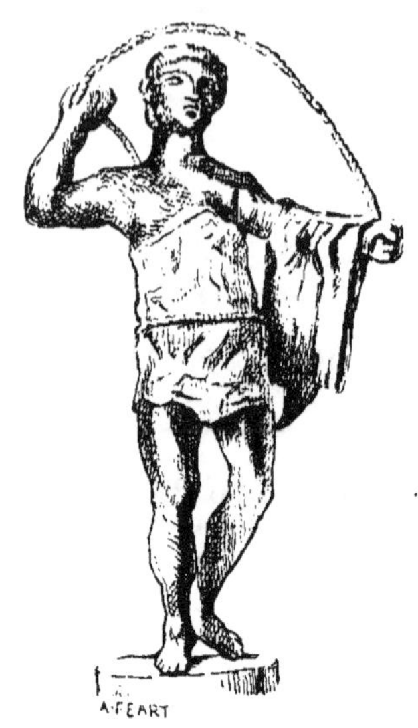

BRONZES.

Statuaire de grandes dimensions.

825. Masque et fragments de la main d'une statue impériale de grandeur naturelle, dorée, d'un magnifique style du 1er siècle.

826. Pied nu, provenant d'une statue de demi-nature.

827. Pied chaussé d'une riche sandale, provenant d'une statue de demi-nature.

827 *bis*. Fragment de la peau de lion d'une statue d'Hercule de grandeur naturelle.

Statuettes.

828. *Jupiter* assis, le haut du corps nu, tenant le foudre sur ses genoux de la main droite, la gauche élevée pour tenir le sceptre. Hauteur : o m. 11.

Beau travail romain. (Collection Ruxiel.)

828 *bis*. Autel de *Jupiter*, soutenu par deux *Géants* anguipèdes, entre lesquels est le foudre. Sur le dessus, étoile incrustée en argent. Hauteur : o m. o4. Largeur : o m. 12.

Travail romain.

829. *Pallas* debout, casquée, vêtue d'une cuirasse sous laquelle passe une étroite tunique talaire, dardant sa lance et se couvrant de son bouclier. Figurine fondue en plein du travail grec le plus archaïque, découverte à Athènes. L'aigrette du casque, la lance et le bouclier manquent. Hauteur : o m. 125.

Cette statuette, identiquement semblable à la figure de la déesse que l'on voit sur les plus anciens vases panathénaïques, est l'exacte reproduction de l'antique Palladium, adoré en dehors de l'Acropole dans la partie sud-est de la ville basse d'Athènes. (Voy. Ottfr. Müller, *Pallas Athene*, § 10; Gerhard, *Ueber Minervenidole Athens*, dans les Mémoires de l'Académie de Berlin pour 1844.)

830. *Minerve* debout, coiffée d'un casque surmonté d'un sphinx et d'une longue aigrette, vêtue d'une tunique talaire et d'un grand péplus, avec l'égide ; le bras droit, brisé, est élevé pour tenir la lance, la main gauche abaissée pour s'appuyer sur le bouclier, qui manque. Hauteur : o m. o8.

Travail romain.

831. *Minerve* debout, coiffée d'un casque à aigrette, vêtue de la tunique talaire et du péplus, avec l'égide. Hauteur : o m. o8.

Travail romain.

832. Buste de *Minerve* casquée, avec l'égide, saillant d'un disque rond. Hauteur : o m. o55.

Travail romain assez grossier. Trouvé en Égypte. Collection Marcel.

833. *Apollon* nu, debout, les cheveux longs, arrangés à la manière des femmes. Il a le carquois attaché derrière le dos. Sa main droite tient une patère, et la gauche un rameau de laurier. Hauteur : o m. o87.

Travail grec très-fin. Trouvé à Tortose, en Syrie.

834. *Mars* debout, casqué, vêtu d'une cuirasse à lambrequins, le parazonium à la ceinture. Figurine mutilée provenant de Corinthe. Hauteur : o m. o9.

Travail romain.

834 *bis. Mars* debout, cuirassé, coiffé d'un casque à triple aigrette. Hauteur : o m. 20.
Travail étrusque.

835. *Vénus* nue, diadémée, sortant du bain et arrangeant ses cheveux. Hauteur : o m. o7.
Travail romain.

836. *Vénus* sortant du bain, debout, les jambes enveloppées d'une draperie, arrangeant ses cheveux. Une
colombe est près de ses pieds. Hauteur : o m. o32.
Trouvée à Tortose.

837. *Vénus,* statuette d'un style charmant, mais déplo-
rablement rongée par l'oxyde, trouvée à Tortose. Les
bras et une des jambes manquent. Hauteur : o m. 21.
Travail grec de l'époque des Séleucides.

838. *Vénus* nue, debout, couronnée de myrte. La main
droite, portée en avant, devait originairement tenir
un miroir. Hauteur : o m. 145.
Travail romain très-fin. Trouvée à Arles.

839. *Vénus* nue, debout, la main gauche dans la pose
de la Vénus pudique, la droite étendue en avant.
Hauteur : o m. 14.
Travail romain.

840. *Vénus* nue, debout, le front orné d'une très-haute
stéphané à palmettes, tenant le ceste plié dans sa
main droite. Cette statuette est montée sur un socle
rond antique. Hauteur : o m. 275.
Travail grec de l'époque des Séleucides. Trouvée à Tortose.

841. Statuette de *Vénus* dans la même attitude, fragmentée. Les bras et les jambes au-dessous des cuisses
manquent. Hauteur : o m. 135.
Travail grec de l'époque des Séleucides. Trouvée à Tortose.

842. *Vénus* nue, debout, coiffée d'une sorte de turban
arrondi, la main gauche à ses cheveux, la droite étendue en avant. Montée sur un socle antique. Hauteur :
o m. 21.
Travail très-grossier et sans proportions. Trouvée à Tortose.

843. *Vénus* nue, debout, mettant le ceste au-dessous
de ses seins. Hauteur : o m. o65.
Travail romain.

844. *Vénus* nue, debout, mettant le ceste au-dessous de ses seins. Montée sur un socle antique. Hauteur : o m. 07.

Travail romain.

845. *Vénus* nue, les cheveux frisés sur le devant, chaussée de sandales, tenant la pomme, assise sur un siége rond à dossier, en osier tressé, les pieds sur un escabeau. Le siége et le socle sont antiques et forment deux pièces séparées. Hauteur : o m. 175.

Travail syrien de l'époque romaine. Trouvée à Tortose.

846. L'*Amour* adolescent, nu, debout, muni de deux grandes ailes, les cheveux arrangés comme ceux d'une femme. Il tient à la main le reste de son arc. Hauteur : o m. 13.

Travail grec.

847. *Faune* jeune dansant et frappant des mains au-dessus de sa tête. Hauteur : o m. o66.

Travail d'une extrême finesse.

848. *Faunisque* nu, à queue de cheval, couronné de pampres, courant ; il tient d'une main le céras et de l'autre une patère. Hauteur : o m. 12.

Surmoulé moderne.

849. Génie bachique, coiffé du bonnet phrygien, avec des anaxyrides ouvertes sur le ventre comme on en donne à Atys, élevant au-dessus de sa tête un masque tragique. Figure d'applique. Hauteur : o m. 11.

Travail romain.

850. Hermès de *Priape* barbu, la tête surmontée du modius. Sur la gaîne un lierre est gravé en creux. Provenant de Santorin, l'antique Théra. Hauteur : o m. o55.

Nous appelons cette figurine Priape, bien qu'elle n'ait pas l'attribut le plus caractéristique du dieu de Lampsaque, à cause des inscriptions qui prouvent l'importance prise par le culte de Priape dans la cité d'OEa, capitale de l'île de Théra, où elle a été trouvée. (Voy. *Corp. inscr. græc.*, n° 2465 *b*).

851. *Mercure* nu, debout, coiffé du pétase ailé, tenant la bourse et le caducée, les talonnières aux pieds. Hauteur : o m. 235.

Magnifique statuette de travail romain, trouvée en Bourgogne.

852. *Mercure* nu, debout, coiffé du pétase ailé, les talonnières aux pieds, la chlamyde jetée sur l'épaule gauche. Les attributs que tenaient les deux mains sont perdus. Hauteur : o m. 15.

Travail romain.

853. *Mercure* nu, debout, coiffé du pétase, la chlamyde jetée sur l'épaule droite, tenant le caducée et la bourse. Hauteur : o m. 04.

Travail romain.

854. *Mercure* debout, vêtu d'une longue chlamyde, coiffé du pétase ailé, les talonnières aux pieds. Les bras manquent. Hauteur : 8 m. 13.

Travail romain.

855. La *Fortune* debout, diadémée, vêtue d'une tunique talaire et d'un vaste péplus, portant la corne d'abondance. Hauteur : o m. 145.

Travail romain.

856. La *Fortune* debout, diadémée, vêtue d'une tunique talaire et d'un vaste péplus, portant la corne d'abondance. Hauteur : o m. o33.

Travail romain.

857. L'*Abondance* debout, diadémée, vêtue d'une tunique talaire et d'un large manteau, tenant de la main droite une patère. Le bras gauche, qui portait la corne d'abondance, manque. Hauteur : o m. 13.

Travail romain.

858. La *Piété* debout, voilée, vêtue d'une longue tunique et d'un manteau qui l'enveloppe presque entièrement, tenant une patère de la main droite. Hauteur : o m. o8.

Travail romain.

859. *Victoire* ailée, debout et marchant, le bras droit étendu en avant, le sein droit découvert, vêtue d'une tunique talaire. Hauteur : o m. o82.

Travail romain.

860. Buste de *Victoire*. Hauteur : o m. 10.

Travail romain.

861. Tête de *Fleuve* représenté sous les traits d'un taureau à face humaine. Morceau d'applique.

Travail étrusque.

861 *bis*. La *Ville d'Antioche*, tourelée, assise sur le rocher. Hauteur : o m. o8.

Travail romain très-fin.

862. *Pomone* assise, vêtue d'une longue robe, portant des fruits sur ses genoux, dans les plis de son manteau : Hauteur : o m. 12.

Travail romain très-fin.

863. *Vertumne* debout, vêtu d'un court vêtement, qui a glissé en laissant le torse à découvert et s'enroule autour du bras gauche. Son bras droit porte une corbeille de fruits. Hauteur : o m. 11.

Travail romain.

864. *Isis* debout, les seins découverts, le bas du corps enveloppé d'une longue draperie qui descend jusqu'aux pieds, un grand manteau sur les épaules. Elle tient d'une main le sistre et de l'autre le seau à libations. Au-dessus de sa tête est la coiffure égyptienne composée des cornes de vache, du disque solaire et de deux longues pousses de palmier. Hauteur : o m. 155.

Travail romain.

865. Buste d'*Isis*, la tête surmontée de la coiffure qui sur les monuments égyptiens est commune à elle et à Hathor. Provenant d'Alexandrie. Hauteur : o m. o95.

Travail gréco-égyptien.

866. Buste d'*Isis*, la tête surmontée de sa coiffure égyptienne. Hauteur : o m. o37.

Travail romain.

867. Buste d'une déesse diadémée. Hauteur : o m. o7.

Travail romain.

868. *Hercule* nu, barbu, tenant la massue, la peau de lion jetée sur l'épaule gauche. Les pieds et la main droite manquent. Hauteur : o m. o9.

Travail romain.

869. *Hercule* jeune, debout, coiffé de la peau de lion, élevant le bras droit, qui tenait sa massue. Hauteur : o m. 11.

Travail étrusque.

870. *Hercule* jeune, debout, coiffé de la peau de lion, élevant le bras droit, qui tenait sa massue, et tenant de la main gauche une des pommes des Hespérides. Hauteur : o m. 12.

Travail étrusque.

871. *Hercule* jeune, debout, la peau de lion enroulée autour du bras gauche, élevant le droit, qui tenait la massue. Hauteur : o m. 078.

Travail étrusque grossier.

871 *bis*. *Hercule* jeune, nu, debout, la peau de lion enroulée autour du bras gauche. Hauteur : o m. 105.

Travail étrusque.

871 *ter*. Deux statuettes d'*Hercule* jeune, debout, la peau de lion enroulée autour du bras gauche, élevant le droit, qui tenait la massue.

Travail étrusque très-grossier.

872. *Hercule* jeune, nu, debout, la peau de lion jetée sur l'épaule gauche. Hauteur : o m. 11.

Travail romain.

873. *Hercule* jeune, nu, debout, la tête surmontée d'un ornement indistinct, la peau de lion enroulée autour du bras gauche, portant une des pommes des Hespérides dans la main gauche; la droite, en avant, tenait la massue. Hauteur : o m. 16.

Travail romain.

874. *Hercule* devant Busiris. Le dieu est imberbe, debout, la peau de lion enroulée autour de son bras gauche. Il brise les liens dont le roi d'Egypte l'a fait charger pour le sacrifier. La corde qu'il rompt et qui passe au-dessus de sa tête est en or. Sur la statuette est appliquée une sorte de large ceinture d'or, qui couvre la moitié de la poitrine, le ventre et le haut des cuisses. Hauteur : o m. 13.

Cette belle figurine, de travail étrusque, l'un des joyaux de la colleclion Railé, est également remarquable sous les trois points de vue de son style, de son sujet (lequel est de toute rareté) et des accessoires en or, incontestablement antiques, qui y sont ajoutés.

L'applique qui recouvre une partie du torse d'Hercule est évidemment une offrande votive, comme celles que l'on remarque sur certains autres bronze anciens, auxquels M. Longpérier a consacré une notice dans le recueil de la *Société des Antiquaires de France*. Il semble que ce soit une de ces grandes boucles d'oreilles de travail étrusque, en forme de coque, ouverte et déployée.

Gravé, p. 110.

875. *Hercule* enfant, étouffant les serpents envoyés par Junon pour le faire périr. Le bras gauche manque. Hauteur : o m. o35.

Travail romain.

876. Statuette fragmentée d'*Hercule* enfant, étouffant les serpents. Hauteur : o m. o75.

Travail romain.

877. *Iphiclès* enfant, épouvanté à la vue des serpents qu'étouffe son frère Hercule. Hauteur : o m. o45.

Travail romain très-fin.

Cette intéressante figurine reproduit, trait pour trait, la composition d'un admirable bronze légué au Cabinet des Médailles par M. le vicomte de Janzé.

878. *Hercule Bibax* nu, barbu, la peau de lion jetée sur l'épaule gauche et tenant un grand scyphus de la main gauche. Le bras droit et les jambes au-dessous des cuisses manquent. Hauteur : o m. o3.

Travail romain d'une finesse exceptionnelle.

879. Femme nue, dans la pose de la *Baubo* éleusinienne, les mains appuyées sur les fesses. Hauteur : o m. o24.

879 *bis*. *Omphale* nue, tenant la massue d'Hercule et coiffée de la peau de lion, assise à terre les jambes écartées, dans la pose de la Baubo éleusinienne; sa main gauche s'appuie sur un hermès. Figure d'applique. Hauteur : o m. o3.

Travail romain.

880. *Camille* ou ministre des sacrifices, debout, couronné de feuillages, vêtu d'une courte tunique, chaussé de brodequins, tenant le rhyton et la patère. Hauteur : o m. 12.

Travail romain.

881. *Camille* debout ; ses attributs manquent. Hauteur :
o m. 17.

Travail romain.

882. Statuette mutilée d'un *Camille*. Hauteur : o m. 13.

Travail romain.

883. Ephèbe debout, les bras élevés ; statuette ayant
formé le manche d'un miroir. Provenant de l'île de
Syra. Hauteur : o m. 155.

Travail grec.

884. Guerrier coiffé d'un casque à haute aigrette, mettant sa ceinture. Hauteur : o m. 09.

Travail étrusque.

885. Personnage nu, debout, les cheveux longs, rattachés avec un *credemnum* ; tenant une patère de la
main droite. Figurine ayant formé le pied d'un candélabre. Hauteur : o m. 14.

Travail étrusque.

886. Personnage nu, debout. Les pieds manquent. Hauteur : o m. o85.

Travail étrusque.

887. Personnage imberbe debout, une draperie autour
des reins. Le bras droit manque. Hauteur : o m. o85.

Travail étrusque.

888. Personnage imberbe, debout, la chlamyde des-
cendue autour des reins et s'enroulant autour du
bras droit. Les jambes manquent. Hauteur : o m. 10.

Travail étrusque.

889. Personnage barbu, nu, debout, les mains sur les
hanches. Hauteur : o m. 10.

Travail étrusque très-grossier.

890. Personnage imberbe, debout, vêtu de la toge. Les
pieds et les mains manquent. Hauteur : o m. o8.

Travail étrusque.

891. Personnage nu, imberbe, combattant. Hauteur :
o m. o55.

892. Trois bronzes étrusques, deux guerriers coiffés de

casques à hautes aigrettes, cuirassés, le bas du corps nu, et une femme marchant, vêtue d'une tunique talaire, réunis sur un même socle moderne, en bronze.

893. Personnage imberbe, debout, appuyé sur un bâton, enveloppé d'une draperie qui laisse l'épaule droite à découvert. Hauteur : 0 m. 09.

Travail étrusque.

894. Enfant romain, vêtu de la toge. Hauteur : 0 m. 125.

895. Gladiateur sammite avec son armement complet, combattant, la visière baissée. Hauteur : 0 m. 09.

Travail romain.

896. Gladiateur sammite avec son armement complet, la visière baissée, le casque surmonté d'une triple et haute aigrette. Hauteur : 0 m. 05.

Travail romain.

897. Danseur nègre, vêtu d'une tunique courte et retournant la tête. Hauteur : 0 m. 11.

Travail romain.

898. Danseuse tutulée, vêtue d'une étroite tunique talaire, les mains élevées. Hauteur : 0 m. 14.

Travail étrusque.

899. Femme debout, le bras gauche enveloppé sous son manteau, la main droite tenant une pomme. Hauteur : 0 m. 11.

Travail étrusque.

900. Buste de femme aux cheveux relevés sur le devant. Morceau d'applique. Hauteur : 0 m. 08.

Travail romain.

901. Tête de jeune fille. Hauteur : 0 m. 09.

Travail romain.

902. Masque tragique, trouvé à Alexandrie. Hauteur : 0 m. 09.

903. Masque tragique. Hauteur : 0 m. 03.

904. Masque coiffé du bonnet phrygien. Hauteur : 0 m. 025.

905. Ours savant, assis sur son derrière. Hauteur : 0 m. 07.

906. Taureau. Figurine avec des trous de dorure. Hauteur : o m. o5.

907. Chèvre. Hauteur : o m. o4.

907 *bis*. Bélier de Mercure, portant deux bourses attachées sur son dos. Hauteur : o m. o4.

908. Tète de bélier, provenant d'un petit meuble.

909. Partie antérieure d'un cheval, provenant d'un petit meuble.

910. Tète de mulet, provenant d'un siége.

911. Rat, symbole d'Apollon Sminthien. Hauteur : o m. o2.

912. Coq. Hauteur : o m. o5.

913. Poisson du genre des *balistes*. Longueur : o m. o3.

Miroirs.

914. Miroir étrusque à sujet en *graffito*. *Atalante*, vêtue d'une tunique talaire et d'un péplus, parée de bijoux, tenant un épieu à la main, et *Méléagre*, le haut du corps nu, tenant également un javelot. Une biche est couchée à terre auprès de lui.

914 *bis*. Miroir étrusque à *graffito*. Les deux *Dioscures* debout en face l'un de l'autre; l'un, comme immortel, est muni de deux grandes ailes et nu; l'autre, celui qui pour le moment est sur la terre, a le casque en tête, tient la lance et le bouclier. Hauteur : o m. 24.

915. Miroir en forme de boîte, de travail grec, découvert dans un tombeau de Corinthe. Sur le couvercle est un bas-relief au repoussé représentant *Silène* ivre, couronné par une *Ménade* et précédé par *Eros*, qui vole devant et tient un flambeau allumé. Diamètre : o m. 125.

Gravé dans la *Gazette des Beaux-Arts*, t. XXI, p. 121.

916. Miroir romain, en boîte, décoré en dessus et en dessous d'estampages pris sur les deux faces d'un médaillon de Néron.

Vases.

917. OEnochoé, privée de son anse. Hauteur : o m. 10.

917 *bis.* Aiguière ou *præfericulum.* Hauteur : o m. 25.

918. Vase à une anse, en forme de lécythus. Hauteur :
o m. 14.

Trouvé à Pompéi, en 1829.

919. Vase de forme allongée, sans anse. Hauteur : o m. 13.

920. Petite urne sans anses. Le pied et la gorge sont
restaurés. Hauteur : o m. 11.

Trouvée à Herculanum.

921. Pyxis, sans son couvercle. Hauteur : o m. 09.

921 *bis.* Patère ronde sans manche, antique, bien que
tout à fait décapée et dépouillée de sa patine, au
centre de laquelle on a ajusté une rosace de travail
moderne. Diamètre : o m. 21.

922. Seau (*situla*) à anse double. Hauteur : o m. 19.

923. Écuelle. Diamètre : o m. 11.

Trouvée à Bavay.

924. Panthère déchirant un coq, anse de vase d'un remarquable travail, provenant de Tarente.

Travail grec.

925. Deux grandes anses de travail étrusque, très-or-
nées, avec deux têtes de cheval en haut et deux Pé-
gases en bas.

926. Deux anses de *situla*, s'accrochant à un masque à
chaque extrémité.

926 *bis.* Anse ronde de travail étrusque. A la naissance,
bas-relief représentant un lion qui déchire un mulet.

926 *ter.* Manche de patère de travail étrusque. *Hermès*
nu, debout, les bras élevés au-dessus de sa tête ; au-
dessus sont deux béliers couchés. Hauteur : o m. 25.

927. Manche de patère d'un travail très-fin, terminé
par une tête de bélier damasquinée d'argent.

927 *bis*. Manche de patère terminé en tête de bélier.
Longueur : o m. 14.

928. *Simpulum*, au manche terminé par une double tête
de canard ou d'oie.

929. Cercle porté sur trois pieds, ayant servi à recevoir
un vase à fond arrondi.

Armes.

930. Pointe de lance grecque. Longueur : o m. 29.

931. Pointe de lance grecque. Longueur : o m. 22.
Trouvée à Pæstum.

932. Pointe de javelot grecque. Longueur : o m. 14.

932 *bis*. Épée gauloise avec sa poignée. Longueur :
o m. 55.

932 *ter*. Poignard gaulois. Longueur : o m. 3o.

933. Doigtier d'arc.

934. Hachette celtique à douille creuse.

934 *bis*. Deux hachettes celtiques à douille creuse.

934 *ter*. Sept petites hachettes celtiques à douille creuse.
Ces hachettes de très-petite dimension, qui étaient évidemment votives,
se trouvent toujours en grand nombre à la fois.

934 *quater*. Hache celtique à emmanchement plein.
Longueur : o m. 24.

935. Casque grec, de la forme dite *aulopis*.
Trouvé à Pæstum.

Ustensiles.

936. Grande et belle lampe, à poignée terminée par un
masque tragique. Hauteur : o m. 22. Longueur : o m. 26.

936 *bis*. Candélabre à longue tige, porté sur trois griffes
de panthère ; au sommet sont quatre fleurs liliacées,
dont chacune servait à suspendre une lampe, et au
milieu une figure d'*Hercule* jeune, combattant. Travail étrusque. Hauteur : 1 m. 10.

937. Chandelier romain. Hauteur : o m. 20.

Ces chandeliers, où l'on brûlait des bougies de cire ou de résine, se trouvent presque exclusivement en Gaule. Rever en a signalé le premier l'existence dans ses *Antiquités du Vieil Evreux.*

938. Petite balance en bronze de la forme dite *romaine.* Longueur : o m. 195.

939. Fléau de balance dite *romaine*, destinée à peser des objets d'un poids considérable, avec les divisions marquées et accompagnées de cinq en cinq d'une lettre numérale grecque. Provenant de Santorin. Longueur : o m. 82.

940. Contre-poids de balance dite *romaine.* Buste de Cérès couronnée d'épis. Hauteur : o m. 11.

940 *bis*. Contre-poids de balance dite *romaine*, en forme de casque de gladiateur.

941. Strigile avec traces de dorure, portant sur le manche une étoile et l'estampille de fabricant : ΑΓΟΛΛΟΩΡΟ, rétrograde, pour Ἀπολλοδώρου.

Collection Raoul-Rochette.

942. Strigile fragmenté.

943. Petite clef.

944. Trousseau de huit clefs de formes diverses, attachées à un même anneau.

945. Dé à coudre.

946. Petit maillet.

947. Petite équerre.

948. Peson de fil à plomb.

949. Petite cuiller en forme de *simpulum.*

950. Deux cuillers-spatules à collyres, dont le manche se termine par une sonde de chirurgien.

951. Manche de couteau, orné d'émail bleu et terminé par la partie antérieure d'un lion.

951 *bis*. Manche d'un grand couteau à large lame, terminé par une tête et une patte de bélier.

952. Embouchure de fontaine, en forme de tête de monstre, la gueule ouverte.

953. Goulot d'une petite fontaine, en forme de tête de lion, la gueule ouverte.

954. Pièce cylindrique garnie de grosses épines, qui terminait une lanière de fouet de tortionnaire.

955. Estampille de potier, portant les mots :

C. CORNELI

SICVLI.

956. Estampille de potier, portant le nom :

F. SEVERA.

957. Estampille de potier fragmentée, portant les mots:

C. NVMIS

FELICI.

958. Pied de brasero du plus beau travail étrusque, en forme de griffe de lion surmontée d'un buste de *Lasa* ailée.

959. Trois pieds de ciste en forme de griffes de lion, et un pied de candélabre en griffe de panthère.

960. Partie antérieure d'un lion, provenant d'un meuble.

OBJETS DE PLOMB.

961. Urne cinéraire en forme de pyxis, encore remplie de cendres.

Cette urne a été trouvée dans le tombeau de l'île d'Egine que surmontait la stèle nº 600 du présent catalogue.

962. Cheval, d'un travail fort grossier.

963. Singe cynocéphale accroupi; imitation d'époque romaine des figurines égyptiennes.

964. Petite lampe de la dimension la plus minime, trouvée dans un tombeau d'enfant à Syracuse.

965. Petit vase destiné à contenir un parfum, en forme d'amphore pointue par en bas; autour est l'inscription en relief ΕΔΕϹΙΟΥ.

Trouvé en Syrie, près de Beyrouth.

965 *bis*. Peson de fil à plomb, de forme pyramidale.

POIDS.

966. Poids asiatique en marbre blanc, en forme de brique surmontée de deux mamelles, entre lesquelles est une anse. Pesant 2 kilogr. 324 gr.

M. Newton a trouvé toute une série d'objets du même genre, de dimensions et de poids différents, dans les ruines du temple de Cérès à Cnide (Newton, *Halicarnassus, Cnidus and Branchidæ*, t. II, p. 387 et 404). Il les considérait comme des ex-voto. Mais M. Brandis a récemment prouvé que c'étaient des poids (*Das Münz-Mass-und Gewichtswesen in Vorderasien*, p. 599). Celui de la vente Raifé correspond exactement, en tenant compte de ce qu'il a pu perdre par quelques éclats détachés, à 400 drachmes babyloniennes de 5 gr. 93.

967. Poids carré en plomb, sans figures ni inscriptions, provenant d'Athènes. Il pèse 31 gr. 05.

968. Petit poids carré en plomb, provenant d'Athènes, avec une croix tracée à la pointe sur une de ses faces. Pesant 4 gr. 05.

969. Petit poids carré en plomb, sans figures ni inscriptions, provenant d'Athènes. Pesant 3 gr. 25.

970. Poids romain d'une livre, en basalte noir, de forme ronde, avec l'inscription : **EX AVCT Q IVNI RVSTICI PR VRB CV**, *ex auctoritate Quinti Junii Rustici, prætoris urbani, clarissimi viri*. Pesant 321 grammes.

971. Petit poids rond en bronze, romain, portant en dessus un A. Pesant 11 gr. 70.

972. *Exagium* ou poids byzantin en bronze, de forme ronde et plate, portant en dessus, incrusté en argent,

NΓ. Il pèse 10 gr. 17.

972 *bis*. Poids en terre cuite de forme pyramidale, avec au sommet un trou pour le suspendre.

972 *ter*. Deux poids en terre cuite de forme conique, avec au sommet un trou pour les suspendre.

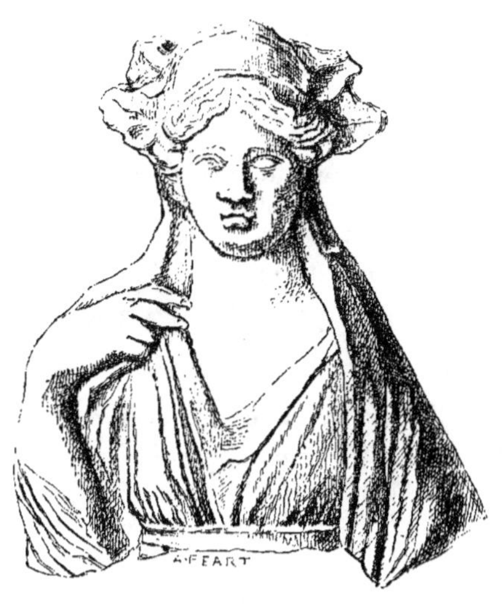

TERRES CUITES.

Urnes étrusques.

973. Urne carrée. Sur le devant est représenté en bas-relief le combat d'*Étéocle* et de *Polynice,* avec de chaque côté une figure de *Kère* ailée, tenant une torche. Sur le couvercle, une femme couchée. Inscription tracée à la pointe sur la terre déjà cuite :

ᐯAIΗI⳨Aᛣ . ΛH𐌌𐌓Vᛣ . Oᐯ

Hauteur : o m. 4o. Longueur : o m. 43.

974. Urne carrée. Bas-relief de la face antérieure : le héros *Échétlus* assommant les barbares avec une charrue. Sur le couvercle, une femme couchée.
Hauteur : o m. 36. Longueur : o m. 35.

Sur le héros Échétlus, voy. Pausan., I, 15, 4; 32,4.
L'explication de ce sujet a été donnée pour la première fois par Winckelman (*Mon. ined.*, p. 105).

975. Urne carrée. Bas-relief de la face antérieure : le héros *Échétlus* assommant les barbares avec une charrue. Sur le couvercle une femme couchée. Hauteur : o m. 35. Longueur : o m. 37.

976. Urne carrée avec sa coloration antique entièrement conservée. Sur le devant est un bas-relief représentant la tête d'un génie infernal, coiffée d'un bonnet phrygien ailé et portée sur des rinceaux. Sur le couvercle, une femme couchée. Inscription peinte :

: ΑꙅƎIMΑ : IƆꝒΑ⌐

Hauteur : o m. 36. Longueur : o m. 35.

976 *bis*. Partie supérieure du couvercle d'un grand cercueil de terre cuite étrusque. Buste de femme coiffée à l'égyptienne, les bras croisés. Entièrement peint. Travail très-barbare. Hauteur : o m. 45.

Figurines.

977. Tête d'une statuette de *Zeus* barbu (Tarse). Hauteur : o m. o5.

978. Tête d'*Athéné* casquée. Ancien style (Égine). Hauteur : o m. o3.

979. Tête d'*Athéné*, coiffée d'un casque à haute aigrette (Athènes). Hauteur : o m. o45.

980. Tête d'*Athéné*, coiffée d'un casque à triple aigrette (Tarse). Hauteur : o m. o42.

981. Tête d'*Athéné* casquée (Italie méridionale). Hauteur : o m. o7.

982. *Athéné Polias*, diadémée, sans attributs, assise sur un trône, les mains sur les genoux (Athènes). Hauteur : o m. 125.

983. *Athéné Polias*, diadémée et voilée, sans attributs, assise sur un trône. Figurine fragmentée, de style archaïque (Égine). Hauteur : o m. 125.

984. *Athéné Polias*, diadémée et voilée, sans attributs, assise sur un trône. Traces de coloration (Athènes). Hauteur : o m. 14.

985. *Athéné Polias*, diadémée et voilée, sans attributs, assise sur un trône (Athènes). Hauteur : o m. 115.

986. *Athéné Polias*, diadémée et voilée, sans attributs, assise sur un trône. Travail grossier et très-archaïque (Athènes). Hauteur : o m. 15.

987. *Athéné Polias,* diadémée et voilée, sans attributs, assise sur un trône, entre deux *Heures* debout, diadémées, vêtues d'une tunique talaire et du péplus. Style archaïque (Athènes). Hauteur : o m. 115.

Sur les deux Heures attiques primitives, *Thallo* et *Carpo,* voy. Pausan. IX, 35, 1.

988. Tête d'*Athéné Polias* diadémée, conservant encore toute sa coloration antique. Style archaïque (Athènes). Hauteur : o m. 06.

Collection Raoul-Rochette.

989. Masque d'*Athéné Polias* diadémée et voilée. Style éginétique (Égine). Hauteur : o m. 10.

990. *Latone* allaitant ses deux enfants, assise dans un fauteuil rond en joncs. Terre cuite blanchâtre de travail gaulois. Hauteur : o m. 14.

991. *Latone* allaitant le petit *Apollon,* assise dans un fauteuil rond en joncs. Au bas du fauteuil, par derrière, la signature du potier PISTILLVS en cursive latine rustique. Terre cuite blanchâtre de travail gaulois. Hauteur : o m. 14.

992. Partie supérieure d'une figure d'*Apollon* lyricine du style le plus archaïque et le plus grossier. Le dieu a les cheveux longs et frisés ; il porte un collier (Tégée d'Arcadie). Hauteur : o m. 10.

992 *bis. Apollon lyricine* vêtu de la chlamyde (Tortose de Syrie). Hauteur : o m. 16.

993. *Apollon* debout, enveloppé d'un vaste manteau, jouant de la cithare. Terre cuite blanchâtre (Panticapée). Hauteur : o m. 14.

994. Tête d'*Hélios* imberbe, à cheveux longs, entourée de rayons (Tarse). Hauteur : o m. 08.

995. *Artémis* chasseresse, debout, diadémée, vêtue d'une tunique courte, le péplus roulé et passé en écharpe autour du corps. Les jambes et le bras gauche manquent (Italie méridionale). Hauteur : o m. 21.

Collection Durand, n° 1590.

996. *Artémis-Despœna* voilée, assise, tenant un faon sur ses genoux. Hauteur : o m. 23.

997. *Artémis-Despœna*, coiffée du polos, vêtue d'une tunique talaire et d'un péplus, assise, tenant un lièvre sur ses genoux. Hauteur : o m. 20.

998. Figure fragmentée de *Déméter* assise sur un trône, coiffée du polos, ayant un collier à double rang et une sorte d'égide richement ornementée avec deux grosses fibules rondes sur les épaules. Figure plate, du style le plus grossier et le plus archaïque (Tégée). Hauteur : o m. 21.

999. Partie supérieure d'une figure semblable et du même style, avec le polos orné d'un disque en avant, le collier et la sorte d'égide aux deux grosses fibules sur les épaules (Tégée). Hauteur : o m. 14.

1000. Buste d'une figure de *Déméter*, semblable et du même style, avec le polos, le collier et la sorte d'égide (Tégée). Hauteur : o m. 105.

1001. Figure plate, du style le plus grossier et le plus antique, fragmentée, de *Déméter*, coiffée du polos, assise sur un trône (Tégée). Hauteur : o m. 145.

Près de 1500 de ces figures archaïques de Déméter, qui servaient évidemment comme ex-voto, ont été trouvées dans une fouille faite par la Société archéologique d'Athènes, sur l'emplacement de l'antique Tégée.

Dans la même fouille ont été trouvés les numéros 1007-1009 du présent catalogue.

1002. *Déméter*, vêtue d'une tunique talaire et du péplus, la tête surmontée d'un haut diadème en forme de polos et orné de roses, assise sur un trône, la main droite portée à sa poitrine et la gauche reposant sur ses genoux. La plante du pavot sort de terre entre ses pieds et vient épanouir sa fleur sur ses genoux. Figure du style le plus sévère et le plus grandiose (Tégée). Hauteur : o m. 22.

Cette figure est la reproduction du type traditionnel des quatre précédentes, embelli et ennobli par l'art grec de la grande époque. Pausanias (VIII, 44, 5) parle de l'importance du culte de Déméter à Tégée.

1003. *Déméter* vêtue d'une tunique talaire, coiffée du polos et voilée, assise sur un trône à dossier élevé, les pieds sur un escabeau. Elle tient de la main droite une patère, et de la gauche un scyphus plein de fruits (Eleusis). Hauteur : o m. 21.

1004. *Déméter-Damia*, coiffée du polos, assise sur un trône à dossier élevé et à bras, les pieds sur un escabeau. Sur le dossier du trône on voit les restes d'une inscription à demi effacée :

. ELIA
. . . ⊕EKE

M]ηλία [ἀνέ]θηκε. Style archaïque avec des traces de peinture (Égine). Hauteur : o m. 16.

Nous donnons à cette figure le nom de *Damia*, parce que c'était l'appellation particulière que l'on donnait à Déméter dans l'île d'Egine (Hérodot., V, 82 et 85. — Cf. Ottfr. Müller, *Æginetica*, p. 170).

1005. *Déméter* debout, vêtue d'une tunique talaire, la tête couverte d'un grand voile qui forme péplus, tenant l'œnochoé qui contient la boisson mystique appelée *cycéon* et la patère. Hauteur : o m. 25.

1006. *Déméter* debout et diadémée, tenant de la main droite une patère. Travail grossier (Thèbes de Béotie). Hauteur : o m. 13.

1007. Figure de *Coré* debout, représentée comme l'Artémis éphésienne, en gaîne, au-dessus de laquelle se développe le buste avec les seins et deux bras rudimentaires. La tête est ceinte d'une sorte de turban ; les cheveux sont frisés sur le devant, et par derrière tombent sur les épaules. Un collier, avec au milieu une grosse bulle, orne le cou de la déesse. Style grossier et très-archaïque (Tégée). Hauteur : o m. 145.

1008. Partie supérieure d'une image de *Coré* représentée de même, un haut diadème sur la tête, avec des pendants d'oreilles et un collier à quadruple rang. Style grossier et très-archaïque (Tégée). Hauteur : o m. 215.

1009. Partie supérieure d'une image de *Coré* représentée de même, le front ceint d'une bandelette, avec de grosses boucles d'oreilles rondes et un collier à triple rang, garni de bulles. Style grossier et très-archaïque (Tégée). Hauteur : o m. 12.

Ces trois figures ont été trouvées dans une même fouille, avec les numéros 998-1003.

1010. *Coré* debout, diadémée, vêtue d'une tunique talaire et d'un ampéchonium. Figurine d'un style sévère et tenant des écoles archaïques (Thespies). Hauteur : o m. 27.

1011. *Coré* debout, diadémée, vêtue d'une tunique talaire et d'un ampéchonium (Thespies). Hauteur : o m. 19.

1012. *Coré* debout, vêtue d'une tunique talaire et d'un ample péplus sous lequel ses bras sont enveloppés. Sa tête est ornée d'un diadème. Figurine en terre non cuite et simplement séchée au soleil (Thespies). Hauteur : o m. 24.

1013. *Coré* debout, diadémée, vêtue d'une tunique talaire et d'un péplus, le sein droit découvert, écartant son péplus de la main droite (Athènes). Hauteur : o m. 20.

1014. Tête de *Coré* diadémée, avec des pendants aux oreilles (Tarse). Hauteur : o m. 075.

1015. Tête de *Coré* diadémée, avec des pendants aux oreilles (Tarse). Hauteur : o m. 05.

1016. Partie supérieure d'une statuette de *Coré* voilée (Tarse). Hauteur : o m. 07.

1017. Tête de *Coré*, coiffée du polos (Athènes). Hauteur : o m. 05.

1018. *Coré* debout, vêtue d'une tunique talaire et d'un ampéchonium, la main droite sur la poitrine (Thespies). Hauteur : o m. 18.

1018 *bis*. Buste de *Coré*, la tête surmontée du modius. Il est creux, et le modius est disposé en petit autel percé de trous au sommet, pour brûler des parfums (Sardaigne). Hauteur : o m. 13.

Collection Raoul-Rochette.
Gravé dans Rochette, *Mémoires sur les antiquités chrétiennes*, pl. I, n° 2.

1019. *Coré* debout, tenant la fleur du *damatrion* de la main droite sur la poitrine et relevant de la gauche sa tunique, geste familier aux figures de *Spes* (l'Espérance), chez les Romains. Les cheveux de la déesse sont abondants, frisés et coloriés en rouge, sans doute pour être dorés. Elle a la *cidaris* sur la tête (Thespies). Hauteur : o m. 255.

1020. Buste d'une figurine de *Coré,* soulevant de la main droite sa robe au-dessus de son épaule, geste caractéristique des déesses épouses. Ses cheveux sont abondants, frisés et entremêlés de bandelettes. Elle a sur la tête une haute *cidaris*, décorée de palmettes peintes en blanc. Provenant de Thespies. Hauteur : o m. 17.

1021. *Coré,* debout et diadémée, vêtue d'une tunique talaire, la main droite sur la poitrine. Travail grossier (Thèbes). Hauteur : o m. 105.

1022. *Coré* debout, vêtue d'une tunique talaire et d'un ampéchonium (Thespies). Hauteur : o m. 20.

1023. Buste d'une statuette de *Coré* debout, vêtue d'une tunique et d'un long manteau qui, passant sur son épaule, enveloppait le bas de son corps. Sa main droite est ramenée sur sa poitrine, sous le sein (Thespies). Hauteur : o m. 16.

1024. Tête de *Coré,* les cheveux frisés et élevés sur le devant, surmontés d'un diadème. Hauteur : o m. 09.

1025. *Coré* voilée et vêtue d'une tunique talaire, jouant du tympanum (Alexandrie). Hauteur : o m. 13.

125 *bis.* *Coré* debout, vêtue d'une tunique talaire et d'un ample péplus sous lequel son bras gauche est enveloppé. Elle a le sein droit découvert. La tête manque. Hauteur : o m. 16.

1026. *Coré* debout, diadémée, vêtue d'une tunique talaire et d'un péplus, appuyée sur une colonne. Elle tient dans ses bras le petit *Iacchus* et découvre son sein droit pour l'allaiter (Cyrénaïque). Hauteur : o m. 21.

1027. *Iacchus* enfant, nu, les cheveux longs et tombant sur les épaules, assis à terre (Égine). Hauteur : o m. 065.

1028. *Mercure* nu, debout, coiffé du pétase ailé, tenant la bourse et le caducée. La tortue est à ses pieds. Terre cuite blanchâtre de travail gaulois (Alise). Hauteur : o m. 16.

1029. Figure plate d'*Aphrodite-Harmonie*, en forme de
cône ou de bétyle, armé de deux bras rudimentaires
étendus et surmonté d'une tête. La déesse porte une
sorte de tiare conique et de grandes boucles d'oreilles
rondes qui pendent jusque dans son cou. Style des
plus archaïques (Thèbes). Hauteur : o m. 28.

Nous donnons à la déesse représentée dans cette figure et dans les
deux suivantes le nom d'Aphrodite-Harmonie, parce qu'Harmonie, fille
d'Aphrodite et épouse de Cadmus, personnage essentiellement thébain,
est incontestablement une forme héroïque de l'Astarté phénicienne (Mo-
vers, *die Phœnizier*, t. I, p. 512), à laquelle se rattachent directement
nos représentations provenant de Thèbes. Le nom d'Harmonie n'est, du
reste, que la traduction de celui de la Θουρώ, ἡ μετονομασθεῖσα Χούσαρθις, de
Sanchoniathon (p. 42, éd. Orelli), déesse phénicienne qui présidait à
l'ordre du monde et de la nature.

1030. Figure plate d'*Aphrodite-Harmonie* représentée
de même, avec sur la tête un haut diadème dentelé
et richement orné. Style des plus archaïques (Thèbes).
Hauteur : o m. 31.

1031. Tête d'une image analogue d'*Aphrodite-Harmonie*, avec trois gros disques sur le devant du polos
(Thèbes). Hauteur : o m. o85.

1032. Douze têtes de figurines, plates et de style archaïque, d'une *Aphrodite* coiffée du *polos* et voilée.
Trouvées dans les ruines d'une fabrique de terres
cuites à Mégare.

Ces fragments sont intéressants en ce qu'ils permettent de suivre tous
les développements d'un même type de la déesse, depuis les images primitives, encore de style tout asiatique et semblables à celles de l'Astarté
phénicienne, jusqu'à celles où l'on sent déjà l'accent du style grec, qui
commence à se former, bien que la représentation n'ait en rien changé.
La manière dont la déesse y est enveloppée (ἐπιστρεφομένη) dans son
voile nous fait reconnaître dans ces figures l'Aphrodite *Epistrophia*,
que Pausanias (I, 40, 6) signale comme adorée à Mégare.

1033. Tête d'*Aphrodite* coiffée du polos et voilée. Style
archaïque (Athènes). Hauteur : o m. o95.

1034. Tête d'une figurine plate d'*Aphrodite* tutulée.
Style archaïque. Hauteur : o m. o5.

1035. Poupée à bras et à jambes mobiles, représentant
Aphrodite coiffée du polos, la tête surmontée de la
fleur *pothos* (Corinthe).

1036. Poupée à bras et à jambes mobiles, représentant
Aphrodite coiffée du polos (Corinthe).

1037. Partie supérieure d'une statuette d'*Aphrodite Anadyomène* arrangeant ses cheveux (Tarse). Hauteur : o m. o8.

1038. *Vénus Anadyomène* debout, tordant ses cheveux de sa main droite et de la gauche tenant une draperie. Terre cuite blanchâtre de travail gaulois (Cherbourg). Hauteur : o m. 14.

1039. *Vénus Anadyomène* debout, dans la même attitude. Terre cuite blanchâtre de travail gaulois (Vichy). Hauteur : o m. 19.

1040. Moule en deux pièces d'une statuette analogue de *Vénus Anadyomène* (Vichy).

1041. Corps et tête d'une statuette d'*Aphrodite* nue, à bras et jambes mobiles. Les cheveux colorés en rouge (Cyrénaïque). Hauteur : o m. 10.

1042. *Aphrodite* debout, le haut du corps nu, la tête couverte d'un grand voile qu'elle écarte de la main droite et qui revient envelopper le bas de son corps. Sa main gauche tient une scaphé remplie de fruits (Egine). Hauteur : o m. 18.

1043. Partie supérieure d'une figurine d'*Aphrodite* diadémée, avec des pendants d'oreilles et un riche collier, écartant ses voiles et découvrant son corps (Tarse). Hauteur : o m. o9.

1044. *Vénus* sortant du bain, les cheveux épars sur les épaules, le haut du corps nu, enfilant sa tunique par les pieds. Terre cuite blanchâtre, de travail gaulois, avec traces de coloration rose sur la draperie. Hauteur : o m. 16.

1045. Partie supérieure d'une figurine d'*Aphrodite* sortant du bain, nue, diadémée, arrangeant ses cheveux de la main gauche (Tarse). Hauteur : o m. o55.

1046. Partie supérieure d'une figurine d'*Aphrodite* sortant du bain, nue, diadémée, portant la main gauche à ses cheveux (Tarse). Hauteur : o m. o6.

1047. Tête d'*Aphrodite* diadémée (Tarse). Hauteur : o m. o75.

1047 *bis*. Tête d'*Aphrodite* diadémée, revêtue d'une couche d'émail plombique, de couleur verte (Tarse). Hauteur : o m. o45.

Les potiers antiques ont-ils connu et employé quelquefois les vernis émaillés à base de plomb? Ont-ils, en un mot, fabriqué de la faïence? Il y a vingt ans seulement, on eût répondu négativement à cette question. Ce n'est pas que les grandes collections publiques, celle du Cabinet des Médailles, par exemple, ne renfermassent déjà quelques pièces où l'emploi de l'émail plombique était incontestable. Mais, malgré le témoignage de ces monuments, le préjugé contraire était trop général et trop fort pour que l'on consentît à en tenir compte. Il nous souvient même que, bien récemment encore, lorsque M. Eugène Piot rapporta d'Italie à Paris une collection fort nombreuse de fragments de faïence antique de l'époque romaine, la plupart de nos amateurs se refusèrent à admettre l'authenticité de ces fragments. Mais aujourd'hui les faits se sont tellement multipliés que le doute n'est plus possible et que les plus récalcitrants ont fini par se rendre à l'évidence. Ce qui a principalement contribué à dissiper le préjugé universellement répandu sur l'emploi du vernis plombique par les anciens, c'a été d'abord les découvertes de M. Victor Langlois à Tarse, où, parmi les amas formés par les déchets des célèbres fabriques de poteries qui constituaient une des principales sources de richesse de cette ville, on a trouvé toute une série de fragments de vases émaillés par le procédé de la faïence, fragments que l'on peut voir au Louvre, dans la salle des terres-cuites; puis est venue l'acquisition de la galerie Campana, dans laquelle se trouvaient plusieurs pièces capitales, en fait de vases d'argile revêtus d'émail à base de plomb. On en remarquait aussi, à la dernière Exposition rétrospective des Champs-Elysees, quelques-unes fort belles, provenant des collections de M. Davilliers et de M. Charvet.

Si, du reste, les anciens ont connu le procédé de la faïence, ils ne paraissent pas l'avoir poussé à un grand degré de perfection. Jusqu'à présent, nous ne connaissons aucun fragment qui nous offre l'exemple d'un décor peint à plat de diverses couleurs. La décoration des vases revêtus d'émail plombique est toujours modelée en relief, comme dans les poteries rouges romaines à glacure silico-alcaline; quelquefois les reliefs sont revêtus d'un émail différent par sa couleur de celui du fond du vase, mais le plus souvent la couverte est uniforme et la teinte en varie entre le jaune et le vert.

On ne connaissait encore que des vases ou des fragments de vases revêtus d'une couverte plombique. La tête de la collection Raifé est le premier exemple qui se présente, du moins à notre connaissance, de l'application de cet émail à une statuette.

1047 *ter*. Tête d'*Aphrodite*, diadémée (Tarse). Hauteur : o m. o7.

1048. Tête d'*Aphrodite*, surmontée d'un diadème richement orné (Italie méridionale). Hauteur : o m. o5.

1049. Tête d'*Aphrodite*, les cheveux relevés et noués au-dessus de la tête (Tarse). Hauteur : o m. o5.

1050. *Aphrodite* assise sur le cygne, avec son voile enflé par le vent au-dessus de sa tête. Provenant de l'île d'Anaphé. Hauteur : o m. i4.

1051. Tête d'*Aphrodite* voilée. Style éginétique (Athènes). Hauteur : o m. 14.

1052. Tête d'*Aphrodite* voilée. Style sévère, tenant encore des écoles archaïques. Hauteur : o m. 15.

1053. Tête d'*Aphrodite* voilée. Hauteur : o m. 09.

1054. Tête d'*Aphrodite* voilée. Hauteur : o m. 10.

1055. *Aphrodite*, nue, assise, le front couronné de roses, les cheveux relevés en nœud au sommet de la tête. Traces de coloration (Italie méridionale). Hauteur : o m. 17.

1056. *Aphrodite* debout, le front couronné de roses, vêtue d'une tunique talaire, qui laisse son sein gauche à découvert, et d'un péplus, jeté sur ses épaules et enveloppant ses bras. Traces de coloration (Cyrénaïque). Hauteur : o m. 18.

1057. *Aphrodite* couronnée de roses, le haut du corps nu, les jambes enveloppées d'une draperie, le pied gauche sur un escabeau, baissant la tête et regardant en bas (*Catascopia*). Traces de coloration. Statuette du travail le plus fin et du style le plus gracieux (Italie méridionale). Hauteur : o m. 29.

1058. *Aphrodite* couronnée de roses, le haut du corps nu, les jambes enveloppées d'une draperie, le pied gauche posé sur un escabeau, tournant la tête vers la droite et semblant parler. Cette charmante statuette a conservé la plus grande partie de sa coloration antique (Italie méridionale). Hauteur : o m. 27.

1059. *Aphrodite Epitymbia*, nue, debout, appuyée sur une stèle, tenant en arrière de ses reins une draperie enroulée autour de ses deux bras. La tête manque. Hauteur : o m. 18.

1060. *Aphrodite Apaturos*, debout, nue, attaquée par un *Satyre* barbu et ithyphallique, à pieds de chèvre, dont la taille est la moitié de la sienne (Panticapée). Hauteur : o m. 17.

Collection Raoul-Rochette.
Cette curieuse représentation, jusqu'à présent unique, du moins à notre connaissance, est dans un rapport évident avec la légende de l'Aphrodite Apaturos de Phanagoria, rapportée par Strabon (XI, p. 495)

et si ingénieusement commentée par Panofka (*Ann. de l'Instit. archéol.*, p. 191-196).

1061. *Aphrodite-Héra*, aux traits juvéniles, debout, diadémée, vêtue d'une tunique talaire, avec par-dessus son diadème un long voile qui l'enveloppe et qu'elle écarte de la main droite (Thespies). Hauteur : o m. 25.

1062. Tête d'*Aphrodite-Héra*, diadémée et voilée, écartant son voile de la main droite (Tarse). Hauteur : o m. 07.

1063. *Aphrodite-Cora* debout, vêtue d'un ample péplus formant tunique et ampéchonium, coiffée du polos (Thespies). Hauteur : o m. 25.

1064. Partie supérieure d'un groupe représentant *Aphrodite*, nue, dans les bras d'*Adonis*. Traces nombreuses de coloration (Sicile). Hauteur : o m. 07.

1065. Tête d'*Eros* sous les traits d'un enfant, les cheveux relevés en nœud au-dessus du front. Hauteur : o m. 07.

1066. Tête d'*Eros* sous les traits d'un enfant, la chevelure en nœud au-dessus du front. Hauteur : o m. o6.

1067. Tête d'*Eros* sous les traits d'un enfant, les cheveux noués au-dessus du front. Hauteur : o m. o6.

1068. Tête d'*Eros* sous les traits d'un enfant, les cheveux en nœud au-dessus du front. Hauteur : o m.o5.

1069. Tête d'*Eros* sous les traits d'un enfant, les cheveux noués au-dessus du front. Hauteur : o m. 45.

1070. Masque détaché d'une statuette d'*Eros*, représenté sous les traits d'un enfant. Hauteur : o m. o5.

1070 *bis*. *Eros* adolescent, volant. Hauteur : o m. 13.

1070 *ter*. *Eros* sous les traits d'un enfant ailé; vêtu d'une tunique qui descend au-dessous des genoux. Fragment d'un groupe. Hauteur : o m. 10.

1071. *Eros* adolescent, debout, muni de grandes ailes, une chlamyde jetée sur les épaules, les cheveux longs et couronnés de roses. Il tient d'une main une patère et de l'autre un thymiatérium. Un autel carré est auprès de lui. Hauteur : o m. 14.
Collection Raoul-Rochette.

1072. *Eros* sous les traits d'un adolescent, **nu, debout,** le bras gauche étendu, avec une chlamyde peinte en rose et blanc, jetée sur les épaules. Le bras droit et les ailes sont brisés. Cette charmante figure a conservé presque toute sa coloration antique (Italie méridionale). Hauteur : o m. 29.

1073. *Eros* adolescent, aux formes efféminées, nu, debout, s'appuyant sur *Psyché*, vêtue d'un grand péplus formant tunique et ampéchonium. Groupe d'un style charmant trouvé à Agrigente. Le bras droit de l'Éros et la tête de la Psyché manquent. Traces de coloration. Hauteur : o m. 26.

1074. *Dionysus* adolescent, nu, couronné de lierre, couché sur des coussins et tenant une patère de la main droite. Auprès de lui est assise *Ariadne*, de plus petite taille, vêtue d'une tunique talaire (Cyrénaïque). Hauteur : o m. 09. Longueur : o m. 11.

1075. *Génie bachique*, sous les traits d'un enfant ailé, nu, debout, le front ceint d'un diadème et garni de feuilles de lierre, une draperie enroulée autour du bras gauche (Tarse). Hauteur : o m. 135.

1076. Tête d'un *génie bachique* aux traits enfantins, couronné de pampres. Hauteur : o m. 07.

1077. Partie supérieure d'une figure d'*Ariadne*, vêtue d'une tunique talaire, avec une haute et riche stéphané, garnie de feuilles de lierre à ses deux extrémités, et un voile sous son diadème. Elle tient le sceptre long de sa main droite. Traces de coloration (Tarse). Hauteur: o m. 12.

Ces images d'Ariadne en déesse-reine sont un type de représentations propre aux figurines sorties de l'atelier de Tarse, et qui y a été indéfiniment multiplié.

1078. Tête d'*Ariadne*, avec une haute et riche stéphané, garnie de feuilles de lierre à ses deux extrémités, et un voile. A côté est la partie supérieure d'un sceptre surmonté d'un fleuron (Tarse). Hauteur : o m. 65.

1079. Partie supérieure d'une figure d'*Ariadne*, coiffée du diadème garni de feuilles de lierre à ses extrémités et d'un grand voile qui tombe sur ses épaules. Elle l'écarte au-dessus de son épaule droite, en faisant le geste consacré des déesses épouses (Tarse). Hauteur : o m. o95.

Gravé, p. 127.

1080. Partie supérieure d'une figurine d'*Ariadne*, coiffée du diadème garni de feuilles de lierre à ses extrémités et d'un grand voile, qui vient envelopper le haut de son corps et sous lequel ses bras sont cachés (Tarse). Hauteur : o m. o8.

1081. Partie supérieure d'une figure d'*Ariadne*, coiffée du diadème terminé par des feuilles de lierre à ses extrémités, vêtue de la tunique et du péplus, le sein droit à demi découvert (Tarse). Hauteur : o m. o8.

1082. Tête d'*Ariadne*, coiffée du diadème garni de feuilles de lierre à ses extrémités et du voile (Tarse). Hauteur : o m. o6.

1083. Tête d'*Ariadne*, coiffée du diadème garni de feuilles de lierre à ses extrémités et du voile (Tarse). Hauteur : o m. o5.

1084. Tête d'*Ariadne*, coiffée du diadème garni de feuilles de lierre à ses extrémités (Tarse). Hauteur : o m. o43.

1085. Tête d'*Ariadne*, coiffée d'une sorte de gros bandeau tordu, avec au-dessous une bandelette et deux touffes de lierre sur les tempes. Hauteur : o m. o4.

1086. *Ariadne* ou *Bacchante*, debout, couronnée de lierre, le bras gauche élevé, vêtue d'une tunique talaire, le péplus noué autour des reins. Cette charmante statuette a conservé la plus grande partie de sa coloration antique (Italie méridionale). Hauteur : o m. 28.

1087. Partie supérieure d'une statuette d'*Ariadne* ou de *Bacchante*, couronnée de lierre, vêtue d'une tunique talaire et d'un péplus qui, glissant sur son épaule droite, enveloppe le bas de son corps. Traces nombreuses de coloration (Italie méridionale). Hauteur : o m. 16.

1088. Tête d'*Ariadne* ou de *Bacchante*, couronnée de lierre, les cheveux noués en chignon pointu derrière la tête. Hauteur : o m. o4.

1089. *Silène* couché pour le repas et tenant le *céras* ; le haut du corps nu (Egine). Hauteur : o m. 75. Longueur : o m. 09.

1090. Tête de *Silène* (Tarse). Hauteur : o m. o3.

1091. *Silène* ivre, le front ceint d'une couronne, vêtu d'une robe de femme et dansant (Cyrénaïque). Hauteur : o m. 10.

1092. *Silène* nu, debout, botté, les deux bras élevés. Sur sa tête est une sorte de disque qui servait de support à quelque objet aujourd'hui perdu (Cyrénaïque). Hauteur : o m. 12.

1093. Tête de *Satyre* jeune et souriante, à oreilles de cheval et à cornes naissantes sur le front, couronné de branches de pin. Hauteur : o m. o6.

1094. Tête de *Satyre* jeune et grimaçante, avec des oreilles de cheval et des cornes naissantes sur le front, couronné de pampres. Hauteur : o m. o5.

1095. *Satyre* chauve et barbu, ithyphallique, à l'aspect tout à fait simiesque, accroupi à terre (Athènes). Hauteur : o m. o8.

1096. *Génie bachique* sous les traits d'un enfant, nu, debout, une chlamyde jetée sur les épaules, le visage couvert d'un masque comique, jouant de la cithare (Alexandrie). Hauteur : o m. 16.

1097. *Télesphore* debout, enveloppé et coiffé du *cuculus*. Cette figure était munie d'un énorme phallus, aujourd'hui brisé (Anaphé). Hauteur : o m. 125.

Il faut comparer à cette statuette le curieux bronze du Musée Thorvaldsen, à Copenhague, représentant également le fils d'Esculape (Panofka, *Asklepios und die Asklepiaden*, pl. VI, n° 5).

1098. *Télesphore*, assis, enveloppé du *cuculus*, dont le capuchon est abaissé sur sa tête. Hauteur : o m. 10.

1099. *Télesphore*, debout, la tête nue, enveloppé du *cuculus*, dont le capuchon tombe sur ses épaules. Terre cuite blanchâtre, de travail gaulois (Alise). Hauteur : o m. 13.

1100. Tête de *Télesphore*, coiffée du capuchon. Hauteur : o m. o35.

1101. Masque d'une figure de *Tychon*, autre fils d'Esculape, représenté sous les traits d'un enfant au crâne chauve (Alexandrie). Hauteur : o m. o8.

1101 *bis*. Terre émaillée, dite *porcelaine égyptienne*. *Tychon* au crâne chauve, le bas du corps en hermès, enveloppé d'une draperie étroitement serrée autour du corps, dont le pan revient couvrir sa tête. Figurine de travail gréco-égyptien, destinée à être portée en amulette. Hauteur : o m. o35.

1101 *ter*. Tête d'un *Dioscure*, coiffée d'un casque pointu, sur le devant duquel étaient posés des ornements en métal. Style ancien (Agrigente). Hauteur : o m. 18.
Collection du peintre Gros.

1101 *quater*. Tête d'un *Dioscure*, coiffée du bonnet conique. Hauteur : o m. o7.

1102. *Tyché* ou *la Fortune* debout, vêtue d'une tunique talaire et d'un long péplus, coiffée comme sur les médailles romaines qui la représentent. Elle relève sa tunique de la main droite et a le bras gauche enveloppé dans son péplus. Provenant de Thespies. Hauteur : o m. 24.

1103. *Nicé*, munie de deux grandes ailes, vêtue d'une tunique talaire collante, marchant. Les bras manquent (Italie méridionale). Hauteur : o m. 19.

1104. *Nicé* ailée, debout, le haut du corps nu, les jambes enveloppées d'une draperie. Nombreux restes de coloration (Cyrénaïque). Hauteur : o m. 18.

1105. *Nicé* ailée, debout et marchant, vêtue d'une tunique talaire et d'un ampéchonium, les deux bras élevés. La tête manque (Tarse). Hauteur : o m. 13.

1106. *Génie féminin* ailé, nu, les cheveux relevés et noués par une bandelette au sommet de la tête, le front ceint d'un diadème en bandeau avec un ornement droit au centre. Ses bras, courbés en avant, devaient tenir une œnochoé et une patère. Style très-élégant (Italie méridionale). Hauteur : o m. 23.

1107. Tête d'*Hercule* enfant, les cheveux surmontés d'une énorme couronne de laurier. Hauteur : o m. o5.

1108. Tête d'*Hercule* jeune, couronnée de lierre (Tarse).
Hauteur : o m. o6.

1109. Partie supérieure d'une figure d'*Hercule buveur*,
nu, à demi couché, barbu, le front ceint de lierre
(Tarse). Hauteur : o m. 10.

1109 *bis*. Tête d'une figure d'*Hercule buveur*, nu, à demi
couché, tenant le scyphus. Hauteur : o m. o8.

1110. Partie supérieure d'un groupe représentant *Hercule* étouffant *Antée*. Hauteur : o m. o7.

1111. Partie supérieure d'une figure de *génie* enfantin,
couronnée de lierre, portant sur ses épaules la massue
d'Hercule (Tarse). Hauteur : o m. o65.

1112. *Atys* nu, debout, coiffé du bonnet phrygien, une
chlamyde jetée sur ses épaules, tenant la syrinx. Hauteur : o m. 14.

Collection Raoul-Rochette.

1113. Tête d'*Atys*, coiffée du bonnet phrygien. Hauteur : o m. o95.

1114. Masque d'une figure d'*Atys*, coiffée du bonnet
phrygien. Hauteur : o m. o8.

1115. Partie supérieure d'un *génie d'Atys*, ailé, aux
traits enfantins, coiffé du bonnet phrygien, tenant la
syrinx (Tarse). Hauteur : o m. o55.

1115 *bis*. *Agdestis* barbu, debout, coiffé du bonnet
phrygien, vêtu d'anaxyrides, d'une tunique courte et
d'une chlamyde, dans laquelle il tient un faon. Hauteur : o m. 10.

Gravée, p. 159.
Sur le personnage d'Agdestis, voy. Pausan., VIII, 17, 5; Arnob., *Adr.
gent.*, V, 5.
Panofka a déjà reconnu ce personnage important de la légende d'Atys
dans une terre cuite du Musée de Berlin ; mais la représentation de la
terre cuite de la collection Raifé offre des différences importantes avec
celle qu'a publiée le savant prussien.

1116. Tête d'un *génie d'Osiris*, couronné de pampres,
le front surmonté d'une imitation très-déformée du
schent complet (Tarse). Hauteur : o m. o7.

Ce fragment et les deux suivants sont des monuments de l'assimilation
établie par les Grecs entre leur Dionysus et l'Osiris égyptien. Cette assimilation, du reste, tenait à des analogies de conception et d'attributs
très-frappantes. Dans son rôle de juge de l'Amenti, Osiris a presque tou-

jours devant lui le thyrse planté en terre, auquel est attachée la nébride. On en voit de beaux exemples dans les vignettes des papyrus du *Rituel funéraire* de la collection Raifé. Dès la XVIIIe dynastie, on voit les grappes de raisin figurer parmi les offrandes faites à Osiris et la vigne décorer son naos (voy. Th. Devéria, *Notice des antiquités égyptiennes du Musée de Lyon*, p. 16). C'était à titre de dieu de l'agriculture qu'il avait la vigne pour symbole (Diod. Sic. I, 15). Au reste, sur les rapports extérieurs entre Osiris et Diônysus, voy. Maury, *Hist. des religions de la Grèce antique*, t. III, p. 278.

1117. Tête d'un *génie d'Osiris*, couronné de pampres, le front surmonté d'une imitation très-déformée du *schent* complet (Tarse). Hauteur : o m. o45.

1118. Tête d'un *génie d'Osiris*, le front ceint d'une bandelette dont les bouts tombent des deux côtés du visage, couronnée de pampres, surmontée d'une imitation très-déformée du *schent* complet (Alexandrie). Hauteur : o m. o8.

1119. Partie supérieure d'une figurine d'*Harpocrate*, nu, les cheveux noués au-dessus du front, une grosse tresse pendant sur le côté droit du visage, élevant la main droite (Alexandrie). Hauteur : o m. o75.

1119 *bis*. Terre émaillée bleue, appelée vulgairement *porcelaine égyptienne*. *Harpocrate*, debout, vêtu d'une longue robe, un doigt sur sa bouche et portant de l'autre main une massue. Figurine de travail gréco-égyptien, destinée à être portée en amulette. Hauteur : o m. o35.

1120. *Ganymède* debout, portant un coq sous le bras gauche et ayant la chlamyde roulée autour du bras droit. L'artiste a donné au jeune Phrygien, objet de la passion de Jupiter, une chevelure abondante et frisée. Fragmentée (Thespies). Hauteur : o m. 21.

Les images de Ganymède sont très-fréquentes parmi les terres cuites de Thespies, circonstance qui ne saurait être sans rapports avec le culte d'Eros, dont cette ville était en Grèce le principal centre (Pausan., IX, 27, 1). Les vases peints montrent souvent des éphèbes portant des coqs ou les recevant en présent (De Witte, *Cataloque Durand*, n° 665 ; Roulez, *Choix de vases peints du Musée de Leyde*, p. 50 et suiv.). L'Amour tient quelquefois cet oiseau comme attribut (*Élite des monuments céramographiques*, t. IV, pl. XLIX), et Suidas (v. Μέλιτος, ἄθεγκτος et ἀτέραμνον) parle d'une statue placée à l'acropole d'Athènes, qui représentait un bel éphèbe se précipitant la tête en bas et tenant sous chaque bras un coq. Cette statue rappelait le souvenir d'une histoire arrivée à deux jeunes gens, Mélitus et Timagoras, histoire dont on peut lire les détails dans Pausanias (I, 30, 1. — Cf. Ælian. *ap.* Suid. *loc. cit.*).

L'attribut du coq est, du reste, déjà donné à Ganymède sur quelques vases peints (Passeri, *Pictur. etrusc. in vascul.*, pl. CLVI ; *Elite des monuments céramographiques*, t. I, pl. XVIII; *Mus. etrusc. Gregor.*, pl. XIV, n° 2).

1121. *Ganymède* debout, portant un coq sous le bras gauche et ayant le bras droit enveloppé de la chlamyde jetée sur ses épaules. Le jeune Phrygien a dans cette figure, dont la coloration antique est presque entièrement conservée, les cheveux courts que l'on donne d'ordinaire aux éphèbes (Thespies). Hauteur : o m. 255.

1122. *Ganymède* debout, nu, la chlamyde jetée sur les épaules, tenant le coq. Cette statuette est remarquable par son énorme chevelure frisée, que surmonte une couronne de myrte (Thespies). Hauteur : o m. 335.

1123. *Eriphyle,* debout, vêtue d'une tunique talaire et d'un ample péplus, qui l'enveloppe complétement et sous lequel sa main droite va chercher son collier. Traces de coloration (Sicile). Hauteur : o m. 19.

C'est ainsi que Polygnote avait représenté l'épouse d'Amphiaraüs dans les peintures de la Lesché de Delphes (Pausan., X, 29, 7).

1124. *Eriphyle,* assise, le front ceint d'une couronne, vêtue d'une tunique talaire et d'un ample péplus, qui l'enveloppe complétement, et sous lequel sa main droite va chercher son collier (Italie méridionale). Hauteur : o m. 20.

1125. *Initiée aux mystères de Déméter,* debout, vêtue d'une tunique talaire et d'un péplus, portant dans ses bras le porc du sacrifice mystique (Tégée). Hauteur : o m. 135.

1126. *Hydrophore* de travail grossier, découverte à Mégare. Vêtue d'une tunique talaire et d'un ampéchonium, la vierge consacrée à Déméter soutient de la main droite une hydrie placée sur sa tête. Hauteur : o m. 16.

1127. Statuette fragmentée d'*hydrophore*, d'un travail très-fin (Mégare). Hauteur : o m. 13.

1128. Têtes de deux figurines d'*hydrophores*, d'assez grandes dimensions (Mégare).

1129. *Hydrophore*, statuette provenant de Thespies. Hauteur : o m. 22.

1129 *bis*. Terre noire étrusque. Femme debout, vêtue d'une robe courte et tenant de ses mains deux grandes tresses de cheveux, qui tombent des deux côtés de son visage (Pérouse). Hauteur : o m. o7.

1130. Femme debout, le front ceint d'une couronne, vêtue d'une tunique talaire et d'un péplus, étroitement enroulé autour de la partie supérieure du corps, qui lui enveloppe les bras (Cyrénaïque). Hauteur : o m. 25.

Nous arrivons maintenant, dans la série des terres cuites, à ces figurines de femmes drapées, dans diverses attitudes, auxquelles il est si difficile de donner des désignations précises, et que l'on appelle souvent, sans trop de raisons, des *initiées*, pour ne pas rester court à cette expression de *figure mantellate*, si familière aux rédacteurs de catalogues italiens, et parce que, comme dit le baron de Fœneste, « il n'en coûte « rien pour appeler les choses par noms honorables. »

Il y a, dans l'interprétation des monuments figurés antiques, deux écueils qu'il importe également d'éviter, et sur lesquels il est également facile de faire naufrage : tantôt on se laisse aller aux rêveries d'un symbolisme exagéré, cherchant des mystères profonds dans de simples caprices d'imagination ou dans des scènes de la vie privée, et *se matagrabolisant le cerveau*, pour parler comme Rabelais, à vouloir expliquer ce qui n'a pas besoin d'explication ; tantôt, par un excès opposé, à force de se maintenir terre à terre, on en arrive à méconnaître le génie de l'antiquité, en ne voyant que des allégories banales ou des scènes vulgaires dans des représentations incontestablement religieuses. Les figurines de terre cuite ont pu être déposées à deux titres différents dans les tombeaux grecs, soit comme images religieuses, soit parmi les objets préférés du mort, que l'on ensevelissait avec lui dans le sein de la terre. Il y en a donc évidemment de deux natures, et, si beaucoup représentent des divinités, des héros ou des héroïnes, un grand nombre d'autres, dépourvues d'attributs caractéristiques, n'ont aucun droit à des appellations si hautes, et sont tout simplement des caprices de la fantaisie des artistes, qui se sont plu à représenter des femmes grecques dans les différents actes de leur vie. Celles-ci n'ont d'autre intérêt que dans la finesse du travail, l'élégance de la composition, la grâce de l'ajustement, la vérité des attitudes, la naïveté avec laquelle y est rendue la nature prise sur le fait. C'est assez dire que, ne fournissant pas des sujets d'étude bien importants aux archéologues, elles ont un grand prix pour les artistes et les amateurs.

1131. Femme debout, vêtue d'une tunique talaire et d'un manteau, qui, posé sur sa tête en guise de voile, lui enveloppe tout le corps et les bras. Hauteur : o m. 17.

1132. Jeune fille debout, vêtue d'une tunique talaire, avec un grand voile qui descend de sa tête et lui enveloppe le haut du corps et les bras. Traces de coloration (Cyrénaïque). Hauteur : o m. 15.

1133. Femme debout, vêtue d'une tunique talaire et enveloppée dans un grand manteau, qui cache ses bras (Thespies). Hauteur : o m. 21.

1134. Femme debout, les bras enveloppés dans un long manteau (Corinthe). Hauteur : o m. 11.

1135. Femme debout, vêtue d'une tunique talaire et d'un ample péplus, étroitement drapé, sous lequel ses bras sont enveloppés. Traces de coloration (Cyrénaïque). Hauteur : o m. 13.

1136. Femme debout, vêtue d'une tunique talaire et d'un ample péplus, largement drapé, sous lequel ses bras sont enveloppés. Traces de coloration (Cyrénaïque). Hauteur : o m. 24.

1137. Femme debout, vêtue d'une tunique talaire et enveloppée dans un grand manteau, qui cache ses bras. Hauteur : o m. 165.

1138. Femme debout, vêtue d'une tunique talaire et d'un grand manteau, sous lequel ses bras sont enveloppés. Hauteur : o m. 23.

1139. Femme debout, vêtue d'une tunique talaire, avec un grand voile qui, tombant de sa tête, lui cache les bras et lui enveloppe étroitement tout le corps, jusqu'aux pieds. Traces de coloration (Cyrénaïque). Hauteur : o m. 20.

1140. Femme debout, vêtue d'une tunique talaire et enveloppée d'un grand voile posé sur sa tête et descendant jusqu'à ses genoux (Athènes). Hauteur : o m. 13.

1141. Femme debout, s'enveloppant dans un grand voile, qui descend jusqu'à ses pieds et couvre le bas de son visage (Tarse). Hauteur : o m. 17.

1142. Partie supérieure d'une figurine semblable (Tarse). Hauteur : o m. 14.

1143. Femme debout, vêtue d'une tunique talaire et d'un péplus jeté sur ses épaules, portant les deux mains à sa chevelure (Italie méridionale). Hauteur : o m. 33.

1144. Jeune fille debout, vêtue d'une tunique talaire. Hauteur : o m. o75.

1145. Femme vêtue d'une tunique talaire, les cheveux relevés et noués en touffe sur le sommet de la tête, assise sur un siége à dossier. La figure et le siége forment deux pièces différentes. Les bras manquent (Athènes). Hauteur : o m. 145.

1146. Femme assise, vêtue d'une tunique talaire. Hauteur : o m. 23.

1147. Tête de jeune fille, d'un travail fin et charmant (Athènes).

1148. Tête de femme à chevelure abondante et frisée, sur laquelle est posé un voile (Mégare). Hauteur : o m. 11.

1149. Tête de femme, les cheveux relevés et frisés sur le front, comme les effigies de Julie, fille de Titus. Hauteur : o m. 10.

1150. Tête de femme, les cheveux ondés et relevés en nœud au sommet de la tête. Hauteur : o m. 07.

1150 *bis.* Tête de femme, les cheveux relevés et frisés sur le front, comme les effigies de Julie, fille de Titus. Hauteur : o m. 85.

1151. Tête de femme, les cheveux relevés en nœud au sommet de la tête (Tarse). Hauteur : o m. o75.

1152. Tête de femme, la chevelure enveloppée du cécryphale (Athènes). Hauteur : o m. o3.

1153. Tête de femme, ceinte d'une couronne. Restes nombreux de coloration (Cyrénaïque). Hauteur : o m. o65.

1154. Tête de jeune fille, les cheveux ramenés en arrière (Athènes). Hauteur : o m. o4.

1155. Tête de femme, ceinte d'une couronne. Hauteur : o m. o6.

1156. Tête de femme, coiffée *à la chien.* Hauteur : o m. o4.

1157. Tête de femme, avec une natte roulée en couronne sur le sommet de la tête (Athènes). Hauteur : o m. o5.

1158. Tête de femme, coiffée d'une sorte de turban, au-dessus duquel est une couronne de laurier. Hauteur : o m. o5.

1159. Tête de femme, les cheveux crêpés sur le devant et surmontés d'une couronne de feuillage. Hauteur : o m. o5.

1160. Tête de femme, les cheveux ondés et rattachés en nœud au sommet de la tête. Hauteur : o m. o55.

1161. Tête de femme, les cheveux ceints d'une couronne (Athènes). Hauteur : o m. o4.

1162. Tête de femme, les cheveux ceints d'une couronne de feuillage dont une partie est détruite (Athènes). Hauteur : o m. o4.

1163. Tête de jeune fille, les cheveux frisés sur les tempes. Hauteur : o m. o5.

1164. Tête de jeune fille, les cheveux ramenés en arrière et noués en chignon (Tarse). Hauteur : o m. o3.

1165. Tête de femme, les cheveux en chignon derrière la tête (Athènes). Hauteur : o m. o55.

1166. Tête de femme, les cheveux ceints de la sphendoné et rattachés en nœud au-dessus du front. Hauteur : o m. o6.

1167. Partie supérieure d'une figure de femme, les cheveux couverts d'un voile. Hauteur : o m. o9.

1168. Tête de femme, les cheveux attachés avec le *credemnum* (Athènes). Hauteur : o m. o3.

1169. Masque de femme, avec des pendants aux oreilles, les cheveux tombant en mèches sur le front et surmontés d'une double couronne de feuillage (Tarse). Hauteur : o m. 11.

1170. Masque de femme, les cheveux ceints d'une bandelette. Hauteur : o m. o6.

1171. Masque de femme, les cheveux ceints d'une bandelette. Hauteur : o m. o5.

1171 *bis*. Tête de femme, avec une coiffure très-haute et indistincte. Hauteur : o m. o75.

1171 *ter*. Masque d'une tête de jeune fille, les cheveux en bandeaux, des pendants aux oreilles. Hauteur : o m. o6.

1172. Buste d'une poupée à bras mobiles, les cheveux noués *en catogan* derrière la tête, comme Messaline et Agrippine les ont sur les médailles. Provenant d'Alexandrie. Hauteur : o m. o6.

1173. Tête d'un éphèbe, aux cheveux courts. Hauteur : o m. o7.

1173 *bis*. Tête d'un jeune homme à cheveux courts, probablement d'un vainqueur aux jeux, ceinte d'une couronne (Tarse). Hauteur : o m. o4.

1174. Enfant monté sur un chien-loup avec lequel il joue. Provenant d'Alexandrie. Hauteur : o m. ıı.

1175. Adolescent nu, les cheveux arrangés comme ceux d'Eros, assis sur un banc, ayant auprès de lui un enfant qui joue avec un chien-loup. (Alexandrie.) Hauteur : o m. ıı.

1176. Enfant debout, enveloppé de la toge. Hauteur : 8 m. ıı.

1177. Enfant debout, enveloppé de la toge, la *bulla* au cou. Hauteur : o m. ı7.

1178. Enfant debout, enveloppé dans un grand manteau. Hauteur : o m. ıo5.

1179. Petite fille debout, vêtue d'une longue robe, tenant le *céras* et le *potérion*. Figurine du travail le plus fin et du caractère le plus naïf, provenant de Thespies. Hauteur : o m. ı3.

1180. Tête de petite fille, les cheveux en nœud au-dessus du front. Hauteur : o m. o55.

1181. Tête d'enfant, les cheveux rattachés en nœud au sommet de la tête. Hauteur : o m. o6.

1182. Masque d'une tête de femme. Style archaïque (Nola). Hauteur : o m. o5.

1183. Masque d'une tête d'éphèbe, les yeux percés de trous, la bouche ouverte. Hauteur : o m. ı4.

Collection du peintre Gros.

1184. Masque d'une tête de jeune fille, les pupilles des yeux percées. Hauteur : o m. 07.

1185. Masque d'une tête de femme, la bouche ouverte, les pupilles des yeux percées. Hauteur : o m. 12.

1186. Acteur comique debout, à tête mobile. Il a le visage couvert d'un masque barbu, avec un diadème dentelé. Il élève les bras en l'air. Son vêtement se compose d'une tunique courte comme une sorte de jaquette, au-dessous de laquelle on voit son énorme phallus (Corinthe). Hauteur : o m. 11.

1187. Acteur comique debout. Il est imberbe, coiffé du bonnet phrygien, doué d'un ventre énorme. Sa main gauche tient son phallus et semble le tordre. Hauteur : o m. 10.

1188. Acteur comique debout. Il a le visage couvert d'un masque et est vêtu du *cuculus*, dont le capuchon couvre sa tête. Il souffle dans une espèce de cornemuse qu'il tient devant son gros ventre. Son phallus est énorme et tordu en hélice. Hauteur : o m. 085.

1189. Tête de *Maccus*, le Polichinelle romain, coiffée d'un bonnet conique (Alexandrie). Hauteur : o m. 065.
Collection Marcel.

1190. Esclave comique portant une amphore. Cette figurine, d'un travail grossier, a par derrière un support qui fait comme une troisième jambe au personnage (Thespies). Hauteur : o m. 08.

1191. Esclave debout, vêtu d'une tunique courte et par-dessus d'un *bardocucullus* dont le capuchon est ramené sur sa tête. Provenant d'Alexandrie. Hauteur : o m. 11.

1192. Pieds chaussés de riches sandales, provenant d'une figure de grandes dimensions.

1193. Fragment d'un groupe. Hauteur : o m. 12.

Animaux.

1194. Mufle de lion, provenant d'un chéneau.

1195. Cheval, du travail le plus grossier et le plus archaïque, provenant de Thèbes. Hauteur : o m. 16.

1196. Cheval bridé, sellé et harnaché, avec peintures. Hauteur : o m. 13.

1197. Ane chargé de paniers de fruits. Provenant de Thespies.

1198. Porc, trouvé à Eleusis.

On sait que le porc était spécialement consacré à Déméter et forme le type du revers des monnaies d'Eleusis.

1199. Porc, provenant d'Athènes.

1200. Porc, provenant de la Cyrénaïque.

Collection Raoul-Rochette.

1201. Moitié d'une image de porc, provenant de la Cyrénaïque.

Collection Raoul-Rochette.

1202. Paon, la queue étalée, provenant d'Egine. Hauteur : o m. 10.

1203. Coq, provenant d'Egine. Hauteur : o m. 12.

1204. Coq, provenant d'Athènes. Hauteur : o m. 13.

Ex-voto.

1205. Phallus, trouvé en 1845 dans le puits sacré du temple de Minerve Medica, près de Rome.

1206. Phallus, provenant des mêmes fouilles.

1207. Phallus.

Collection du peintre Gros.

1208. Jambe votive, trouvée à Eleusis auprès du puits *Callichoron*.

1209. Six paires de pieds, chaussés de sandales et peints en blanc, provenant de la Cyrénaïque.

Collection Raoul-Rochette.

1210. Pied chaussé d'un soulier à quadruple semelle, provenant d'Alexandrie.

Collection Marcel.

Bas-reliefs.

1211. Ephèbe debout et nu, retournant la tête ; une chlamyde est jetée sur ses épaules. Travail grec (Nola). Hauteur : o m. 075. Largeur : o m. o4.

1212. Femme assise, la tête couverte d'un voile. Travail grec (Nola). Hauteur : o m. 11. Largeur : o m. o8.

1213. Danseuse, vêtue d'une tunique talaire et d'un grand péplus enflé par le vent. Travail grec (Nola). Hauteur : o m. o9. Largeur : o m. o5.

1214. Fragment. Deux génies enfantins, ailés, portant des poissons. Travail romain. Hauteur : o m. 10. Largeur : o m. 12.

1215. Fragment d'une grande plaque décorative de travail romain. *Bacchus* debout, couronné de pampres, la chlamyde jetée sur l'épaule gauche. Hauteur : o m. 20. Largeur : o m. 11.

1216. Fragment d'une grande plaque décorative de travail romain. *Satyre* barbu, à queue de cheval, couronné de pampres, la nébride jetée derrière les épaules, à genoux et courbant une branche de vigne. Hauteur : o m. 19. Largeur : o m. 17.

Collection Raoul-Rochette.

1217. Fragment d'une frise de travail romain. *Amour* ailé, tenant l'extrémité d'une guirlande. Hauteur : o m. 11. Largeur : o m. 15.

1218. Fragment d'une grande plaque décorative de travail romain. Partie supérieure d'une *Victoire* ailée. Hauteur : o m. o8. Largeur : o m. 10.

1219. Plaque décorative de travail romain. *Ulysse* dans son vaisseau, attaché au mât, passant devant les écueils des Sirènes. Le bas de la plaque, avec les flots qui portent le navire, la poupe de celui-ci et une Sirène à queue de poisson (!), est de restauration moderne. Hauteur : o m. 34. Largeur : o m. 41.

1220. Fragment d'une grande plaque décorative de travail romain. Torse de femme drapée. Hauteur : o m. 15. Largeur : o m. 12.

1221. Fragment d'une grande plaque décorative de travail romain. Athlète vainqueur au pugilat, nu, debout, les poings armés du ceste, tenant une grande palme. Hauteur : o m. 10. Largeur : o m. 11.

Antéfixes.

1222. Tête d'*Aphrodite* voilée. Travail grec. Ayant conservé toute sa coloration antique. Hauteur : o m. 20.
Collection Hope.

1223. Tête d'*Aphrodite* voilée. Travail grec. Ayant conservé toute sa coloration antique. Hauteur : o m. 20.
Provenant de Sicile. Collection Raoul-Rochette.
Gravée dans Rochette, *Mémoires sur les antiquités chrétiennes*, pl. v.

1224. Tête d'*Aphrodite* voilée. Travail grec. Ayant conservé toute sa coloration antique. Hauteur : o m. 20.
Collection Raoul-Rochette.

1225. Moitié d'une antéfixe de travail grec, représentant la tête d'*Aphrodite* voilée. Hauteur : o m. 19.

1226. Buste d'*Aphrodite* voilée, tenant en main la feuille de colocase. Travail grec. Hauteur : o m. 21.

1227. Buste de *Faune* jeune, à oreilles de cheval, à face souriante, couronné de pampres, la nébride nouée autour du cou, tenant à la main le pédum. Grande antéfixe de travail romain, provenant d'Herculanum. Hauteur : o m. 24.

1228. Antéfixe décorée d'une palmette, avec au centre un masque de Gorgone. Hauteur : o m. 17.

1229. Antéfixe décorée d'une palmette, avec au centre un masque comique. Hauteur : o m. 20.

Pièces d'applique.

1230. Masque de *Gorgone*. Ancien style. Hauteur : o m. 07.

1231. Masque de *Méduse*. Diamètre : o m. 065.
Collection du peintre Gros.

1232. Marque d'*Hercule* imberbe, coiffé de la peau de lion. Hauteur : o m. o45.

1233. Masque comique. Hauteur : o m. o3.

1234. Masque comique. Diamètre : o m. o25.

1235. Masque comique. Avec une queue percée d'un trou pour le suspendre. Diamètre : o m. 21.

Lampes.

1236. Lampe de terre grise, décorée de deux bustes affrontés de *Sérapis*, radié, coiffé du modius, et d'*Isis*, la tête surmontée de sa coiffure égyptienne, au centre d'une guirlande de pampres.

1236 *bis*. Lampe de terre rouge. *Minerve*, vêtue d'une tunique talaire et d'un long péplus, casquée, avec l'égide, déposant dans l'urne de l'Aréopage son vote pour absoudre Oreste.

1237. Fragment de lampe en terre grise. *Bacchus* jeune, nu, tenant le thyrse, assis sur une panthère courant.

1238. Lampe en terre noire. *Bacchus* barbu, le haut du corps nu, le bas enveloppé d'une draperie, assis sur un lynx courant.

1239. Lampe de terre rouge. Autel surmonté de la flamme, entre deux thyrses.

1239 *bis*. Lampe décorée d'un masque de *Satyre*.

1240. Fragment de lampe en terre rouge. *Amour* enfantin, à cheval sur un dauphin et jouant de la double flûte.

1241. Lampe de terre grise. *Amour* enfantin, tenant deux grappes de raisin. A côté, un seau à anse. Le manche est orné d'un buste de femme avec des ailes au front.

1242. Lampe de terre rouge. *Ulysse* dans son vaisseau, attaché au mât, passant devant les *Sirènes*, à corps d'oiseau, qui jouent de divers instruments, dans les nuages, au-dessus du navire. Sur le revers, l'estampille : BECIASC.

1242 *bis*. Dessus de lampe en terre rouge à vernis noir. Buste de la reine *Bérénice Evergète*, avec le sceptre surmonté d'un fleuron et un flambeau allumé.

Provenant d'Alexandrie. Collection du peintre Gros.

1243. Fragment de lampe de terre rouge. Ephèbe nu sur un cheval au galop.

1244. Fragment de lampe en terre noire. Gladiateur *rétiaire*, coiffé d'un casque à visière baissée, tenant le trident.

1245. Fragment de lampe de terre noire. Homme et femme sur un lit. Groupe obscène.

1246. Lampe en terre grise, décorée d'un lion courant.

1247. Lampe de terre rouge, décorée d'un lion courant.

1248. Lampe en terre jaune, décorée d'un cercle de grosses perles et d'un lion rampant.

1249. Lampe en terre rouge, décorée d'un pétoncle.

1250. Culot de lampe en terre noire, avec le nom ΚΕΛϹΕΙ tracé à la pointe en caractères grecs cursifs sur la terre encore fraiche (Nola).

Des lampes avec le même nom de fabricant, écrit de même, ont été trouvées à Tarente (Rochette, *Mémoires sur les antiquités chrétiennes*, pl. VIII, n° 1) et en Sicile (Avolio, *Antiche fatture di argilla*, pl. II, n° 11; pl. V, n°ˢ 95 et 96).

1251. Lampe de terre brune sans ornements, avec en dessous l'estampille du potier : M NONIVS I.

1252. Grosse lampe ronde sans ornements.

1252 *bis*. Deux lampes rondes, destinées à être posées sur des supports pointus.

1253. Lampe en terre grise de travail grec archaïque, trouvée à Pæstum, en forme de corps d'oiseau, sans tête.

1253 *bis*. Lampe juive de terre rouge. Le chandelier du Temple, représenté avec cinq branches au lieu de sept, comme il arrive souvent dans les monuments de style grossier. Provenant de la catacombe de la *Via Portuensis* à Rome.

1254. Lampe chrétienne en terre grise, sans ornements, provenant des catacombes. En dessous est gravée à la pointe l'inscription : BALBA VIVAS IN DEO.

1254 *bis*. Lampe chrétienne de terre grise, provenant des catacombes.

Estampilles de potiers.

1255. Estampille de briquetier, gravée en creux, de forme lunaire. Au centre : ISIAC et la figure d'un sistre. Autour : EXPRCLAVDIMAXIMI, *ex prædiis Claudii Maximi.*

1256. Empreinte d'une estampille ronde, sciée dans une brique. On y lit, disposée circulairement, l'inscription : EX . VISM . HIMER . TVNNS.

1257. Estampille de potier en relief, de forme quadrangulaire, avec une anse, portant l'inscription :

C . POMPON
FLAVINIAN .

1258. Anse d'amphore rhodienne, avec une estampille ronde, portant l'inscription : ΕΠ ΙΕΡΕΩΣ ΔΟΡΚΙ-ΛΙΔΑ autour d'une rose.

1259. Anse d'amphore, portant l'estampille IMIC. (Rome, Monte Testaccio.)

1260. Poinçon de potier gallo-romain en forme de cachet, modelé en relief, pour décorer les moules. *Vénus Callipyge.* Sur la queue est la marque : OF LIBERTI.

Les ornements en relief des poteries rouges gallo-romaines, à glaçure silico-alcaline, avaient le plus souvent la saillie et la dépouille convenables pour être facilement moulés. Aussi s'obtenaient-ils dans des moules en pâte d'argile rouge presque semblable à la pâte des pièces, mais moins dense et plus absorbante. Ces moules étaient d'une seule pièce ; ils n'avaient pas besoin de chape. Plusieurs moules indépendants, représentant tantôt le même sujet, tantôt des sujets et ornements différents, étaient posés à la suite les uns des autres pour compléter la décoration de la circonférence d'une coupe ou d'un vase. Les figures et les ornements étaient presque toujours estampés en creux dans les moules, au moyen de ces poinçons de terre cuite en forme de cachet, avec une espèce de queue servant de manche, poinçons modelés en relief.

1261. Poinçon de potier gallo-romain en forme de cachet, modelé en relief, pour décorer les moules. *Satyre* assis, jouant de la double flûte. Sur la queue est la marque en creux : OFFI LIBERTI.

1262. Poinçon de potier gallo-romain en forme de cachet, modelé en relief, pour décorer les moules. *Satyre* dansant.

1263. Poinçon de potier gallo-romain en forme de cachet, modelé en relief, pour décorer les moules. Cavalier d'une *venatio*, au galop, poussant son épieu. Sur la queue est la marque en creux : COCISI.

1264. Poinçon de potier gallo-romain, en forme de cachet, modelé en relief, pour décorer les moules. Bestiaire nu, botté, une chlamyde jetée sur les épaules, tenant une épée courte de chaque main. Sur la queue est la marque en creux : OFFI LIBERTI.

1265. Poinçon de potier gallo-romain en terre grise, de forme cylindrique, ayant à chaque extrémité une estampille en creux pour décorer directement les vases. D'un côté une rosace, de l'autre une palmette.

Tessères.

1266. Tessère ronde à empreinte monétaire, reproduisant le type du droit des tétradrachmes d'argent de la Première Macédoine.

Provenant d'Athènes.

1267. Tessère ronde à empreinte monétaire, reproduisant le type du droit de certains didrachmes d'argent de Chalcis d'Eubée : une tête de nymphe vue de trois quarts.

Provenant d'Athènes.

1268. Tessère ronde à empreinte monétaire, reproduisant la tête barbue du droit de certaines médailles d'argent de Naxos de Sicile.

Provenant d'Athènes.

1269. Tessère ronde, portant l'inscription en creux :

A N N V
N O V V M
F A V S T V
F E L I C E
T I B I .

Objets divers.

1270. Gros médaillon fortement bombé, orné de chaque côté d'une tête de Méduse de face.

Collection Durand, n° 1668.

1271. Moule de la partie antérieure d'une tête de jeune fille.

1272. Moule d'un denier de l'empereur Caracalla.

1273. Masque comique couronné de lierre, qui a dû servir d'embouchure ou de goulot à quelque vase ou fontaine.

1274. Petit autel carré, décoré de bas-reliefs sur ses quatre faces : 1° *Jupiter* debout et *Sémélé;* 2° *Victoire* élevant un trophée; 3° *Bacchus* jeune, ivre, avec un *Satyre* et une *Ménade;* 4° *Apollon* lyricine, assis, et *Diane* debout, tenant le sceptre. Hauteur : 0 m. 09.

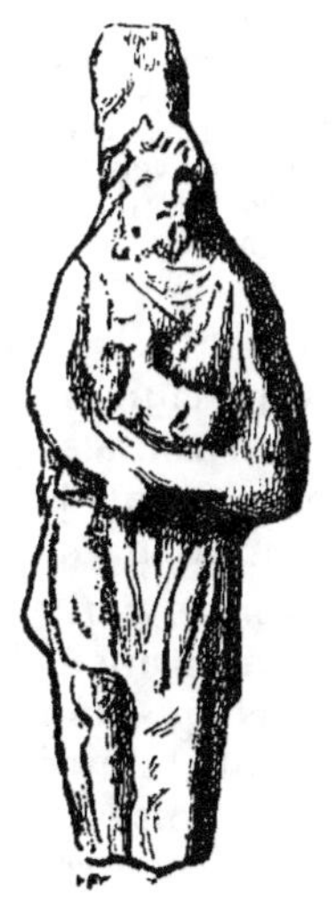

VASES.

Nous avons suivi dans cette partie de notre travail le système de classement si ingénieusement établi par M. le baron de Witte, qui nous paraît le dernier mot de la science en ces matières.

Vases peints grecs de style primitif.

Les plus anciens vases peints sont ceux formés d'une terre blanchâtre ou jaune pâle ; ils n'ont pour toute décoration que des zones d'un noir brun ou d'une teinte orangée sans luisant, des chevrons, des cercles concentriques. Les ornements imbriqués, tracés au moyen d'un instrument aigu et gravés dans l'argile, indiquent déjà un âge moins ancien. On voit quelquefois, sur ces poteries primitives, des rosaces ou des fleurons, des plantes, des poissons, des reptiles, des insectes, des oiseaux, des quadrupèdes, tels que chevaux et boucs, le tout peint au simple trait, sans art et d'une façon rude et maladroite. Encore sommes-nous porté à croire, avec M. le baron de Witte, que les vases décorés d'animaux, tels que nous venons de les indiquer, sont d'un âge moins reculé que les vases n'ayant pour toute décoration que des ornements insignifiants.

Le plus grand nombre de ces vases de style primitif viennent des îles de l'Archipel, où nous savons que les Phéniciens avaient des établissements dès avant l'arrivée des Doriens. On doit en avoir fabriqué d'abord en Asie ; plus tard, les Hellènes, en communiquant avec les navigateurs phéniciens, ont dû imiter ce genre de vases, et, sans exagération, on peut en faire remonter la fabrication à dix, ou même à douze ou treize siècles avant l'ère chrétienne.

1275. Pithos à trois petites anses doubles, à décors brun orangé sur fond jaunâtre. Son ornementation consiste en zones horizontales, zigzags horizontaux et verticaux, et compartiments contenant des méandres (Théra). Hauteur : 0 m. 44.

1276. Amphore aux toutes petites anses attachées au-dessous du renflement principal de la panse. Décors noir-brun sur fond rouge-jaunâtre. Le col est entièrement peint en noir ; immédiatement au-dessous sont, sur chaque face, trois rosaces formées de cercles concentriques, avec au centre un ombilic en relief, peint en noir; au-dessous viennent cinq zones horizontales. La partie la plus renflée de la panse est sans ornements; enfin, au-dessous de la naissance des anses sont trois zones horizontales (Théra). Hauteur : o m. 48.

1277. Petite amphore à toutes petites anses doubles. Décors bruns sur fond blanchâtre. Sur le col, zones successives d'enroulements, de zigzags, de méandres et d'ornements décussés. A la naissance du col, zone de zigzags ombrés; entre les deux anses, sur le devant, compartiment contenant un méandre. Sur la panse, quatre traits horizontaux, puis une large zone brune, et au-dessous quatre traits horizontaux. Le fond est uniformément peint en brun (Théra). Hauteur : o m. 28.

1277 *bis.* Sorte d'*ascos* ou de *guttus*, décoré par devant et par derrière de deux grands fleurons très-élégants, peints en brun rouge sur fond jaunâtre (Iles de l'Archipel). Hauteur : o m. 21.

1278. Deux tessons de vases décorés de chevrons et de traits en couleur brune sur un fond blanchâtre, recueillis dans les ruines de Mycènes.

1279. Coupe sans anses à zones rouges, sur fond gris blanchâtre. Hauteur : o m. o85. Diamètre : o m. 15.

1280. Écuelle à zones brunes sur fond jaunâtre. Diamètre : o m. 14.

Vases peints grecs de style asiatique.

On donne le nom de vases de style asiatique ou oriental à une classe très-nombreuse de vases enrichis de peintures plus ou moins compliquées, qui représentent la seconde époque des monuments céramographiques. La plupart de ces vases sont petits ; ce sont des aryballes, les uns d'une forme allongée, les autres ronds et d'une forme écrasée ou aplatie, des alabastrons longs à large ventre, des pyxides, des coupes profondes, etc. Ces vases sont faits, aussi bien que ceux de style primitif, d'une terre jaunâtre; la couleur en est terne et sans reflet. Il y a de ces vases où les figures et les ornements sont gravés, d'autres où ils sont simplement peints. On y voit des animaux, soit naturels, soit fantastiques. Des rosaces, semblables à celles qu'on rencontre dans les monuments assyriens, sont semées dans le champ, ainsi que des plantes et des fleurs. On y remarque quelquefois des figures humaines, et assez souvent des monstres moitié hommes, moitié animaux, notamment des divinités à queue de poisson, des sphinx, des sirènes ou oiseaux à tête humaine. L'association de la nature humaine au corps de certains animaux, quadrupèdes, oiseaux, poissons, est un des traits distinctifs de l'art oriental, où les conceptions les plus singulières et les plus bizarres ont pris naissance. On voit aussi sur ces sortes de vases des déesses ailées qui de leurs mains tiennent des animaux, tels que des lions, des panthères, des oies ou des cygnes, représentations qui rappellent la Diane du Coffre de Cypsélus, figurée avec des ailes aux épaules et tenant dans ses mains une panthère et un lion.

Les grands vases, amphores, pithos, lébès, les vases d'une dimension intermédiaire, tels que l'œnochoé, l'olpé, montrent des zones superposées d'animaux, de longues files de quadrupèdes, lions, panthères, boucs, béliers, cerfs, biches, sphinx, griffons, soit à la suite les uns des autres, soit affrontés, entremêlés de cygnes, d'oies, de coqs, de poules, de sirènes ou oiseaux à tête humaine.

1281. Aryballos de forme phénicienne arrondie. Peintures noires et violettes sur fond blanc jaunâtre. Grande tête barbue et coiffée d'un casque à haute aigrette, entre deux lions. Hauteur : o m. 17.

1282. Aryballos de forme phénicienne arrondie, à peintures brunes sur fond blanc jaunâtre. Procession de cinq hoplites avec l'*aulopis*, la lance et un grand bouclier rond (Camirus, dans l'île de Rhodes). Hauteur : o m. o65.

1282 *bis*. Aryballos de forme phénicienne arrondie. Décors noirs et violets sur fond blanchâtre. Grand fleuron formé d'une quadruple palmette, et cygne. Champ semé de rosaces. Hauteur : o m. o13.

1283. Scyphus. Peintures noires et violettes sur fond blanchâtre. Un bouc, un lion et un cygne. Champ semé de rosaces (Nola). Hauteur : o m. o85.

1284. OEnoché à goulot triangulaire formé par un petit couvercle. Décors en brun rouge sur fond blanchâtre. Sirène entre deux sphinx affrontés, puis deux lions. Sujet deux fois répété. Champ semé de rosaces. Hauteur : o m. 12.

1285. Alabastron, décoré d'imbrications brunes sur fond blanchâtre. Hauteur : o m. 17.

1280. Pyxis à décors bruns et rouges sur fond blanc jaunâtre. Ornementation végétale ; fleurs et boutons de lotus alternés (Corinthe). Hauteur : o m. o75.

1287. Pyxis à décors brun - noir sur fond jaunâtre. Compartiments contenant des palmettes (Mélos). Hauteur : o m. o9.

1288. Pyxis à décors violets et noirs sur fond jaunâtre, en damier (Corinthe). Hauteur : o m. o4.

1289. Pyxis à couverte noire. Hauteur : o m. o5.

1290. Écuelle à couvercle portée sur trois pieds. Décors presque effacés, noirs et violets sur fond blanchâtre. Sur le couvercle, procession d'animaux. Sur chaque pied, une sirène (Sicyone). Hauteur : o m. o7.

1291. Pyxis basse à décors bruns et violets sur fond blanchâtre. Zones et zigzags verticaux. Hauteur : o m. o3.

1291 *bis*. Amphore en miniature, décorée de zones brunes sur fond jaunâtre. Auprès du col est d'un côté un lion, de l'autre un lion et un cygne (Mélos). Hauteur : o m. 11.

1291 *ter*. Aryballos de forme grecque, orné de lignes brunes décussées sur fond blanchâtre (Égine). Hauteur : o m. 12.

1292. Deux écuelles à deux anses et couvercle, de dimensions différentes, ayant perdu leurs décors.

1293. Vase rond, sans pied, à deux hautes anses, avec quelques ornements en brun noir sur fond rouge violet. Hauteur : o m. o55.

1293 *bis*. Vase de la même forme en terre jaunâtre avec quelques zones brunes (Mélos). Hauteur : o m. o9.

1293 *ter*. Vase à pied, sans anses, avec quelques zones brunes sur fond rouge violet (Athènes). Hauteur : o m. 12.

1293 *quater*. Deux petits vases à une anse, ornés de zones brunes.

Vases étrusques de terre noire.

Ces sortes de poteries ne se trouvent ordinairement qu'en Toscane, principalement à Chiusi, l'antique *Clusium*. Cependant on vient de constater la présence de quelques vases de terre noire dans les tombeaux de l'île de Rhodes ; M. Salzmann les a trouvés à Camirus, mêlés aux vases de travail grec (*Gazette des Beaux-Arts*, août 1865, p. 177). Il est à croire que le commerce, à une époque reculée, a porté ces vases de l'Italie en Grèce.

Ils sont faits d'une argile mélangée de bitume et très-peu cuite ; aussi la pâte en est-elle beaucoup plus friable que celle des autres vases. Les uns ont été modelés à la main, les autres façonnés au tour. Les zones en relief qui les décorent et retracent des processions d'animaux ou de figures humaines, ont été imprimées au moyen de cylindres de terre ou de pierre, gravés à la manière des cylindres assyriens ou babyloniens; car, dans mainte occasion, le cylindre, revenant au point de départ, a passé une seconde fois sur les sujets déjà imprimés. Ces décorations ont un caractère oriental très-prononcé.

Plusieurs passages des auteurs anciens semblent se rapporter à ces premières poteries des Etrusques. Juvénal (*Sat.* VI, v. 343) parle en plaisantant de la vaisselle noire de Numa, *nigrumque catinum*. Perse (*Sat.* II, v. 60) nomme la poterie étrusque *tuscum fictile*, et un ancien scholiaste dit à cette occasion : *Vilem fictilemque a Tuscis olim factum.*

1294. Coupe sans anses, supportée par un pied rond et quatre figures de femmes drapées (Chiusi). Hauteur : o m. 16.

1295. Coupe sans anses (Chiusi). Hauteur : o m. 115.

1296. Amphore sans ornements (Chiusi). Hauteur : o m. 19.

1297. Canthare à une anse décorée d'une figure de *Lasa*, ailée (Chiusi). Hauteur : o m. o85.

1298. Coupe sans anses, décorée d'une zone en relief offrant un centaure tenant un lièvre, un lion et un sphinx, nombre de fois répétés (Chiusi). Hauteur : o m. 15.

1299. Écuelle à couvercle (Chiusi). Hauteur : o m. o8.

1300. Deux écuelles sans couvercle (Chiusi).

1301. Cuiller (Chiusi).

1302. Cuiller en forme de pelle (Chiusi).

1303. Colombe (Chiusi). Hauteur : o m. 16.

1304. Débris du grand plateau sur lequel les numéros 1294-13o3 se trouvaient réunis, dans un tombeau de Chiusi.

Vases peints grecs et italo-grecs à figures noires

Les vases à peintures noires sur fond clair, rouge ou jaune, ont été fabriqués en général du VIIe au VIe siècle avant notre ère. Les contours des figures sont gravés à la pointe; le blanc et le violet rehaussent ces sortes de peintures.

Quelque désordre, par suite d'une cause indépendante de notre volonté, s'est introduit dans les numéros de cette section. Il était trop tard pour y remédier lors de l'impression. Les vases peints à figures noires se présentent donc ici sans ordre et un peu au hasard. Nous prions le lecteur d'excuser cette faute.

1305. Amphore tyrrhénienne. *Dionysus* barbu, couronné de lierre, tenant le canthare et entouré de branches de vigne, entre deux grands yeux, après lesquels viennent deux *Satyres* nus, tenant des branches de vigne.

Sur le col : Les deux grands yeux, à droite desquels on voit *Dionysus* barbu, assis, tenant le céras, entre deux *Satyres* dansants. En pendant on voit un personnage barbu, assis, entre deux éphèbes nus.

Revers : Guerrier complétement armé, entre deux éphèbes enveloppés de manteaux ; le tout entre deux grands yeux.

Sur le col : Les deux grands yeux, de chaque côté desquels on voit un combat d'hoplites (Vulci). Hauteur : o m. 40.

Collection Raoul-Rochette.

1306. Amphore bachique. *Dionysus* barbu, vêtu d'une tunique talaire et d'un long manteau brodé, couronné de pampres, assis dans un char ; il tient à la main le canthare et des branches de lierre. Sur l'autre face : *Triptolème*, barbu, vêtu d'une tunique talaire et d'un long manteau brodé, assis dans un char ; il tient à la main un sceptre et un bouquet d'épis (Vulci). Hauteur : o m. 25.

Gravé dans l'*Elite des monum. céramographiques*, t. III, pl. XLIX A.

1307. Amphore bachique. *Dionysus* barbu, couronné de lierre, tenant le canthare et un cep de vigne, debout entre deux *Satyres* à pieds de cheval, dont l'un verse le vin d'une œnochoé dans le canthare du dieu, et l'autre joue de la double flûte, en tenant le sac de peau destiné à la renfermer.

Revers : Deux *Ménades* aux chairs peintes en blanc, couronnées de lierre, jouant des crotales, enlevées sur les épaules de deux *Satyres* ithyphalliques, agenouillés (Vulci). Hauteur : o m. 27.

Collection Raoul-Rochette.

1308. Lécythus. *Dionysus*, barbu, muni du rhyton et d'un cep de vigne. Il est précédé d'un *Satyre* et

d'une *Ménade*. Une seconde *Ménade* venant à la suite
du dieu complète ce thiase bachique (Sicile). Hauteur : o m. 32.

Collection Durand, n° 83.

1309. Lécythus brûlé. Trois *Ménades* qui dansent au
bruit des crotales ; de chaque côté, un *Satyre* qui
s'enfuit (Grande-Grèce). Hauteur : o m. 21.

Collection Durand, n° 186.

1310. Lécythus. *Hercule* nu, imberbe, les cheveux
ceints d'une bandelette peinte en violet, terrasse
Antée, nu et barbu. La massue du héros est à terre ;
son arc et son carquois sont suspendus au-dessus du
groupe des combattants. De chaque côté une femme
vêtue d'une longue robe à bordure violette, les chairs
peintes en blanc, s'enfuit effrayée en retournant la
tête. Le champ de la composition est ornée de branches de vigne (Sicile). Hauteur : o m. 20.

1311. OEnochoé. *Iolas* montant dans un quadrige ; auprès de lui est *Athéné* debout, armée. Au-dessus des
deux personnages est l'inscription SN⊓IOSʘALN,
évidemment tracée par un ouvrier étrusque ignorant
du grec, pour IOLEOS AʘANA (Vulci). Hauteur :
o m. 25.

L'erreur commise par le potier étrusque dans le nom d'Athéné semble
tenir à ce qu'il l'avait confondu avec celui de *Thalna*, la Junon de l'Etrurie. (Voy. Gerhard, *Gottheiten der Etrusker*, dans les Mémoires de
l'Académie de Berlin pour 1845.)

1312. Lécythus. *Achille* et *Ajax*, complétement armés
et accroupis, consultant, au moyen des dés, l'oracle
d'*Athéné Sciras*, debout, armée, avec l'égide. Dans le
champ, inscriptions sans signification (Vulci). Hauteur : o m. 33.

1313. Hydrie. Trois zones. Au centre, guerrier dans un
quadrige avec son écuyer. Devant, un hoplite ; derrière, un archer.

Au-dessus : *Hercule* étouffant le *lion de Némée*,
en présence d'*Athéné*, armée de la lance, du
casque et du bouclier ; d'*Hermès*, coiffé du pétase,
vêtu de la chlamyde et tenant le sceptre ; d'*Iolas* imberbe, nu, portant la massue du héros, et de *Molorchus*, barbu, drapé, appuyé sur un bâton.

Zone inférieure : Le groupe, deux fois répété, d'un lion et d'un sanglier affrontés (Vulci). Hauteur : o m. 45.

Sur le personnage de Molorchus, hôte d'Hercule à Cléones, lorsqu'il se rendit à Némée pour tuer le lion, voy. Apollodor., II, 5, 2; Tibull., IV, v. 13.

1314. Hydrie. Trois zones. Au centre, guerrier dans un quadrige avec son écuyer. Devant, combat de deux hoplites ; derrière, un archer.
Au-dessus : Combat de cinq hoplites.
Zone inférieure : Le groupe, deux fois répété, d'un lion et d'un sanglier affrontés (Vulci). Hauteur : o m. 43.

1315. Lécythus à fond blanchâtre. Combat de quatre hoplites ; un cinquième est étendu mort à terre (Grande-Grèce). Hauteur : o m. 35.

1316. Lécythus. Combat de deux hoplites, entre deux autres qui s'éloignent. Sur le col, deux lions opposés (Athènes). Hauteur : o m. 11.

1317. Cylix. A l'extérieur : De chaque côté, combat de deux hoplites, entre deux femmes, deux personnages barbus tenant de longs sceptres à fleurons et deux cavaliers, derrière l'un desquels est un personnage nu courant, et derrière l'autre un oiseau de proie volant. Auprès de chaque figure sont des inscriptions sans signification (Vulci). Hauteur : o m. 19. Diamètre : o m. 29.

1318. Cylix. A l'extérieur : D'un côté, un hoplite combattant ; de l'autre, un cavalier nu et imberbe (Vulci). Hauteur : o m. 09. Diamètre : o m. 15.

1319. Cylix. Dans l'intérieur : Au fond, le masque de la *Gorgone*.
Extérieur : De chaque côté : Personnage barbu montant dans un bige avec une femme ; auprès d'eux sont trois femmes et deux hoplites. Devant on voit un personnage barbu, vêtu d'une tunique talaire et d'un long manteau, puis un guerrier monté dans un quadrige avec son écuyer et enfin deux hoplites combattant. Derrière sont deux éphèbes enveloppés de manteaux, dont l'un tient une lance et l'autre un rameau,

puis un guerrier monté dans un quadrige avec son
écuyer, et enfin deux hoplites combattants.

Sur le pied est la signature du potier : NIKOSOENES
EПOIESEN (Vulci). Hauteur : o m. 16. Diamètre
o m. 31.

1320. Cyathus, à l'anse ornée d'un masque de femme
peint en blanc à sa naissance. Peintures sur fond
blanc. *Dionysus* barbu, assis, tenant le céras, entouré de branches de vigne avec leurs grappes. De
chaque côté, un grand œil, puis un sphinx. Hauteur :
o m. 07.

1321. Cyathus. Peintures sur fond blanc. *Dionysus*
barbu, debout, tenant le céras, entre deux *Satyres*.
De chaque côté, un grand œil et un sphinx. Hauteur : o m. 07.

1322. Lécythus. Peintures sur fond blanchâtre. Tête de
Satyre de face entre deux grands yeux (Grande-
Grèce). Hauteur : o m. 17.

Collection Raoul-Rochette.

1323. Lécythus. Peintures sur fond blanc. *Apollon* tenant la lyre monte dans son quadrige, auprès duquel sont debout une *Ménade* tenant des branches
de vigne et *Dionysus* barbu. En avant est *Ariadne*,
assise sur un ocladias et tenant un rameau de vigne.
Travail grossier (Pirée). Hauteur : o m. 20.

1324. OEnochoé. *Ménade* aux chairs peintes en blanc,
jouant des crotales, enlevée dans les bras d'un *Satyre*.
Derrière est un autre *Satyre*, jouant de la double
flûte (Vulci). Hauteur : o m. 21.

1325. OEnochoé. Homme barbu dans un bige au galop,
tournant la borne du cirque. Dans le champ sont
semées des lettres grecques sans signification (Vulci).
Hauteur : o m. 23.

1326. Lécythus. Guirlande de lierre (Athènes). Hauteur : o m. 21.

1327. Cylix ornée de palmettes à l'extérieur (Mélos).
Hauteur : o m. 06. Diamètre : o m. 12.

1328. Cylix ornée de palmettes à l'extérieur (Egine).
Hauteur : o m. 07. Diamètre : o m. 15.

1329. Lécythus. *Dionysus* et *Héphæstus*, montés chacun sur un mulet ithyphallique. Entre eux deux sont un *Satyre* jouant de la lyre et une *Ménade*. Travail grossier (Athènes). Hauteur : o m. 19.

1330. Lécythus. *Athéné*, armée de la lance, montant dans un quadrige, auprès duquel est *Dionysus* barbu, debout. En avant, *Ariadne* est assise sur un ocladias. Travail grossier (Athènes). Hauteur : o m. 18.

1331. Lécythus. *Ariadne*, tenant une branche de vigne, monte dans un char, auprès duquel se tiennent *Apollon* lyricine et *Dionysus* barbu. Devant marche un éphèbe tenant une lance, la chlamyde jetée sur l'épaule droite. Travail grossier (Athènes). Hauteur : o m. 24.

1332. Lécythus. Aurige en tunique blanche dans un bige au galop, auprès duquel court un *apobate* armé de toutes pièces. Travail grossier (Athènes). Hauteur : o m. 18.

1333. Lécythus. *Dionysus* barbu, tenant le canthare et un cep de vigne, assis sur un ocladias entre deux *Ménades* debout. Travail grossier (Athènes). Hauteur : o m. 17.

1334. Lécythus. Femme vêtue d'une tunique talaire et d'un péplus, entre deux hoplites. Travail grossier (Athènes). Hauteur : o m. 21.

1335. Lécythus. Hoplite avec un dauphin pour épisème à son bouclier, debout entre quatre éphèbes enveloppés de manteaux. Travail grossier (Athènes). Hauteur : o m. 19.

1336. Cylix. A l'extérieur, de chaque côté, deux grands yeux et un éphèbe enveloppé d'un manteau (Grande-Grèce). Hauteur : o m. 08. Diamètre : o m. 14.

1337. Fragment de cylix, portant un homme nu et barbu fuyant devant un cavalier au galop, et un cygne les ailes ouvertes (Vulci).

Vases peints grecs et italo-grecs à figures rouges.

Les vases à figures rouges sur fond noir ont été fabriqués postérieurement aux vases à figures noires. A l'époque de transition de la première manière à la seconde, on rencontre des vases qui sur une face montrent l'ancien procédé, et sur l'autre le nouveau. Les vases de la plus belle époque n'ont, pour rehausser les teintes rouges, que de petits détails colorés en violet. Les inscriptions sont tracées au moyen de la même couleur. Le blanc n'a été employé que postérieurement, vers le milieu du IVe siècle avant notre ère. C'est aussi vers le même temps que l'on a commencé à se servir de la dorure pour rehausser certaines parties de la décoration.

1338. Petite œnochoé de forme basse, destinée à servir de jouet. *Iacchus* enfant, avec l'ornement de l'Eros hermaphrodite des mystères passé diagonalement autour du corps. Il est étendu à terre et joue avec une œnochoé de la forme même du vase qui porte cette peinture (Cumes). Hauteur : o m. 075.

1339. Petite œnochoé de forme basse, destinée à servir de jouet. *Iacchus* enfant, nu, avec l'ornement de l'Eros hermaphrodite des mystères passé diagonalement autour du corps. Il est accroupi et joue avec une œnochoé de la forme même du vase qui porte la peinture. Derrière lui est encore un vase semblable (Cumes). Hauteur : o m. o85.

1340. Guttus. *Satyre* assis à terre, et taureau cornupète (Nola). Hauteur : o m. 07.

1341. Petite œnochoé de forme basse, destinée à servir de jouet. *Eros* et *Antéros* sous les traits d'enfants, couronnés de myrte, placés en face l'un de l'autre des deux côtés d'une table à trois pieds, sur laquelle est posée un vase de la même forme que celui qui porte la peinture. Un des deux génies tient à la main un vase semblable (Cumes). Hauteur : o m. o8.

1342. Aryballos. Sphinx accroupi (Athènes). Hauteur : o m. 10.

1343. Scyphus à figures rouges, peintes sur le fond noir et non réservées. D'un côté, *Cerbère;* de l'autre, une femme initiée portant à la main une couronne et une scaphé remplie de fruits (Nola). Hauteur : o m. 09.

1344. OEnochoé à embouchure tréflée. Homme nu debout, tenant le tympanum, entre deux personnages enveloppés de manteaux (Crète). Hauteur : o m. 17.

1345. Péliké du travail athénien le plus fin, avec des bossettes dorées rehaussant de distance en distance la peinture.

Chasse du sanglier de Calydon. *Ancée*, la chlamyde rejetée sur les épaules, porte un coup de massue au monstre qui vient de découdre un des chiens qui le poursuivaient. *Télamon* le frappe d'une bipenne, et *Méléagre*, placé devant le sanglier, lui présente la pointe de deux épieux. *Atalante*, coiffée du bonnet phrygien, debout au-dessus de *Méléagre*, lance ses flèches contre l'animal. Derrière *Ancée* accourent deux héros étoliens, armés d'épieux et accompagnés d'un chien ; puis vient *Toxeus*, portant le chapeau conique des chasseurs de sa nation et tenant un arc. Au-dessus de cette scène, on voit à mi-corps *Artémis*, assise sur la montagne, les chairs peintes en blanc, vêtue d'une tunique blanche, coiffée d'une mitre phrygienne parsemée de bossettes d'or, tenant deux javelots; un lévrier est auprès d'elle.

Revers. *Ménade* tenant le thyrse, entre deux *Satyres*, dont un l'attaque (Bengazi de Cyrénaïque). Hauteur : o m. 40.

1346. Hydrie. Femme tenant un coffret ouvert, debout auprès de l'hydrie funèbre ornée de bandelettes, entre une autre femme tenant une bandelette et un éphèbe, la chlamyde enroulée autour du bras gauche, tenant un rameau de bryone ou *vigne blanche*, ὀφιοστάφυλος, ἄμπελος λευκή (Apulie). Hauteur : o m. 36.

1347. Sorte de péliké à anses décorées de masques de *Silène* en relief. De chaque côté, une femme debout, drapée, tenant une patère (Nola). Hauteur : o m. 12.

1348. Hydrie. Femme marchant, tenant un coffret ouvert et une bandelette (Grande-Grèce). Hauteur : o m. 17.

1349. Petite œnochoé de forme basse, destinée à servir de jouet. Petite fille, vêtue d'une longue tunique et d'un ampéchonium, tenant à la main une œnochoé de la forme même du vase qui porte cette peinture (Cumes). Hauteur : o m. o8.

1350. Cylix. Intérieur : Ephèbe debout, la chlamyde sur les épaules, tenant une lyre de la main droite et la gauche appuyée sur un bâton plat. Dans le champ est suspendu un sac de peau.

Extérieur : Deux scènes. Homme chauve et barbu, le front couronné de lierre, une simple chlamyde sur les épaules, ivre et jouant de la double flûte ; il tient un bâton en forme de béquille. De chaque côté de lui est un éphèbe, ivre, la chlamyde sur les épaules, tenant un bâton en forme de béquille ; celui de devant tient en outre une sorte de seau à anse.

Trois éphèbes ivres : le premier tient un flambeau et des crotales ; le second un bâton en forme de béquille et un cylix ; le troisième enfin joue de la double flûte (Vulci). Hauteur : o m. 13. Diamètre : o m. 32.

Sous le pied sont tracées à la pointe les trois lettres étrusques : ᗡ1ᗅ.

1351. Cylix. Intérieur : Deux éphèbes nus, debout en face l'un de l'autre, l'un appuyé sur une colonne, l'autre tenant un strigile.

Extérieur : Femme tenant un long sceptre et un flambeau de course, entre deux éphèbes nus. Sujet deux fois répété (Vulci). Hauteur : o m. 095. Diamètre : o m. 24.

1352. Cylix. Intérieur : Ephèbe vainqueur aux jeux, couronné de longues bandelettes.

Extérieur : Huit éphèbes drapés de longs manteaux et armés de bâtons, groupés deux à deux, dans des poses diverses (Vulci). Hauteur : o m. 12. Diamètre : o m. 31.

1353. Cylix. Intérieur : Éraste barbu, enveloppé d'un manteau et appuyé sur un bâton, offrant un lièvre à son éromène, nu, debout devant lui, tenant le strigile.

Extérieur : Deux sujets. *Dionysus* barbu, tenant le thyrse, accompagné d'une *Ménade* et de trois *Satyres* portant des attributs divers.

Deux *Satyres* et deux *Ménades* tenant le thyrse (Vulci). Hauteur : o m. 23. Diamètre : o m. 31.

1354. OEnochoé. Ephèbe enveloppé d'un manteau (Vulci). Hauteur : o m. 12.

1355. Guttus. Deux panthères couchées (Grande-Grèce). Hauteur : o m. o7.

Collection Raoul-Rochette.

1356. Scyphus. De chaque côté, une chouette entre deux rameaux d'olivier (Nola). Hauteur : o m. o7.

1357. Lécythus. Peinture brûlée. Homme et femme nus, en face l'un de l'autre. Travail grossier (Pirée). Hauteur : o m. 15.

1358. Aryballos décoré d'oves (Athènes). Hauteur : o m. o9.

Vases grecs et italo-grecs à couverte noire.

Les vases à couverte noire sans peintures sont du même temps que les vases à figures sur fond noir.

1359. Amphore (Nola). Hauteur : o m. 22.

1360. Hydrie (Athènes). Hauteur : o m. 15.

1361. OEnochoé (Vulci). Hauteur : o m. 18.

1362. Vase rond, sans pied, à deux petites anses (Nola). Hauteur : o m. o9.

1363. Aryballos de forme basse, à côtes. Hauteur : o m. o7.

1364. Aryballos de forme basse. Hauteur : o m. o85.

1365. Aryballos de forme basse. Hauteur : o m. o8.

1366. Aryballos de forme allongée, à côtes et à ornements perlés. Hauteur : o m. 15.

1367. Trois assiettes.

1368. Scyphus. Hauteur : o m. o75.

1369. Canthare. Hauteur : o m. 11.

1370. Lécythus, à col rouge (Athènes). Hauteur : o m. 15.

1370 *bis.* Lécythus, à col rouge (Athènes). Hauteur : o m. 17.

1371. Lécythus revêtu d'une couverte brillante, d'un brun rouge (Athènes). Hauteur : o m. 12.

1372. Cinq coupes, avec et sans anses.

1373. Lot de dix petits vases de formes diverses, avec ou sans couverte.

Lécythus athéniens à fond blanc.

Ces vases appartiennent à la plus belle époque de l'art. Ils sont faits d'argile rougeâtre, enduite d'une couche de terre de pipe soigneusement polie. C'est sur cet enduit que sont tracés les dessins au trait rouge ou noir, et les peintures aux tons variés et brillants dans lesquelles ont été employées des couleurs métalliques.

1374. Dessins au trait noir. *Artémis*, coiffée du cécryphale, duquel les ondes de ses cheveux s'échappent sur ses épaules, vêtue d'une tunique talaire et d'un ample péplus, tenant l'arc de la main gauche, verse le contenu d'une œnochoé, qu'elle porte de la main droite, dans la patère que lui tend son frère *Apollon*. Celui-ci est lauré, vêtu d'une tunique talaire et d'un grand manteau attaché sur son épaule droite avec une fibule. Il portait la lyre dans la main gauche. Hauteur : o m. 32.

Ce curieux vase, d'un style tout particulier, à la fois du plus grand caractère et d'un faire extraordinairement négligé, plein d'incorrections, a été trouvé, par l'auteur même de ce catalogue, dans un tombeau du dème de Thémacus, à côté de la poudrière actuelle d'Athènes. Il a été évidemment placé sur le bûcher et y a éclaté en tessons qui ont inégalement subi l'action du feu. Rapporté à Paris en morceaux, il a été seulement recollé par M. Meyer, sans qu'un seul repeint y ait été fait.

Les lécythus étaient essentiellement à Athènes les vases funéraires, et c'est à ce titre qu'Aristophane en parle dans une ses comédies (*Ecclesiaz.*, v. 996). Les sujets qui y sont représentés ont toujours un caractère funèbre. Aussi est-ce bien évidemment à titre de divinités de la mort qu'Apollon et Artémis figurent ici.

1375. Trait bistre, les draperies peintes en plein de diverses couleurs. Stèle funéraire couronnée d'une palmette élégante, auprès de laquelle sont deux femmes. Celle de droite est debout, vêtue d'une tunique pourpre et d'un ampéchonium qui paraît avoir été d'un violet plus bleu. Celle de gauche, enveloppée d'un péplus de couleur bistre qui laisse son épaule droite à découvert, est assise et tient un petit oiseau, qui paraît à peine éclos de l'œuf. Hauteur : o m. 255.

Trouvé dans un tombeau du dème de Thémacus.
On connaît plusieurs autres lécythus athéniens qui, parmi les offrandes

destinées aux morts, montrent de petits oiseaux, entre autres deux colombes, dans les mains d'un éphèbe, ou un petit oiseau posé sur le doigt
d'un éphèbe debout auprès de la stèle funèbre (Stackelberg, *Die Græber
der Hellenen*, pl. XLVI; Ch. Lenormant et De Witte, *Élite des mon.
céramogr.*, t. IV, p. 236).

Ici l'oiseau, à peine sorti de l'œuf, paraît avoir été destiné à exprimer
une idée de rénovation et de renaissance.

1376. Trait bistre. Stèle funéraire surmontée d'un fronton et ceinte d'une bandelette rouge, auprès de laquelle se tiennent une femme vêtue d'une tunique
talaire, qui apporte une bandelette teinte en rouge,
et un éphèbe enveloppé d'un manteau rouge, tenant
une sorte de bourse à la main. Hauteur : o m. 33.

Trouvé dans un tombeau de l'île de Salamine,

1377. Trait rouge avec rehauts de couleur noire. Femme
assise sur un *ocladias* auprès d'un tombeau en forme
d'édicule; en face d'elle et de l'autre côté du tombeau est un homme debout, enveloppé dans son
manteau. Sujet presque effacé. Hauteur : o m. 445.

Trouvé dans un tombeau du dème de Thémacus.

1378. Trait noir. Stèle funéraire de forme carrée élevée
sur un soubassement et entourée de bandelettes peintes en rouge, auprès de laquelle se tiennent deux
femmes debout, dont l'une apporte les offrandes funèbres dans une grande corbeille entourée d'une
guirlande de laurier et d'où pendent des bandelettes,
tandis que l'autre les y prend pour les déposer au
pied de la stèle. Sujet en partie effacé. Hauteur :
o m. 39.

Trouvé dans un tombeau d'Athènes. Collection Raoul-Rochette.

1379. Trait noir avec rehauts de couleur rouge. Une
femme et un éphèbe enveloppé d'un grand manteau
rouge, debout auprès de la stèle funéraire. Sujet presque effacé. Hauteur : o m. 30.

Trouvé dans un tombeau du Pirée. Collection Raoul-Rochette.

1380. Trait bistre. Femme portant les offrandes funèbres dans une grande corbeille plate. Sujet en grande
partie effacé. Hauteur : o m. 16.

Trouvé dans un tombeau du Pirée. Collection Raoul-Rochette.

1381. Trait brun rouge. Ephèbe nu s'éloignant d'un

autel que surmonte la flamme allumée et vers lequel il retourne la tête. Hauteur : o m. 19.

Touvé dans un tombeau d'Athènes. Collection Raoul-Rochette.

1382. Lécythus à couverte blanche, sans peintures. L'embouchure est brisée. Hauteur : o m. 22.

Trouvé dans un tombeau de l'île d'Egine et rapporté par le peintre Louis Dupré.

Vases étrusques à figures jaunes.

La plupart des vases peints qui ont été trouvés dans les tombeaux de l'Etrurie sont l'œuvre d'artistes grecs établis dans le pays. C'est un fait aujourd'hui complétement démontré et sur lequel nul ne saurait élever le moindre doute. Mais les Etrusques tentèrent aussi de fabriquer des vases peints d'après les modèles grecs. On possède des œuvres céramographiques étrusques à figures noires sur fond jaune (comme le n° 1311 de ce catalogue) et à figures jaunes sur fond noir, imitées des deux classes de vases peints grecs. Même sans inscriptions, leur style particulier les fait facilement distinguer.

1383. Cylix. Intérieur : *Faunus* à face silénique, à front chauve et à oreilles de cheval, nu, debout, tenant le thyrse et s'appuyant sur un tronc d'arbre coupé, du pied duquel poussent deux rejetons. A côté de lui est *Fatua* debout, entièrement nue, appuyant la main droite sur son épaule et tenant de la main gauche un alabastron et une bandelette.

Extérieur : Femme debout entre deux éphèbes, dont l'un nu et l'autre enveloppé d'un manteau ; sujet deux fois répété (Vulci). Hauteur : o m. 11. Diamètre : o m. 28.

Sur le mythe italiote des amours de Faunus et Fatua ou Fauna, voy. Macrob., *Saturn.*, I, 12.

Vases grecs de formes singulières.

A l'époque qui vit paraître les vases enrichis de toutes sortes de couleurs, et même de dorures, appartiennent les formes singulières et variées. La plupart de ces vases, et surtout les *rhytons*, ont été fabriqués du temps de la décadence, vers le iiiᵉ siècle avant notre ère. Cependant il y a des rhytons du style le plus élevé et de la plus belle époque de l'art.

Il y a aussi quelques vases à formes singulières de style archaïque.

1384. Rhyton sans couverte. Tête de vache. Hauteur : o m. 20.

1385. Rhyton sans couverte. Tête de chevreau à cornes naissantes. Hauteur : o m. 18.

1386. Rhyton peint en blanc. Tête de chien-loup. Hauteur : o m. 15.

1387. Vase en forme de buste d'*Athéné*, coiffée d'un casque avec une grande aigrette de chaque côté. Vestiges d'une coloration variée (Cyrénaïque). Hauteur : o m. 10.

Collection Raoul-Rochette.

1388. OEnochoé en forme de tête de femme, aux cheveux revêtus d'une couverte noire brillante et ceints d'une couronne de lierre peinte en blanc (Grande-Grèce). Hauteur : o m. 16.

1389. OEnochoé en forme de tête de femme, aux cheveux revêtus d'une couverte noire brillante et ceints d'une couronne d'olivier peinte en blanc (Grande-Grèce). Hauteur : o m. 14.

1390. Vase en forme d'un homme accroupi, de travail très-grossier (Corinthe). Hauteur : o m. 10.

1391. Vase à une anse, en forme d'un esclave éthiopien accroupi et coiffé de la mitra (Grande-Grèce). Hauteur : o m. 10.

Collection Raoul-Rochette.

1392. Vase en forme de *Satyre* chauve, nu, botté, accroupi et buvant à même une outre qu'il tient dans ses bras (Grande-Grèce). Hauteur : o m. 07.

1393. Vase en forme de *Sirène* ou oiseau à tête humaine, coiffé à l'égyptienne, avec un collier. Style archaïque (Mélos). Hauteur : o m. 05.

1394. Vase sans couverte en forme de colombe (Théra).

1395. Petit vase en forme d'amande (Catane). Hauteur : o m. 095.

Un vase exactement semblable a été publié par Raoul-Rochette (*Mémoires sur les antiquités chrétiennes*, pl. VIII, n° 3).

1396. Petit vase à couverte noire en forme de grappe de raisin (Egine). Hauteur : o m. 08.

1396 *bis.* Petit aryballos, orné d'un réseau de traits noirs sur fond gris, avec un point blanc au nœud de chaque maille (Grande-Grèce). Hauteur : o m. 12.

Vases grecs à reliefs.

Ces vases appartiennent à la même époque que ceux de la section pré-cédente.

1397. Guttus à couverte d'un noir brillant. Masque de *Silène* (Grande-Grèce). Hauteur : o m. 11.

1398. Guttus à couverte d'un noir brillant. Masque de *Méduse* (Grande-Grèce). Hauteur : o m. 14.

1399. Guttus à couverte d'un noir brillant. Buste de femme coiffé du modius et muni de deux ailes, sup-porté sur des enroulements végétaux (Grande-Grèce). Hauteur : o m. 08.

1400. Guttus à couverte d'un noir brillant. *Bellérophon*, reconnaissable à sa mitra phrygienne, est monté sur *Pégase* et combat un *Solyme* renversé à terre. Le che-val divin n'a pas d'ailes; une chlamyde recouvre la tunique courte de *Bellérophon*. Le bouclier du *So-lyme* est rond (Grande-Grèce). Hauteur : o m. 75.
Collection Durand, n° 1374.

1401. Gourde plate à pied et à deux anses, avec une couverte noire en grande partie enlevée. *Satyre* jeune, nu, assis sur un mulet, portant le van sur ses épaules et ayant le thyrse derrière lui. Hauteur : o m. 13.

1402. Écuelle de terre grise, non cuite, revêtue d'une couche de plombagine. Tout autour, à l'extérieur, est une danse de *Ménades* (Beyrouth). Hauteur : o m. 07.

1403. Petit aryballos de terre grise, colorée extérieure-ment avec une couche de plombagine. Sur le devant est une grenouille en relief. Hauteur : o m. 07.

Vases italo-grecs de la décadence.

Les vases que nous désignons ont été fabriqués surtout dans l'Apulie et la Basilicate, environ deux siècles ou un siècle et demi avant l'ère chrétienne. L'incorrection du style, la surcharge des ornements, l'emploi considérable de la couleur blanche, sont les caractères principaux des œuvres céramographiques de la décadence. Le plus grand nombre de ces vases montrent des sujets bachiques, mystiques ou funéraires. La fabrication en cessa peu après l'édit du sénat romain contre la célébration des Bacchanales (186 av. J.-C.).

1404. Péliké. Tête de l'*Apollon Hyperboréen*, peinte en blanc et coiffée de la mitra, accompagnée de la partie antérieure d'un griffon.

Revers. Deux éphèbes enveloppés de manteaux en face l'un de l'autre (Cyrénaïque). Hauteur : o m. 16.

1405. Vase à pied de forme sphérique, en deux pièces, avec un gros bouton sur le couvercle.

Partie supérieure. *Dionysus* assis à terre, couronné de feuillages, tenant un miroir et une scaphé remplie de fruits; un flambeau terminé en croix est appuyé contre son genou ; auprès de lui est un cygne. Après est *Libéra*, vêtue d'une tunique talaire, assise, tenant un coffret ouvert et une couronne de feuillages ; auprès d'elle sont à terre un flabellum et une hydrie renversée. Derrière elle vole l'*Éros hermaphrodite*, portant sur sa main droite l'oiseau *iynx*, et tenant de la gauche un coffret carré suspendu à une anse ; auprès de lui sont, dans le champ et à terre, un alabastron, une patère et un lébès.

Partie inférieure. Deux bustes de femmes ailés (Basilicate). Hauteur : o m. 28.

Collection Raoul-Rochette.

1406. Seau auquel était attachée une anse en métal.

L'*Éros hermaphrodite* debout, nu, tenant d'une main la ciste mystique, d'où pend une bandelette, et de l'autre un flambeau renversé à terre.

Revers. *Libéra*, vêtue d'une tunique talaire, assise sur un rocher, tenant d'une main un coffret ouvert et une bandelette, et de l'autre une grappe de raisin (Basilicate). Hauteur : o m. 21.

Collection Raoul-Rochette.

1407. Hydrie. Femme assise, le haut du corps nu, les jambes enveloppées d'une draperie, tenant d'une main une couronne et de l'autre une bandelette (Apulie). Hauteur : o m. 21.

1408. Vase sans anses, de forme allongée. *Satyre* nu,
debout, tenant le tympanum.
Revers. Éphèbe drapé.
Sur le col. Tête de *Satyre* et tête de femme (Apulie).
Hauteur : o m. 29.

1409. Vase de forme allongée, avec une anse en torsade au-dessus de l'embouchure. Femme debout,
vêtue d'une tunique talaire, le pied posé sur une
pierre, portant une scaphé remplie de fruits et une
bandelette.
Revers. Éphèbe drapé.
Sur le col. Tête de femme coiffée de la sphendoné
(Basilicate). Hauteur : o m. 33.

1410. Canthare. *Dionysus* assis, tenant le thyrse et le
canthare, entre une grande bandelette suspendue dans
le champ et un cep de vigne.
Revers. Femme vêtue d'une tunique talaire, debout,
le pied sur un rocher, tenant une couronne et une
longue palme d'où pend une bandelette. Devant elle
est une tige de laurier (Basilicate). Hauteur : o m. 14.

1411. Péliké. Peinture blanche. Autel en forme de chapiteau ionique, supportant une sphæra, sous un édicule à fronton, supporté par deux colones ioniques.
Revers. Peinture rouge avec rehauts de couleur
blanche. Tête de femme, les cheveux enveloppés de
la sphendoné (Basilicate). Hauteur : o m. 12.

1412. Aryballos. Tête de femme, les cheveux enveloppés du cécryphale (Apulie). Hauteur : o m. 17.

Vases de la fabrique de Gnatia.

Parmi les derniers vases fabriqués dans l'Italie méridionale, on doit
ranger les vases noirs à ornements blancs et rouge violacé, montrant
des têtes, des masques scéniques, et, la plupart du temps, de simples
guirlandes de pampres ou de lierre ; rarement on y voit des figures en
pied. On sait aujourd'hui, à n'en pas douter, qu'ils se faisaient à Gnatia,
ville maritime de la Calabre, entre Barium et Brindes. (Voy. *Bulletino
archeologico napoletano*, t. IV, p. 101.)

1413. Aryballos. Tête d'*Aphrodite* voilée, portée sur
sur la fleur de la *Vallisneria* et entourée des enroulements de cette plante. Hauteur : o m. 16.

1414. Péliké. *Éros hermaphrodite* assis sur un rocher, tenant d'une main le tympanum, et de l'autre un objet analogue au jouet que l'on appelle *émigrant*. Hauteur : o m. 24.

1415. *Éros hermaphrodite* volant; il tient d'une main un miroir et de l'autre un scaphé. Devant lui est une branche de laurier; derrière, un alabastron. Hauteur : o m. 28.

1416. Aryballos. *Éros hermaphrodite* debout, tenant d'une main l'échelle ou métier à tisser, de l'autre une sorte de vase rond attaché à une courroie. Hauteur : o m. 20.

1417. Vase d'une forme analogue à l'aryballos, mais sans anse. *Éros* sous les traits d'un enfant, jouant d'une flûte droite et tenant un flambleau renversé à terre. Hauteur : o m. 18.

1418. Alabastron. Femme debout, le haut du corps nu, tenant à la main un alabastron. Hauteur : o m. 15.

1419. Aryballos. Buste de femme, les cheveux enveloppés de la sphendoné. Devant, un miroir; derrière, un alabastron. Hauteur : o m. 115.

1420. OEnochoé, à anse décorée d'un masque de lion. Guirlande de lierre, à laquelle sont attachées deux bandelettes de pourpre et un masque tragique de femme. Hauteur · o m. 21.

1421. Sorte d'aryballos, à embouchure très-évasée. Guirlande de lierre, à laquelle est suspendu un masque de satyre. Hauteur : o m. 125.

1422. Scyphus, orné au bord d'une guirlande de pampres. Hauteur : o m. 13.

1423. Scyphus, orné au bord d'une guirlande de pampres. Hauteur : o m. 11.

Vases étrusques de la décadence.

Ces vases sont contemporains des vases italo-grecs de la décadence. Ils présentent exactement les mêmes caractères, avec l'empreinte du style et du faire étrusques.

1424. Stamnus. *Satyre* ithyphallique, nu, tenant le thyrse et embrassant une *Ménade* nue, aux chairs peintes en blanc, derrière laquelle est une grande amphore posée à terre. Derrière le satyre est le tympanum.

Revers. *Ménade* vêtue d'une tunique talaire, tenant deux couronnes. Hauteur : o m. 37.

1425. Stamnus. Femme aux chairs peintes en blanc, le haut du corps nu, les jambes enveloppées d'une draperie, assise sur un rocher, dans une attitude de surprise. Debout devant elle est une autre femme, aux chairs peintes en blanc, vêtue d'une tunique talaire, qui semble lui parler. Entre deux est suspendue une grande bandelette blanche.

Revers. *Nicé* ailée, debout, vêtue d'une tunique talaire, les chairs peintes en blanc, tenant un rouleau de papyrus déployé. Hauteur : o m. 3o.

1426. OEnochoé. Deux têtes de femmes affrontées, les cheveux enveloppés du cécryphale. Sur le col, une autre tête de femme coiffée du cécryphale. Hauteur : o m. 38.

1427. OEnochoé. Éphèbe enveloppé d'un manteau. Travail des plus grossiers. Hautenr : o. m. 16.

1428. Écuelle, dans l'intérieur de laquelle est peinte une tête à cheveux courts d'un style grossier. Diamètre : o m. o9.

Poterie rouge gallo-romaine à glaçure silico-alcaline.

1429. Fragments d'une grande écuelle, décorée d'ornements très-compliqués et de figures d'animaux, avec des médaillons de distance en distance. Dans l'un est une sorte de chien ; dans le second on voit *Léda* avec le cygne ; dans le troisième enfin, un cheval abattu, sur les reins duquel est accroupie une femme nue, tandis que l'*Amour* semble au moment de l'enfourcher.

1430. Fragment d'un vase à compartiments. Dans l'un on voit *Hercule,* vêtu de la chlamyde, avec *Omphale,* entièrement drapée. Dans un autre, une femme nue, se lavant auprès d'une grande vasque.

1431. Assiette intacte. Dans le fond, au centre, l'estampille : AMANDI MA *nu* (Nîmes).

1432. Fond de vase, avec l'estampille : OFIC. BILICATI (Paris, fouilles de Sainte-Geneviève).

1433. Fond de vase, avec l'estampille : CATVS F, rétrograde (Paris, fouilles de Sainte-Geneviève).

1434. Fond de vase, avec l'estampille : CINTVS MIM. (Paris, fouilles de Sainte-Geneviève).

1435. Écuelle fragmentée, avec l'estampille : DONATI.M. (Paris, fouilles de Sainte-Geneviève).

1436. Fond de vase, avec l'estampille : MERCOFC, rétrograde (Paris, fouilles de Sainte-Geneviève).

1437. Fragment d'écuelle, avec l'estampille : PATERCII MA. (Paris, fouilles de Sainte-Geneviève).

1438. Fragment d'assiette, avec un commencement d'estampille : PH.... (Paris, fouilles de Sainte-Geneviève).

1439. Fragment d'écuelle, avec l'estampille : OF. PRIMI. (Paris, fouilles de Sainte-Geneviève).

1440. Fragment d'assiette, avec l'estampille : OF.PRIMI. (Paris, fouilles de Sainte-Geneviève).

1441. Fond de vase, avec l'estampille : PRIMI. MA. (Paris, fouilles de Sainte-Geneviève).

1442. Fragment d'assiette, avec un reste d'estampille : ...RM.SCO. (Paris, fouilles de Sainte-Geneviève).

1443. Fragment d'écuelle, avec un commencement d'estampille : MOP... (Paris, fouilles de Sainte-Geneviève).

1444. Fragment d'écuelle, avec un reste d'estampille : ....VS.FE. (Paris, fouilles de Sainte-Geneviève).

1445. Fragment d'écuelle, avec un reste d'estampille : ...CELLI (Paris, fouilles de Sainte-Geneviève).

1446. Petite écuelle intacte, avec au fond l'estampille RATI, rétrograde.

1447. Lot de fragments divers, provenant des fouilles de Sainte-Geneviève, à Paris.

Poteries romaines vulgaires.

1448. Amphore de forme allongée et à très-petites anses. Hauteur : o m. 8o.

1449. Deux grandes amphores, de la forme la plus ordinaire.

———————

VERRES.

1450. Urne cinéraire en verre blanc verdâtre, sans anses, remarquable par ses dimensions inusitées. Provenant de Vaison. Hauteur : o m. 32.

1451. Urne cinéraire à deux anses en verre blanc verdâtre. Hauteur : o m. 27.

1452. Fiole allongée en verre blanc verdâtre, légèrement irisé, de la forme dite improprement *lacrymatoire*. Hauteur : o m. 10.

1453. Grosse fiole à parfums en verre vert, dite improprement *lacrymatoire*, de forme assez trapue. Trouvée dans un tombeau d'Alexandrie. Hauteur : o m. 14.

1454. Fiole allongée en verre blanc irisé, de la forme dite vulgairement *lacrymatoire*. Hauteur : o m. 165.

1455. Trois fioles à parfums très-minces et très-allongées en verre blanc verdâtre, du type dit lacrymatoire.

1456. Fiole allongée, mince et tubulaire, en verre blanc. Trouvée dans un tombeau de Cumes. Hauteur : o m. 10.

1457. Fiole dite lacrymatoire, fragmentée, en verre vert irisé. Hauteur : o m. 11.

1458. Fiole tubulaire double en verre blanc. Hauteur : o m. 08.

1459. Gobelet rond en verre verdâtre. Hauteur : o m. 07.

1460. Gobelet à fond plat en verre blanc irisé. Hauteur : o m. 08.

1461. Pyxis ronde à couvercle, en cristal taillé au tour de lapidaire. Trouvée dans un tombeau de Cumes. Hauteur : o m. 07.

Les Vénitiens se targuent d'avoir inventé le cristal artificiel au xiv⁰ siècle ; mais ce ne fut qu'une réinvention. Déjà l'année dernière, à l'exposition rétrospective des Champs-Élysées, on voyait parmi les objets appartenant à M. Charvet deux coupes en cristal blanc taillé, trouvées à Cumes. La pyxis de la collection Raifé est le second exemple d'objets de ce genre parvenus à notre connaissance. Son origine est évidemment grecque, comme celle des coupes de M. Charvet.

1462. Petite assiette ronde en verre blanc irisé. Diamètre : o m. o8.

1463. Alabastron en verre opaque rubané, à zigzags blancs et jaunes sur fond bleu. Hauteur : o m. 14.

1464. Alabastron à deux petites anses en verre opaque rubané, à zigzags jaunes et verts sur fond bleu. Hauteur : o m. 10.

Collection Raoul-Rochette.

1465. Petite amphore en verre opaque rubané, à zigzags jaunes et bleus sur fond noir ; les anses et l'embouchure jaunes. Hauteur : o m. o75.

1466. Petite amphore en verre opaque rubané ; palmettes jaunes et vertes sur fond bleu. Hauteur : o m. o54.

1467. Petite amphore en verre violet translucide, d'une extrême ténuité. Hauteur : o m. o4.

1468. Masque de Méduse en verre brun coulé, ayant formé le côté d'un vase en forme de gourde comme les eulogies chrétiennes. Trouvé dans un tombeau de l'île de Théra. Hauteur : o m. o6.

1469. Rosace en verre opaque *a mille fiori*, à fond bleu foncé.

1470. Fragment d'un fond de vase en verre opaque *a mille fiori*.

1471. OEnochoé microscopique en verre opaque noir, avec un feston de verre blanc appliqué sur la panse. Hauteur : o m. o25.

1472. Baguette de verre bleu tordue.

1473. Quatre fragments de vases en verre rubané de diverses couleurs, intéressants comme échantillons des procédés de la fabrication antique.

1474. Tête de jeune homme à double face, en verre noir, qui formait pendant ou amulette. Hauteur : o m. o13.

1475. *Cybèle* tenant le tympanum, assise entre deux lions. La tête manque. Figurine en verre bleu destinée à être portée en amulette. Hauteur : o m. o15.

1476. Mufle de lion en verre blanc. Provenant d'Égypte. Diamètre : o m. o27.

1477. Dé à jouer en verre jaune translucide.

1478. Quatre pions du jeu des *latrunculi* en verre opaque de diverses couleurs.

1479. Perle ronde de collier en verre blanc transparent.

1480. Grains de verre et fragments de diverses couleurs.

VIII

MONUMENTS

DES SECTES SECRÈTES.

—

Les monuments que nous réunissons dans cette section se rapportent à ces sectes mystérieuses et secrètes qui pullulèrent depuis le ve ou vi^e siècle jusqu'au supplice des Templiers au xiiie siècle, sectes qui continuaient la tradition des Gnostiques et prirent un développement tout nouveau vers l'époque des Croisades, par suite du contact avec les populations à demi païennes de la Syrie, Druses, Nossaïriens, Ismaéliens, etc. On trouve de ces monuments dans toutes les grandes collections, mais on ne les a pas encore réunis dans une étude complète, et l'explication définitive en reste à donner. Les images semblables à nos n°s 1481 et 1482 étaient désignées au xiie et au xiiie siècle sous le nom d'*Idoles de Bafomet.*

1481. Bronze. Statuette d'un personnage viril, nu, debout, la tête armée de deux grandes cornes tombantes. Hauteur : o m. 18.

1482. Bronze. Statuette de femme presque nue, avec une simple draperie passant sur ses parties sexuelles. Sa main gauche tombe et est enveloppée par l'extrémité de cette draperie ; la droite est ramenée sur sa poitrine. Les cheveux sont rangés en haute couronne au-dessus de la tête, et le disque lunaire est placé au-dessus du front. Hauteur : o m. 17.

Ces deux figures sont de date assez ancienne.

1483. Galet roulé de stéatite, portant un buste à triple face sculpté en relief.

IX

MONUMENTS MEXICAINS.

—

ÉPOQUE AZTÈQUE.

La collection Raifé ne renferme pas de monuments que l'on puisse rapporter avec certitude au temps de l'empire des Toltèques, qui précédèrent les Aztèques dans l'Anahuac, et y dominèrent du vɪᵉ au xɪɪᵉ siècle de notre ère.

Sculptures en pierre.

1484. Lave grise poreuse. Tête virile, nue, avec de gros pendants de forme ronde aux oreilles. Traces de peinture. Hauteur : o m. 13.

1485. Basalte noir. Tête royale, d'une sculpture assez grossière, avec une haute coiffure tombant des deux côtés du visage et ceinte d'un bandeau chargé d'ornements hiéroglyphiques. Sur les joues sont des tatouages symboliques. Hauteur : o m. 12.

1486. Lave grise poreuse. *Huitzilopotchli*, dieu de la guerre, représenté sous les traits d'un homme debout, avec une tête de jaguar rugissant, tenant d'une main la hache de pierre (*tecpatl*), et de l'autre une tête coupée. Une ceinture richement ornée serre sa taille. Hauteur : o m. 45.

Le culte de ce dieu de la guerre était le principal de la ville de

Mexico. Les Aztèques célébraient sa fête par d'horribles sacrifices, et son nom, que les Espagnols écrivaient le plus souvent *Vizlipuzli,* est devenu célèbre en Europe.

1487. Lave grise poreuse. Petit bassin de forme carrée. Sur le côté est sculptée une figure de singe. Hauteur : o m. 24. Largeur : o m. 22.

Figurines en matières dures.

1488. Feldspath blanc veiné de vert. Personnage assis sur ses talons, les bras croisés sur sa poitrine, probablement un *cacique.* Son front est ceint d'un bandeau et sa coiffure tombe des deux côtés du visage, en formant comme deux gros glands. Des anneaux ornent ses oreilles. Hauteur : o m. o8.

1489. Jade. *Xolotl* à tête d'ours, accroupi sur ses talons. Hauteur : o m. o65.

Xolotl est le dieu des monstres et des combats; les manuscrits aztèques lui donnent une tête de bête féroce (Ms. Le Tellier, **p. 24; ms. n° 3738 du Vatican, p. 47**).

Bois.

1490. Morceau portant des ornements d'un dessin compliqué, sculptés en relief.

Bronzes.

1491. *Tetéoïnan,* la mère des dieux, assise sur un trône au sommet d'un *téocalli.* Elle est coiffée d'une sorte de bonnet ceint d'une torsade et surmonté d'une triple aigrette. Son buste est entièrement nu, et des anneaux ornent le haut de ses bras. Sur ses genoux sont deux oiseaux, dont l'un mange des grains de maïs dans une sorte de coupe qu'elle tient à la main, et dont l'autre semble vouloir aller chercher la nourriture à son sein. Hauteur : o m. o85.

Tétéoïnan, la mère des dieux, paraît être une forme de Tonacacihua, la reine du ciel, épouse de Tonacatéuctli, le dieu suprême des Aztèques. Elle se confond avec la femme au serpent, Cihuacohuatl, qui met au monde deux jumeaux à la fois. La mythologie mexicaine, comme celle de la Grèce, se compose de personnages complexes qui résument à peu près tous les rôles, suivant les villes où ils ont été adoptés plus spécialement. Dans tous les cas, Tétéoïnan est une vierge mère.

Un certain nombre de terres cuites aztèques représentent cette déesse portant dans ses bras deux enfants jumeaux, comme la Latone grecque (De Longpérier, *Catalogue des antiquités américaines du Louvre*, n° 153). Les deux oiseaux remplacent ici ces deux enfants.

1492. Sommet de sceptre, surmonté de la figure d'un serpent replié sur lui-même en spirale. Hauteur : o m. o6.

Le serpent est le signe hiéroglyphique des tribus Ctzicoac, Coatitlan et Coatlayauhcan. C'est aussi le symbole du dieu de l'air, Quetzalcohuatl, dont le nom signifie littéralement : « serpent revêtu de plumes. » Mais, dans ce cas, il est presque toujours couvert de plumes au lieu d'écailles.

Terres cuites.

Les Mexicains nommaient leurs pénates *Tépitoton*. Les caciques et les grands de l'empire conservaient toujours six de ces figurines dans leurs demeures ; les nobles en avaient quatre, et les gens du peuple deux seulement. Cet usage explique l'existence d'un nombre très-considérable de figurines de divinités en terre cuite dans les ruines des anciens édifices de toutes les villes de l'Anahuac.

1493. Terre noire, mélangée d'argile et de bitume comme la terre noire étrusque. *Quetzalcohuatl* accroupi sur ses talons et embrassant ses genoux de ses mains. Il est coiffé d'un énorme bonnet pointu, recourbé en avant et muni d'une mentonnière. De gros pendants ornent ses oreilles. Hauteur : o m. o55.

Le mythe de Quetzalcohuatl est un des plus anciens de la religion mexicaine ; c'est aussi celui qui s'est conservé le plus longtemps après la conquête espagnole. Ce personnage était, suivant la tradition, blanc et barbu ; il vint accompagné d'étrangers qui portaient des vêtements noirs. Les particularités que l'on rapporte à ce sujet peuvent faire chercher en lui un missionnaire bouddhiste. Il devint immortel et fut adoré comme dieu de l'air. Le manuscrit n° 3738 du Vatican (p. 11, n° 1, et p. 14, n° 1), ainsi qu'un certain nombre de figurines de terre cuite (Longpérier, *Antiquités américaines du Louvre*, n°ˢ 111-115), le représentent coiffé d'un bonnet conique qui n'est pas sans analogie avec celui de notre statuette.

1494. Terre noire. *Totec* debout, avec une cuirasse et une ceinture, coiffé d'un bonnet conique entouré d'un bandeau avec au centre un disque. Il tient de la main droite la hache de pierre (*tecpatl*) ; de la gauche, un petit bouclier rond et une sorte de petit étendard. Hauteur : o m. o48.

Les traditions donnent à Quetzalcohuatl un disciple militaire nommé

13

Totec. Le manuscrit n° 3738 du Vatican et plusieurs figurines du Louvre (Longpérier, n°° 121-127) lui donnent le casque conique et la hache ou la lance à hampe ornée de couronnes (*machicaztli*).

1495. Terre noire. Figurine semblable à la précédente. Hauteur : o m. o47.

1496. Terre rouge. *Ysnextli*, agenouillée dans une attitude de tristesse, coiffée d'un bonnet à torsade. Hauteur : o m. o45.

C'est l'Ève mexicaine ; elle est toujours dans l'affliction depuis le jour de sa désobéissance ; elle se couvre de cendres (*nextli*). Son image est peinte dans le manuscrit Le Tellier (p. 7) et dans le n° 3738 du Vatican p. 20).

1497. Terre noire, *Sutchiquécal* debout, de gros pendants aux oreilles, le col orné d'un grand collier à pendants. Au milieu de son estomac s'élève une forte protubérance. Hauteur : o m. o3.

Femme de Tzintéotl, Sutchiquécal est la Lucine de l'Anahuac. L'artiste mexicain, en lui gonflant la poitrine, a voulu exprimer l'état de grossesse, que cette déesse était appelée à protéger.

1498. Terre rouge. Tête de *Tonatiuh*, ceinte d'un nimbe chargé de disques. Hauteur : o m. o6.

Tonatiuh est le nom du soleil. C'est à lui qu'était dédié l'un des téocallis de Téotihuacan, et son culte remonte à la plus haute antiquité. On le représentait avec un nimbe décoré tantôt d'une grande étoile composée de chevrons réunis par la base, tantôt de petits disques.

1499. Terre rouge. Tête de *Tonacatéuctli* couverte d'une coiffure à oreillères ceinte de bandelettes ; des anneaux aux oreilles ; triple collier au cou. Hauteur : o m. o55.

Tonacatéuctli est le Grand Esprit, le Jupiter de l'Anahuac. Celles de ses images qui sont accroupies offrent une certaine analogie avec les figures de Bouddha. Les principaux détails qui se remarquent dans les statuettes attribuées à ce dieu, tels que la coiffure à fanons entourée de rayons et l'aigrette, se retrouvent dans le manuscrit n° 3738 du Vatican (p. 17, n° 12).

1500. Terre rouge. Tête analogue, mutilée. Hauteur : o m. o5.

1501. Terre rouge. Partie supérieure d'une figurine de *Huitzilopotchli*, dieu de la guerre, coiffé d'une tiare évasée qu'orne sur le devant une tête d'oiseau ou de serpent ; de gros pendants aux oreilles. Hauteur : o m. o6.

1502. Terre rouge. Buste de la vierge mère *Tchalichi-huitzli* (la pierre précieuse du ciel), coiffée d'une sorte de couronne de plumes, avec un collier et des pendants d'oreilles, tenant dans ses bras et allaitant le jeune *Topiltzin-Quécalcoatl*.

1503. Terre rouge. Tête de *Tchantico*, monstrueusement déprimée sur les côtés, la bouche armée de crocs et avançant comme celle d'un animal. Hauteur : o m. o3.

Il accomplit les rites du sacrifice après avoir mangé du poisson rôti. Tonacatéuctli, indigné de cet oubli du jeûne, le changea en chien.

1504. Terre rouge. Tête divine dont la coiffure est trop mutilée pour qu'on la reconnaisse. Hauteur : o m. o6.

1505. Terre rouge. Tête de mort. Hauteur : o m. o35.

1506. Terre rouge. Deux têtes viriles, au visage aplati et au front déprimé. Hauteur : o m. o5.

1507. Terre rouge. Tête virile, au visage aplati et au front déprimé en forme de cœur. Hauteur : o m. o4.

Les têtes du type de nos nᵒˢ 506 et 507 se trouvent toujours dans les environs de la pyramide de Cholula.

Sceaux.

Les Mexicains, comme les Romains, ont fait usage de sceaux gravés en relief ; eux aussi ont touché de bien près à l'art de l'imprimerie, qu'ils n'ont cependant pas connu.

1508. Terre cuite. Sous le plat, singe (*ocumatli*) debout, marchant à gauche avec les bras levés. Signe hiéroglyphique.

1509. Terre cuite. Sous le plat, un lézard (*quetzpallin*).

1510. Terre cuite. Sceau quadrilatère, portant divers signes hiéroglyphiques.

1511. Terre cuite. Sceau quadrilatère, portant trois signes hiéroglyphiques.

1512. Terre cuite. Sceau rond, portant une sorte de rosace.

1513. Terre cuite. Sceau portant sous le plat une sorte de nœud hiéroglyphique.

1514. Terre cuite. Sceau portant sous le plat une sorte de nœud hiéroglyphique.

Objets divers.

1515. Diorite. Hache (*tecpatl*), pointue par une extrémité, présentant de l'autre côté un tranchant arrondi. Longueur : o m. 18.

1516. Lave. Molette à broyer. Longueur : o m. 18.

1517. Porphyre. Petite molette cylindrique à broyer. Longueur : o m. 09.

1518. Basalte. Sorte de godet hémisphérique, percé d'un trou au fond. Diamètre : o m. 05.

1519. Fer sulfuré naturel. Miroir hémisphérique (*tezcatl*). La face plane a reçu un très-beau poli; il est foré verticalement d'un trou cylindrique qui servait à fixer un manche. Diamètre : o m. 06.

1519 *bis.* Fer sulfuré naturel. Miroir ovale, en pyramide sur un de ses côtés. La face plane a reçu un très-beau poli.

X

MONUMENTS DE LA SONORA.

—

Bien que la Sonora fasse partie du territoire mexicain, ses antiquités ne sauraient être placées dans la même section que celles de l'Anahuac. Elles n'appartiennent ni au même peuple ni à la même civilisation. Les objets anciens que l'on trouve dans la Sonora consistent exclusivement en poteries grossières et en haches de pierre d'un type particulier. Ce sont les œuvres d'une population encore très-barbare. On n'y rencontre ni sculptures, ni objets de métal.

1520. **Basalte noir.** Hache courbe, avec d'un côté un talon carré, et de l'autre le tranchant. Près du talon sont deux encoches pour l'emmanchement. Longueur : o m. o8.

1521. **Diorite.** Hache du même type, mais un peu plus allongée et avec le talon plus étroit que le tranchant. Longueur : o m. 11.

XI

MONUMENTS CARAÏBES.

—

1522. Grès compacte. Arme en forme de hache arrondie par une extrémité et carrée par l'autre. Sur l'une des faces planes est sculptée rudement la figure d'un homme accroupi, tenant ses genoux dans ses mains. Longueur : o m. 13.

On lit au revers, tracée à l'encre, l'indication de provenance suivante, d'une écriture du siècle dernier : *Caraïbe. — Montagne Noire. De l'habitation du Président Bongars, Intendance de Saint-Domingue. Trouvée à 15 pieds en terre, le 11 décembre 1782.*

1523. Basalte. Sorte de marteau rond ou de molette à broyer. Portant vers le sommet une figure humaine rudement ébauchée. Longueur : o m. 18.

Provenant de l'île de Marie-Galante.

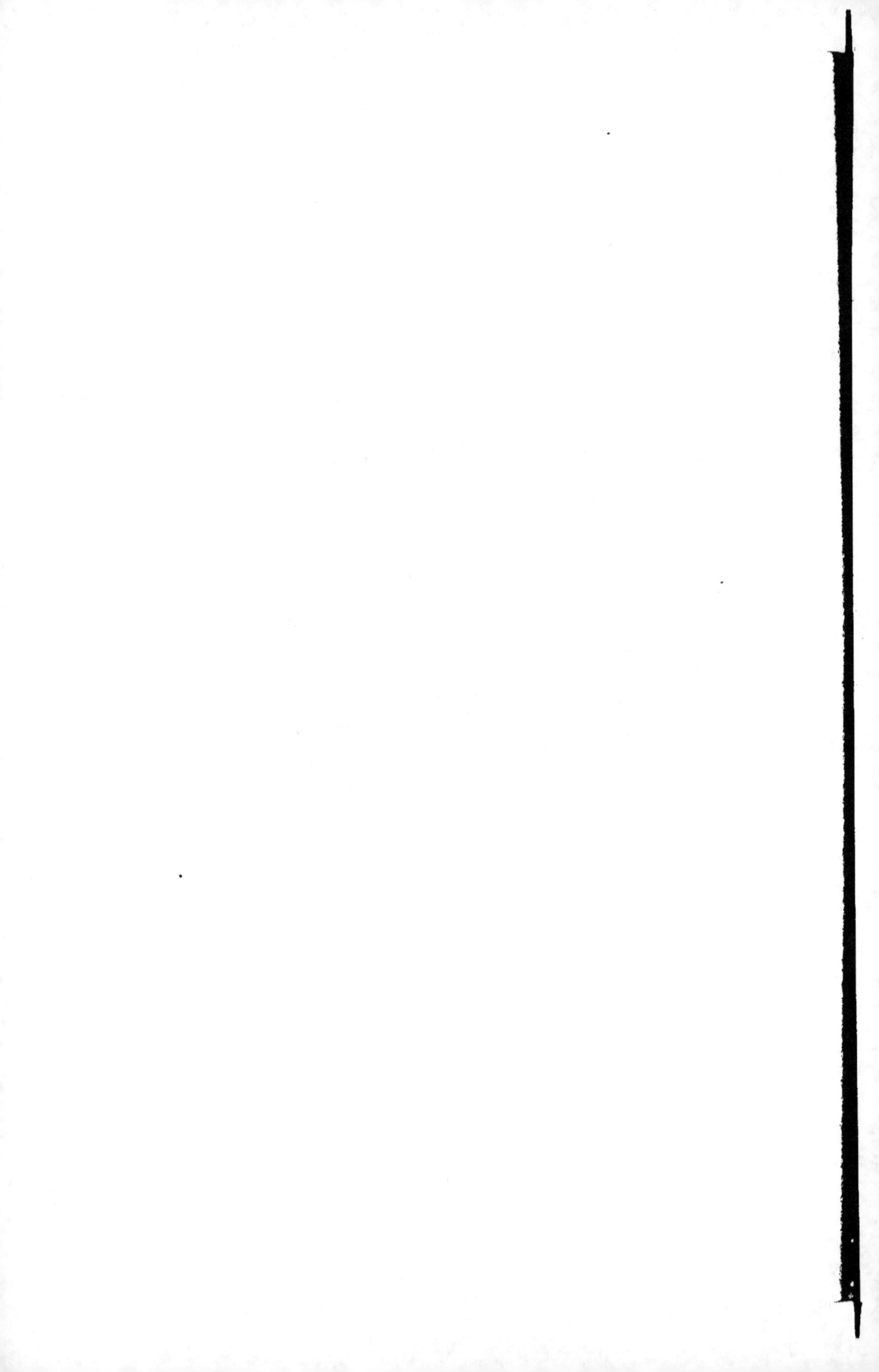

XII

MONUMENTS

DE LA NOUVELLE-GRENADE.

—

La région appelée Condinamarca, c'est-à-dire le plateau de Santa-Fé de Bogota, fut un des plus importants centres de civilisation indigène de l'Amérique du Sud. Les antiquités en sont fort rares dans les collections d'Europe.

1524. Or. Bague massive portant en chaton le masque du Soleil entouré de rayons, placé entre deux masques humains.

Le Soleil était le dieu principal de la religion enseignée par Bochica aux Muyscas ou habitants primitifs de la Nouvelle-Grenade.

1525. Alliage d'or, d'argent et de cuivre. Grelot surmonté d'un buste humain, avec la face et les bras. Des deux côtés de la tête sont des enroulements en spirale avec un bouton saillant au centre, nature d'ornements qui est caractéristique de l'art muysca. Hauteur : o m. 35.

1526. Or. Bague massive portant en chaton un buste d'ange ailé.

Cet objet est postérieur à la conquête et fait sous l'empire des idées chrétiennes au XVIᵉ siècle, mais exécuté par un artiste indigène avec les procédés et dans les traditions de l'antiquité muysca.

XIII

MONUMENTS PÉRUVIENS.

—

ÉPOQUE AYMARA.

Les traditions recueillies de bonne heure par les Espagnols, après la conquête du Mexique et du Pérou, ont conservé la mention d'un certain nombre de faits historiques qui semblent irrécusables, relativement aux siècles qui précédèrent immédiatement la venue des Européens. Malheureusement, les Aztèques et les Quichuas, ces tribus puissantes qui occupaient au XVIᵉ siècle les trônes de Mexico et de Cuzco, ne nous ont laissé que des notions bien imparfaites sur l'histoire américaine antérieurement au XIIᵉ siècle, époque de leur établissement dans ces régions.

Les Aztèques, il est vrai, reconnaissaient qu'ils avaient dépossédé les Toltèques, peuple déjà très-civilisé, dont l'histoire commence au VIᵉ siècle. Mais les Peruviens prétendent que, lorsque leur législateur Manco-Capac, auteur de la race des Incas, leur apprit les secrets et les arts de la civilisation, la population était plongée dans l'état de barbarie sauvage le plus complet.

Ceci paraît être vrai en ce qui se rapporte au Bas Pérou, à la région qu'habitait proprement la race des Quichuas, devenue dominante sous la monarchie des Incas ; mais les faits le démentent complétement pour le nord du Haut Pérou, pour les alentours du lac Titicaca ou Chuquito, habités par la race Aymara. Là sont les ruines gigantesques du temple de Tiahuanaco, que l'Inca Garci Lasso de la Vega lui-même, rapporteur fidèle des traditions de sa race, attribue à un peuple barbu antérieur à Manco-Capac. Là sont les vestiges d'un art plus avancé encore que celui des Quichuas, d'une antique civilisation qui dut être le type et la source de celle des Incas. C'est en effet du lac Titicaca que les traditions font partir Manco-Capac pour aller civiliser le reste du Pérou ; et historiquement il est difficile de le considérer autrement que comme un disciple des Aymaras, législateur des Quichuas, qui soumirent leurs maîtres quand ils furent eux-mêmes civilisés.

Les vestiges de l'antiquité Aymara ne se trouvent pas seulement autour du lac Titicaca, mais dans tout le nord du Pérou, à Truxillo, à Lambayequé, et même à Cuzco, qui fut plus tard la capitale des Incas.

1527. Terre noire mélangée d'argile et de bitume. Vase en forme de calice à coupe hémisphérique. Le pied, très-large, est décoré de deux zones horizontales d'ornements assez compliqués. Hauteur : o m. 19.

1528. Terre rouge avec couverte blanche sur diverses parties. Vase à goulot droit en forme de tête virile. Trouvé sur les bords du lac Titicaca. Hauteur : o m. 24.

Ce vase peut être considéré comme la perle des antiquités américaines jusqu'à présent connues. Aucun monument, ni dans les collections de l'Europe, ni même dans celles du Pérou, ne l'égale sous le rapport de l'art. Comme rendu de la vie, vérité du type ethnographique et puissance réelle du modelé, il égale les plus belles œuvres égyptiennes des anciennes dynasties, avec le style desquelles il offre de grandes analogies.

1529. Terre rouge à décors blancs et bruns. Vase de forme conique décoré de zones horizontales et d'enroulements. De chaque côté du sommet de ce cône sont deux coquilles du genre *conus*, d'où part un double goulot formant anse et se réunissant au sommet en un goulot simple et droit. Hauteur : o m. 20.

1530. Terre rouge. Vase d'une forme analogue à l'aryballos grec, avec deux petites anses à la partie inférieure de la panse. Décors bruns et blancs formant des chevrons, des bandes verticales et des lignes décussées. Au bas du col, sur la face antérieure, est un petit masque en relief. Hauteur : o m. 21.

ÉPOQUE QUICHUA.

Statuettes de métal.

1531. Argent doré. *Manco-Capac*, l'Adam des Quichuas, nu, debout, les mains sur la poitrine. Il a une coiffure à oreillères pendantes. Son sexe est fortement exprimé. Hauteur : o m. o55.

1532. Argent. *Mana-Oéllo*, l'Ève péruvienne, épouse de Manco-Capac, nue, debout, les mains sur la poitrine. Ses cheveux tombent en deux longues masses sur ses épaules. Le sexe est très-nettement indiqué. Hauteur : o m. o6.

1533. Bronze fondu en plein. Quadrupède qui paraît être le *couïa* (*myopotamus* des naturalistes). Un double trou percé dans le dos indique que cette figure était suspendue. Hauteur : o m. o5. Longeur : o m. 12.

Vases.

1534. Terre noire. Coupe à une anse en forme de tête humaine portée sur un pied rond. Les yeux sont formés de deux morceaux de verre blanc incrustés. Hauteur : o m. 14.

1535. Terre noire. Vase à panse ronde surmontée d'un goulot à deux branches formant anse. En avant sortent la tête et les deux pattes de devant d'un jaguar; l'arrière-train de l'animal est indiqué de l'autre côté de la panse. Hauteur : o m. 24.

1536. Terre noire. Vase à une anse, à panse ronde et à goulot étroit. A la partie supérieure de la panse, zone

de figures de guerriers en bas-relief. Ils tiennent la
lance et le bouclier carré, et leurs têtes sont surmontées de hautes coiffures d'un développement
fantastique. Hauteur : o m. 18.

1537. Terre noire. Écuelle profonde, en forme de tête
aux traits hideux. Hauteur : o m. 10.

Armes.

1538. Serpentine. Hache courte et carrée, à talon large
et saillant en haut et en bas. Longueur : o m. o6.

1539. Bronze. Tête de masse d'armes en forme d'étoile
à six pointes arrondies, percée au centre d'un trou
cylindrique dans lequel entrait un manche. Diamètre : o m. o95.

1540. Bronze. Tête de masse d'armes de la même forme.
Diamètre : o m. 11.

1541. Bronze. Hache à tranchant en demi-lune. Longueur : o m. o95.

1542. Bronze. Hache à tranchant arrondi, avec un trou
cylindrique dans le talon. Longueur : o m. 14.

Ustensiles divers.

1543. Bronze. Grand et large crochet, terminé en bas
par une douille creuse qui marque qu'il était placé au
bout d'un long manche. Hauteur : o m. 24.

1544. Argent. Miroir rond en métal battu et très-
mince. Diamètre : o m. o8.

1545. Bronze. Ciseau à froid. Longueur : o m. o8.

1546. Bronze. Longue épingle à grosse tête à jour. Longueur : o m. 18.

Cette épingle, nommée *topo*, servait à attacher le *pullucata* ou manteau national des Péruviens.

1547. Bronze. Épingle dont la tête est ornée de trois
spirales. Longueur : o m. o85.

1548. Bronze. Épingle à tête évasée. Longueur : o m. 14.

1549. Bronze. Épingle plate, surmontée d'une figure d'oiseau et d'un fleuron. Longueur : o m. 12.

1550. Bronze. Épingle plate, décorée au sommet, sur le côté, de diverses figures très-grossières, parmi lesquelles paraissent être un homme et un oiseau. Longueur : o m. 11.

1551. Bronze. Sorte de tranchet très-évasé. o m. o85.

1552. Bronze. Deux espèces de lames destinées à être suspendues en ornements; décorées à leur partie supérieure de figures humaines grossières.

1553. Bronze. Trois extrémités de sceptres ou de bâtons.

1554. Alliage blanc. Boule massive environnée d'une bande où se remarque un double trou d'attache.

Cet objet semble au premier aspect avoir été une *bola* de lasso ; mais l'attache en aurait été bien mince.

1555. Bronze. Anneau cannelé.

1556. Bronze. Anneau rond.

1557. Bronze. Anneau rond.

1558. Bronze. Paire de boucles d'oreilles en forme d'anneau filiforme.

XIV

PANTHÉON INDIEN.

—

En rangeant cette classe de monuments à la suite des antiquités, bien que la plupart des spécimens qui la composent soient de date tout à fait moderne, nous croyons nous être conformé à la pensée qui avait fait recueillir avec le plus grand soin, par M. Raifé, les images des divinités de l'Inde. Cette pensée est la même qui a fait donner par Creuzer au brahmanisme et au sivaïsme une place importante dans son beau livre de la *Symbolique,* qui a fait placer par M. Guigniaut des représentations religieuses modernes de l'Inde à côté des images antiques de l'Egypte, de la Perse et de la Grèce dans l'atlas des *Religions de l'antiquité :* l'utilité de ne pas séparer le système religieux de l'Inde et ses monuments des autres systèmes religieux de l'antiquité qui ont péri tandis qu'il restait debout, mais dont l'origine remonte aux mêmes âges et qui offrent souvent avec lui de si étroites analogies.

1559. Stéatite noire. L'*Yoni-Lingam,* symbole de la génération universelle , capital dans la religion des Sivaïtes, surmonté par les quatre têtes de *Brahma* et reposant sur sa base terrestre, adoré par la vache de *Bhavani,* symbole du monde passif et du principe femelle de la nature. Hauteur : o m. o5. Longueur : o m. 1o.

1560. Bronze. L'*Yoni-Lingam,* autour duquel est enroulé le serpent *Naga,* symbole de vie et d'éternité, qui dresse ses trois têtes emblématiques de la *Trimourti* ou Trinité indienne. C'est cette image qui sert aux dévots du sivaïsme dans la cérémonie appelée *Nagapoudja* (adoration du serpent), variante du *Lingapoudja* (adoration du Lingam). Hauteur : o m. o6.

14

1561. Bronze. *Lingam* dressé au-dessus d'un *Yoni* triangulaire, sous une espèce d'arceau. Hauteur : o m. o45.

1562. Bronze. *Vichnou*, le conservateur, deuxième personne de la Trimourti, debout, coiffé d'une haute tiare pointue et richement ornée; des ailes aux épaules, les mains jointes. Hauteur : o m. 70.

1563. Bronze. *Lakchmi*, déesse de l'abondance, de la prospérité et de la beauté, épouse de Vichnou, debout, coiffée d'une haute tiare richement ornée. Hauteur : o m. 70.

1564. Bronze. *Lakchmi*, coiffée de la même tiare, tenant une fleur à la main. Hauteur : o m. 19.

1555. Bronze. *Lakchmi* debout, une main élevée et l'autre abaissée, coiffée de la même tiare. Hauteur : o m. 14.

1566. Bronze. *Lakchmi* debout. Hauteur : o m. o9.

1567. Bronze. *Siva-Mahadéva-Isvara*, le destructeur et le régénérateur, troisième personne de la Trimourti, muni de quatre bras qui tiennent divers attributs et coiffé d'une tiare pointue richement ornée, assis sur le *Cailasa* et ayant sur ses genoux son épouse, *Parvati-Bhavani-Isati*, déesse de la vie et de la reproduction, qui tient une fleur de lotus et est figurée de plus petite taille que lui : Hauteur : o m. 15.

1568. Argent. *Siva* et *Parvati*, tous deux munis de quatre bras, assis sur le taureau *Nandi*. Hauteur : o m. o9.

1569. Lapis. Petite plaque où l'on voit en bas-relief *Siva*, assis sur le *Cailasa* et tenant sur ses genoux *Parvati*, adoré par quatre *Dévas* ou génies. Hauteur : o m. o25. Largeur : o m. o3.

1570. Bronze. *Siva* debout, coiffé de la tiare pointue et richement ornée, muni de quatre bras, dont l'un tient un miroir et l'autre la fleur de lotus montrant au centre son fruit sacré. Hauteur : o m. 52.

1571. Chlorite. Bas-relief représentant *Siva*, à quatre bras, portant divers attributs, debout entre deux *Gandharvas* ou musiciens célestes, de beaucoup plus petite taille. Hauteur : o m. 12.

Ayant appartenu au célèbre Warren Hastings.

1572. Bronze. Sceau carré portant l'image de *Siva-Mahadéva* debout, tenant le *trisoula* ou trident et le fruit du lotus.

1573. Bronze. *Parvati* debout, munie de quatre bras, tenant divers attributs. Hauteur : o m. 18. Travail ancien.

1574. Bronze. *Parvati* assise, munie de quatre bras, dont deux tiennent des fleurs. Hauteur : o m. o6.

1575. Bronze. *Parvati* assise, sans attributs, et n'ayant que deux bras. Hauteur : o m. o4.

1576. Bronze. Sceau rond portant l'image de *Dévi* ou *Bhavani*, appelée aussi *Sacti*, la grande déesse et la mère des dieux, assise, munie de quatre bras, dont deux tiennent des fleurs, adorée par deux éléphants.

1577. Argent. La vache sacrée, image de *Bhavani*. Hauteur : o m. o35.

1578. Bronze. *Bhavani-Dourga-Dévi*, l'énergie divine, la déesse redoutable aux méchants, munie de huit bras, portant divers attributs et armes; une de ses mains repose sur la tête d'un enfant. Elle est debout sur un buffle agenouillé, image du chef des *Asouras* ou démons, nommé *Mahichasoura,* vaincu par elle. Hauteur : o m. 15.

1579. Bronze. Plaque de ceinture découpée à jour. *Vichnou-Naráyana*, celui qui se meut sur les eaux, nom qui lui est donné lorsqu'on le considère comme le principe éternel et supérieur de la création. Il est étendu et porté sur les replis du grand serpent *Ananta* ou *Adhysécha*, qui élève au-dessus du dieu endormi ou méditant ses sept têtes déployées en éventail et formant un espèce de dais. *Lakchmi* et *Satyarama,* de beaucoup plus petite taille, sont assises à ses pieds. Hauteur : o m. o9. Largeur : o m. 13.

1580. Bronze. *Matsyavatara*, première incarnation de *Vichnou*, en homme-poisson, lors du premier déluge. Le buste du dieu, couronné et muni de quatre bras, tenant le *tchakra* ou roue, symbole de la force vivante qui pénètre et meut l'univers, un vase, la fleur et le fruit du lotus, sort de la gueule d'un énorme poisson dressé. Sous lui est renversé le démon *Haya-griva*, qui avait dérobé les Védas, avec des cornes et des oreilles de buffle, tenant un bouclier et une masse d'armes. Hauteur : o m. 23. Travail de Ceylan.

1581. Bronze. *Kourmavatara*, deuxième incarnation de *Vichnou*, en tortue, lors du second déluge. Le buste du dieu, couronné et muni de quatre bras qui tiennent les mêmes attributs qu'au numéro précédent, sort de la gueule de la tortue, qui foule aux pieds un *Asoura* ou démon, renversé, à cornes et oreilles de buffle, tenant un sabre et un bouclier rond. Hauteur : o m. 23. Travail de Ceylan.

1582. Bronze. *Varahavatara*, troisième incarnation de *Vichnou*, en sanglier. Le dieu a un corps humain et une tête de sanglier à énormes défenses, couronnée ; il tient un énorme glaive et un bouclier rond ; il foule aux pieds le géant *Hiranyakcha*, renversé, à cornes et oreilles de buffle, tenant une masse d'armes et un bouclier rond. Hauteur : o m. 21. Travail de Ceylan.

1583. Bronze. *Narasinhavatara*, quatrième incarnation de *Vichnou*, en homme-lion. Le dieu, avec un corps humain et une tête de lion, couronnée, munie de quatre bras, est assis sur la colonne, ouverte en deux, d'où il sortit suivant la légende. Il tient sur ses genoux le cadavre du géant *Hiranyacasyapa*, auquel il vient d'ouvrir le ventre. Un brahmane debout, représenté de petite taille, le contemple. Hauteur : o m. 20. Travail de Ceylan.

1584. Bronze. *Vamanavatara*, cinquième incarnation de *Vichnou*, en brahmane nain, pour venger les dieux de l'impiété du géant *Bali*, forme sinistre et infernale de *Siva*. Le dieu, sous la forme du nain *Vamana*, tenant un parasol et coiffé d'un bonnet conique, se présente devant le roi géant, couronné et assis sous un parasol, auprès duquel se tient debout un officier, portant une fleur à la main. Il est en train de présenter à *Bali* sa requête captieuse pour obtenir trois pas de terrain. Alors, racontent les Pouranas, développant tout à coup une taille gigantesque, *Vichnou* mesura la terre d'un pas, le ciel d'un autre ; il allait du troisième atteindre les enfers, lorsque *Bali* le supplia de lui laisser au moins ce domaine. Hauteur : o m. 19. Travail de Ceylan.

1585. Bronze. *Parasou-Rama*, sixième incarnation de *Vichnou*, en simple brahmane armé de la hache (*parasou*), pour châtier l'insolence des rois de la race du Soleil et anéantir la caste impie des *Kchatriyas* (guerriers). Le dieu, sous forme humaine, est debout, vêtu du costume brahmanique, tenant la grande hache d'où il tire son nom et le vase à libations ; la vache sacrée marche à ses côtés. Hauteur : o m. 19. Travail de Ceylan.

1586. Bronze. *Krichna*, huitième incarnation de *Vichnou*, sous la forme d'un héros à la tête ceinte d'une couronne et surmontée d'une haute aigrette. Il est debout, et avec une corne, qu'il tient à la main, verse l'onction royale sur la tête d'*Youdichthira*, chef de la race des Pandous, rétabli par lui sur le trône de Hastinapour, après la défaite des Kourous. Le roi sacré par *Krichna* est assis sous un parasol, la tête nue, tenant le sabre et le bouclier ; la couronne est posée sur ses genoux. Hauteur : o m. 19. Travail de Ceylan.

1587. Bronze. *Krichna* enfant, jouant, accroupi à terre. Hauteur : o m. 09.

1588. Bronze. Même sujet. Hauteur : o m. o35.

1589. Bronze. *Krichna*-Soleil, à quatre bras, dansant pour mener les chœurs des sphères célestes. Il foule aux pieds un *Asoura* renversé et est placé sous un arceau de branches de margousier. Hauteur : o m. 18.

1590. Bronze. *Krichna*-Soleil enfant, dansant. Hauteur : o m. o65.

1591. Bronze. *Krichna*-Soleil enfant, tenant une sphère et dansant, un pied sur la tête du serpent *Ananta*, emblème d'éternité. Hauteur : o m. o85.

1592. Bronze. Même sujet. Hauteur : o m. o5.

1593. Bronze. *Krichna*-Soleil, accroupi sur un trône magnifique, au-dessus duquel le serpent *Ananta* ou

Adhysécha déploie comme un dais ses sept têtes en éventail. Il tient le luth avec les sons duquel il conduit la danse des astres. Hauteur : o m. 14.

1594. Bronze. Trône surmonté des sept têtes du serpent *Ananta*. Hauteur : o m. 20.

1595. Bronze. Sceau rond, portant l'image de *Krichna*-Soleil, à quatre bras, assis sur un trône et tenant le luth.

1596. Bronze. Pavillon d'une trompette, en forme de conque turbinée, que surmonte une figure de *Krichna*-Soleil, enfant, tenant la sphère et dansant sous un dais que forment les sept têtes du serpent *Ananta*.

1596 *bis*. Bronze. Sceau rond, portant l'image de *Krichna* apprivoisant les animaux au son de sa musique, comme l'Orphée grec.

1597. Bronze. *Ganésa*, fils de *Siva* et de *Parvati*, chef de la troupe céleste (*Gana*), dieu de l'année, du succès, des nombres, de l'invention, et de toute sagesse en général. Il a une tête d'éléphant couronnée et quatre bras, tenant le cercle ou *tchakra*, une coquille turbinée, une sphère et des fruits. Il est assis sur le rat-géant, sa monture ordinaire. Hauteur : o m. 21. Travail de Ceylan.

1598. Chlorite. *Ganésa*, à quatre bras et à tête d'éléphant, assis sur un autel. Hauteur : o m. 14. Travail ancien.

1599. Micaschiste gris. *Ganésa* représenté de même. En avant de sa base est figuré le rat. Hauteur : o m. 11. Travail ancien.

1600. Argent. *Ganésa* représenté de même; en avant de sa base est figuré le rat. Cachet sous le plat duquel est gravé un nom propre en caractères bengalis. Hauteur : o m. 025.

1601. Bronze. *Ganésa*, à quatre bras et à tête d'éléphant, assis. Hauteur : o m. 011.

1602. Bronze. *Hanouman*, l'un des princes des singes, ministre de *Rama*, la septième incarnation de *Vichnou*,

debout, la tête nimbée, les mains jointes. Hauteur :
o m. o6.

1603. Bronze doré. *Hanouman* combattant dans la
guerre de Rama contre Ravana, roi de Lanka (Ceylan).
Hauteur : o m. o55.

1604. Bronze. *Cama* (l'Amour), debout, coiffé d'un
bonnet conique, des ailes aux épaules, les mains
jointes, avec l'arc et le carquois. Hauteur : o m. 10.

1605. Bronze. *Cama* debout, coiffé d'un bonnet conique, des ailes aux épaules, les mains jointes. Hauteur : o m. 13.

1606. Bronze. Figurine semblable. Hauteur : o m. 145.

1607. Marbre. *Bouddha* assis à terre, dans l'attitude de
la méditation. Au-dessus de sa tête le serpent *Sécha*
ou *Ananta* déploie en éventail ses sept têtes dres-
sées, qui forment comme un dais. Sur la base, inscription en caractères dévanagâris du xe siècle. Hauteur : o m. 18.

Le type d'écriture employé dans l'inscription de cette figure est identique à celui de la célèbre inscription de Baréli, dont la date correspond
à 992 de l'ère chrétienne (Prinsep, *Journal of the Asiatic Society of
Bengal*, t. VI, p. 777 et suiv., pl. XLI); c'est donc celui qui était usité
dans le Kutila, au xe siècle. Les inscriptions environ contemporaines des
environs de Bénarès offrent un type presque absolument conforme.

1608. Cristal de roche. *Bouddha* assis, les jambes croisées, dans l'attitude de la méditation. Hauteur :
o m. 15.

1609. Marbre peint et doré. *Bouddha*, dans la même
attitude. Hauteur : o m. 5o.

1610. Bronze doré. *Bouddha*, dans la même attitude.
Hauteur : o m. 25.

1611. Bronze. *Bouddha-Gôtama* assis, les jambes croisées, dans l'attitude de la méditation, sur la fleur
du lotus. Derrière lui est un dossier richement orné
et surmonté d'un dais. Hauteur : o m. 24. Travail de
la Birmanie.

1612. Bronze doré. *Bouddha* assis, les jambes croisées,
dans l'attitude de la méditation. Hauteur : o m. o5.

1613. Ivoire peint. *Bouddha-Gôtama* debout, vêtu
d'une robe plissée, la flamme au-dessus de la tête,
montrant le carré mystique dans sa main droite
élevée et ouverte. Hauteur : o m. 33. Travail de
l'Indo-Chine.

1614. Bronze doré. *Bouddha* debout, vêtu d'une robe
plissée horizontalement. Hauteur : o m. 21. Travail
ancien.

1615. Bois laqué et doré. *Bouddha* debout. Sa coiffure,
son vêtement et la base qui le supporte sont incrustés de cabochons en verres de couleur. Hauteur :
1 m. 40. Travail de l'Indo-Chine.

ADDITIONS

AU

CATALOGUE DES MONUMENTS ÉGYPTIENS.

181. *bis*. Stéatite. Petit monument de la nature de ceux que l'on appelle vulgairement *Cippes d'Horus*. Sur la face antérieure est un bas-relief représentant *Harpocrate* jeune, debout, nu, chaque pied reposant sur la tête d'un crocodile. Au-dessus de sa tête est le masque hideux de *Bès*. Sur la face postérieure on voit une inscription simulée, en plusieurs lignes horizontales d'hiéroglyphes mal formés qui n'ont aucun sens. Travail de l'époque romaine.

211 *bis*. Bois doré. Parties antérieures de deux lions réunies et opposées ; symbole solaire expliqué dans le chapitre 17 du *Rituel funéraire*. Les deux têtes de lions sont munies de cornes.

354 *bis*. Vase à poudre d'antimoine en terre émaillée d'un bleu verdâtre, figurant un animal fantastique, sorte d'hippopotame ailé, accroupi.

356 *bis*. Pot à onguent en forme de creuset en terre émaillée d'un beau bleu, presque semblable au *bleu au grand feu* des porcelaines. Il porte la légende hiéroglyphique d'*Ammon-Ra dans sa barque d'or*.

TABLE DES MATIÈRES.

Pages.

PRÉFACE. v

I. MONUMENTS ÉGYPTIENS.
*Monuments de grande di-
mension.* 1
Monuments funéraires.
Momies et leurs ornements. 4
Scarabées funéraires . . . 12
Figurines funéraires. . . . 14
Vases funéraires. 16
Statuettes en bois ayant
contenu divers objets mo-
mifiés. 17
Cônes funéraires. 18
Monuments religieux.
Proscynèmes ou Actes d'a-
doration 19
Figures de divinités . . . 19
Insignes divins. 28
Animaux sacrés. 29
Symboles portés en amu-
lettes 32
Ex-voto 34
Objets du culte 34
*Monuments portant des
noms royaux.* 35
Monuments de la vie civile.
Statuettes représentant des
particuliers. 37
Objets d'habillement. . . 37
Bijoux. 38
Ustensiles de toilette. . . 39
Vases. 41
Meubles. 42
Ustensiles 42
Jeux. 42
Instruments de l'écriture. 42
Papyrus 43
Tessères et tessons inscrits. 54
Objets divers. 55

II. MONUMENTS BABYLONIENS.
Inscriptions. 57
Cylindres. 57
Cônes. 59

Pages.

III. MONUMENTS ASSYRIENS.
Sculptures. 61
Cylindres. 63
Cachet. 65
Objets divers. 65
IV. MONUMENTS MÈDES 67
V. MONUMENTS PERSES.
Epoque Achéménide. . . 69
Epoque Arsacide. 70
Epoque Sassanide 70
VI. MONUMENTS PHÉNICIENS.
Sculptures. 73
Bronzes 74
Terres cuites. 75
Pierres gravées 75
Bijoux. 76
VII. MONUMENTS GRECS, ROMAINS
ET ÉTRUSQUES.
Marbres. 79
Mosaïques et peintures. . 85
*Ivoire, os, ambre, jayet et
bois.* 87
*Sculptures en matières du-
res* 90
Pierres gravées.
Camées 91
Intailles 93
Pâtes de verre imitant les
pierres gravées 97
Bijoux. 100
Objets d'argent 109
Bronzes.
Statuaire de grandes di-
mensions. 110
Statuettes 110
Miroirs. 120
Vases 121
Armes. 122
Ustensiles 122
Objets de plomb. 125
Poids 126
Terres cuites.
Urnes étrusques. 127

	Pages.
Figurines	128
Animaux	151
Ex-voto	152
Bas-reliefs	153
Antéfixes	154
Pièces d'applique	154
Lampes	155
Estampilles de potiers	157
Tessères	158
Objets divers	159
Vases.	
Vases peints grecs de style primitif	160
Vases peints grecs de style asiatique	161
Vases étrusques de terre noire	163
Vases peints grecs et italo-grecs à figures noires	164
Vases peints grecs et italo-grecs à figures rouges	170
Vases grecs et italo-grecs à couverte noire	173
Lécythus athéniens à fond blanc	174
Vases étrusques à figures jaunes	176
Vases grecs de formes singulières	176
Vases grecs à reliefs	178
Vases italo-grecs de la décadence	178
Vases de la fabrique de Gnatia	180

	Pages.
Vases étrusques de la décadence	181
Poterie rouge gallo-romaine	182
Poteries romaines vulgaires	184
Verres	185
VIII. MONUMENTS DES SECTES SECRÈTES	189
IX. MONUMENTS MEXICAINS.	
Époque aztèque.	
Sculptures en pierre	191
Figurines en matières dures	192
Bois	192
Bronzes	192
Terres cuites	193
Sceaux	195
Objets divers	196
X. MONUMENTS DE LA SONORA	197
XI. MONUMENTS CARAÏBES	199
XII. MONUMENTS DE LA NOUVELLE GRENADE	201
XIII. MONUMENTS PERUVIENS.	
Époque Aymara	203
Époque Quichua	205
Statuettes de métal	205
Vases	205
Armes	206
Ustensiles divers	206
XIV. PANTHÉON INDIEN	209
ADDITIONS au catalogue des monuments égyptiens	217

GRAVURES.

	Pages.
Statuette égyptienne en bronze du dieu *Montou-Ra*	19
Amulette égyptien en terre émaillée, portant le cartouche du roi *Menkaré*	35
Bas-relief assyrien provenant du palais de Nimroud	61
Cylindre de travail mède	67
Cylindre à inscription en écriture cunéiforme perse	69
Statuette phénicienne en pierre calcaire, représentant une *hiérodule d'Astarté*	73

	Pages.
Aphrodite assise, fragment de peinture grecque	83
Feuillet de diptyque en ivoire, représentant l'*élément humide*	86
Deux boucles d'oreilles en or, de travail grec	100
Statuette en bronze de travail étrusque, avec appliques d'or, représentant *Hercule devant Busiris*	110
Buste d'une statuette d'*Ariadne* en terre cuite	127
Statuette d'*Agdestis* en terre cuite	152

DESCRIPTION

MONNAIES ET MÉDAILLES.

GRECQUES EN ARGENT.

1. Pannonienne, Marseille, etc. 6 pièces.

2. Tarente. 4 pièces.

3. Naples, incertaine de Campanie. 7 pièces.

4. Héraclée de Lucanie. 8 pièces.

5. Héraclée de Lucanie. 6 pièces.

6. Métaponte. 4 pièces.

7. Posidonie, Sybaris. 3 pièces.

8. Vélie, Thurium. 5 pièces.

9. Sicile. Panorme, tête de Cérès; ℞ cheval, or. 1 pièce.

10. Bruttium, Crotone, Caulonia, Terina, Agrigente.
5 pièces.

11. Octodrachme de Syracuse, derrière la tête d'Aré-
thuse une coquille. 1 pièce.

12. Octodrachme de Syracuse, sous la tête les traces
d'un nom de graveur. 1 pièce.

13. Octodrachme de Syracuse. Ce médaillon, bien déve-
loppé, laisse bien voir le sujet de chaque côté. 1 pièce.

14. Syracuse, tétradrachme : l'un d'ancien style, l'autre
avec un serpent sous le bige. 2 pièces.

15. Philistis, reine de Sicile. Tétradrachme. 1 pièce.

16. Lesbos, Lété, Néapolis de Macédoine. 4 pièces.

17. Alexandre le Grand, roi de Macédoine. 4 pièces.

18. Dyrrachium d'Illyrie. 2 pièces.

19. Athènes. 6 pièces.

20. Corinthe d'Achaïe. 6 pièces.

21. Thessalie, Cnide, Histiæ, Ariarathe, roi de Cappadoce. 4 pièces.

22. Rhodes, Carystus d'Eubée, Ariobarzane, Darique.
5 pièces.

23. Roi de Chypre incertain, en or. 1 pièce.

24. Grecques fausses. 7 pièces.

ROMAINES.

25. Consulaires en argent. 16 pièces.

26. Constantin Pogonat, Héraclius Ier ; or. 2 pièces.

27. Héraclius, Héracléonas, Constant II, Constantin
Pogonat; or. 4 pièces.

28. Théophile Michel et Constantin; or. 1 pièce.

29. Isaac Comnène; or. 1 pièce.

30. Impériales romaines en argent, Juba père, etc.
10 pièces.

31. Caligula, Drusus Senior, Claude; grands bronzes romains. 4 pièces.

32. Galba, Vespasien, Néron; grands bronzes romains. 6 pièces.

33. Néron, Antonin, Faustine mère, Lucille; grands bronzes romains. 4 pièces.

34. Sévère Alexandre, Mamée, Maximin Ier, Maxime, Gordien III, Philippe père, Philippe fils; grands bronzes romains. 8 pièces.

35. Jules César, Auguste, Livie; moyens bronzes romains. 5 pièces.

36. Drusus Junior, Caligula, Germanicus, Néron; moyens bronzes romains. 7 pièces.

37. Galba, Vitellius, Domitien, Nerva, Hadrien; moyens bronzes romains. 5 pièces.

38. Sabine, Marc-Aurèle, Mamée, Macrin, Galeria-Valeria; moyens bronzes romains. 6 pièces.

---

39. Charles V, roi de France; franc à pied : or. 1 pièce.

40. Édouard, prince Noir, duc d'Aquitaine; pavillon : or. 1 pièce.

41. Louis Manin, doge de Venise; sequin : or. 1 pièce.

42. Louis, roi de Hongrie, 1519; ducat : or. 1 pièce.

43. Pièces turques : or. 3 pièces.

MÉDAILLES DE LA RENAISSANCE.

Papes.

44. BENOIT Ier. Son buste à droite. ℞ Une croix ornée
de roses. 4 centimètres.

45. SÉVERIN Ier. Buste à gauche. ℞ *Sanctus Paulus et
Petrus,* deux clefs en sautoir. 4 cent.

46. GRÉGOIRE III. Buste à gauche. ℞ Écusson. 4 cent.

47. HONORÉ IV, buste à droite; ℞ *S. Petrus claves regni
cœlorum,* buste de saint Pierre, dans le champ deux
clefs en sautoir. 4 cent. 1/2.

48. SIXTE IV. Buste à droite. ℞ *Concor. et amator pacis
Pont. Max. P. P. P. Ecclesia,* la Paix et la Fortune
se donnant la main. 7 cent.

49. INNOCENT VIII. Buste à droite. ℞ Écusson. 3 cent.

50. PAUL II, buste à gauche; ℞ *Audientia publica Pont.
Max.,* le Pape donnant audience. 3 cent.

51. ALEXANDRE VI. Buste à gauche. ℞ *Arcem in mole
divi Hadri, etc.,* citadelle. 5 cent.

52. SIXTE V. Buste à gauche. ℞ Les Chevaux du Capi-
tole. 4 cent.

53. PAUL V. Buste à droite. ℞ *Portu Burghesio a fun-
damen., etc.,* vue du port Borghèse. 6 cent.

54. PAUL V. Buste à droite. ℞ *Temp. divi Petri in Vaticano, etc.*, vue de Saint-Pierre de Rome. 5 cent.

55. PAUL V. Buste à droite. ℞ *Sacellum in palatio Quirin.*, portes du Trésor. 5 cent.

56. PAUL V. Buste à droite. ℞ *Pro divi nominis gloria, etc.*, colonne surmontée d'une statue de la Vierge. 4 cent.

57. URBAIN VIII. *Fortiter egit, prudenter patitur;* Cérès assise entre Pallas et l'Espérance. 4 cent.

58. URBAIN VIII. *Ædes Bibianæ restitutæ et orn. Romæ.* 4 cent.

59. CLÉMENT X. Buste à droite. ℞ *Laudent in portis opera ejus*, le Pape recevant les évêques et les cardinaux. 4 cent.

60. CLÉMENT X. Buste à droite. ℞ *Domus Dei et porta cœli*, le Pape démolissant une porte d'église devant une assemblée de cardinaux et le peuple. 4 cent.

61. INNOCENT XI. Buste à droite. ℞ *Venite et videte opera Domini,* des Indiens apportant des présents au Pape. 4 cent.

62. CLÉMENT XI et Pierre BALBO. 3 pièces.

MÉDAILLES FRANÇAISES.

63. Louis XII. Buste du roi à droite avec bonnet et diadème; le champ est parsemé de lis; à l'exergue, un lion. *Felice Ludovico regnāte duodecimo, etc.* ℞ Buste à gauche d'Anne de Bretagne, avec un voile et une couronne; le champ parsemé de lis et d'hermines. *Lugdun. republica gaudente, etc.*; à l'exergue, un lion. 11 cent.

64. François Iᵉʳ, Henri II, François II; leurs bustes accolés à gauche. ℞ Emmanuel-Philibert et Marguerite de France; leurs bustes accolés à gauche. 4 cent.

65. Henri II. Buste à droite. ℞ Deux armées en présence; dans les airs une Victoire vient les séparer. 5 cent.

66. Henri II. Autre semblable.

67. Henri II. Buste lauré et cuirassé à droite. ℞ *Ob res in Ital. Germ. et Gall. fortiter ac fœlic. gestas.* La Victoire et l'Abondance dans un quadrige conduit par la Renommée; à l'exergue : *Ex voto pub.* 1552. 6 cent.

68. Henri IV et Marie de Médicis, leurs têtes accolées; dessous : 1603 *G. Dupré F.* ℞ *Propago imperi.* 1603. Henri IV et sa femme se donnent la main ; au-dessous, un aigle apportant une couronne; au milieu, le Dauphin se coiffant du casque de Henri IV. Belle médaille en bronze doré. 7 cent.

69. MARIE DE MÉDICIS. Buste à droite, avec une grande collerette ; dessous : *G. Dupré F.* 1624. Sans revers. 10 cent.

70. MARIE DE MÉDICIS. Buste à droite. ℞ Dans une couronne : *Reginæ Dei matri matris regum iconem princeps podii Rothomagensis appendit an. m. VI° XLIIII.* Dessous : *Nic. de la Place. a. n. d. ev.* 6 cent.

71. MARIE DE MÉDICIS. Buste à droite. ℞ Un navire à la voile ; une reine, assise à la barre, commande à des nymphes : *Dea facta servando deos.* Belle médaille dorée. 6 cent.

72. LOUIS XIII. Buste à droite. ℞ *Ut gentes tollat que primat que.* 1623. La Justice assise. 6 cent.

73. LOUIS XIII. Buste du roi à droite. ℞ Buste de ANNE à droite ; dessous : *G. Dupré,* 1620. 5 cent.

74. ANNE. Buste à droite. ℞ *Diva se jactat alumna.* 1660. Un lis au milieu d'une campagne. Belle médaille dorée. 6 cent.

75. ANNE. Buste à droite. ℞ Buste à droite de LOUIS XIV, enfant ; dessous : *Warin.* 1643. 5 cent.

76. LOUIS XIV. Buste à droite. ℞. *Expectata div. populis commercia pandit.* 1667. Jonction des deux mers. 5 cent.

77. LOUIS XIV. Buste à droite. *Ludovicus Magnus Rex ;* dessous : *Bertinet cum privilegio.* En seconde légende circulaire : *Lud. Magnus Rex Christianissimus hæresews extractori Bertinet fecit cū privilegio.* 1686. Sans revers. 12 cent.

HOMMES ILLUSTRES FRANÇAIS.

78. Antoine, duc de Lorraine. Son buste à droite. ℞ Buste à gauche de Renée de Bourbon, sa femme. (*Saint-Urbain*). 4 cent.

79. Brulart (Nicolas). Son buste à droite; dessous : *G. Dupré F.* ℞ Le char d'Apollon : *Actus in orbem.* 7 cent.

80. Beauclerc (Michel). Buste à droite. ℞ *Frangit sors invida pennas.* La Fortune sur un globe, poursuivant deux hommes nus qui emportent des ailes. Ovale. 5 cent.

81. Caumartin (Lefebvre de). Buste à droite. ℞ *Hic pietas hic prisca fides.* La Justice dans son temple. 8 cent.

82. D'Espinai (Jean marquis). Buste à gauche. ℞ *Sic juncti sumus amore.* Un serpent entourant un arbre, à ses pieds un lion. 3 cent.

83. Luynes (d'Albert duc de). Buste à droite. ℞ *Quo me jura vocant et regis gloria.* Une main tenant une épée entourée de lauriers. 6 cent.

84. Maleyssic (H. de). Buste à droite, dessous : *A Dupré, F.* 1639. ℞ *Fida fortitudine.* Buste de la forteresse de Pignerolles. 11 cent.

85. Marguerite, reine de Navarre. Son buste à droite, dessous : *Curé. F.* ℞ *Elle brille au milieu des lis et des lauriers.* Champ de lis et de lauriers. 5 cent.

86. Montmorency (Anne de). Buste à gauche. ℞ *Provi-*
dentia ducis fortiss. ac fœliciss. Les Trois Grâces
debout. 6 cent.

87. Richelieu (Armand cardinal de). Buste à droite.
℞ *Tandem victa sequor.* La Renommée conduisant
un char sur lequel est assis un personnage tenant une
épée, une Victoire vole au-dessus et le couronne;
au-dessous : *I. Warin.* 1630. 8 cent.

88. Vallette (Fr.-Jean de). Buste à droite. ℞ *Unus*
X millia. David tuant Goliath. 5 cent.

89. Voiture. Buste à gauche. ℞. *Je les fais à mon*
badinage. M. D. CC. XVIII. Les Trois Grâces. 5 cent.

HOMMES ILLUSTRES ITALIENS.

90. L'Arétin. Son buste à droite, dessous : *A. V.*
ℝ *I principi tributati dai i populi il servo loro tribu-
tano.* L'Arétin recevant des présents. 6 cent.

91. L'Arétin. Buste à gauche. ℝ *Veritas odium parit.*
Vérité nue et Vices personnifiés. 6 cent.

92. Arioste. Buste à droite. ℝ *Si Jovi quid homini.*
Léda et son cygne. Plomb. 5 cent.

93. Attila. Buste cornu à droite. ℝ *Aquileia.* Plan de
la ville. 4 cent.

94. Bentivoglio (Hannibal). Buste à droite. ℝ *Opus
Sperandei.* Bentivoglio à cheval, derrière lui un
homme d'armes. 9 cent.

95. Boccace (Jean). Buste à gauche. ℝ Femme tenant
un serpent. 6 cent.

96. Borromée (Saint Charles). Buste à gauche. ℝ *Sola
gaudet humanitate Deus.* L'Agneau pascal sur un
autel. 4 cent.

97. Caraffa (André, comte de San Severino). Buste
casqué à droite. ℝ *Virtus conteret contraria.* Ecusson,
épée, massue, etc. 6 cent.

98. Doria (André). Buste à droite. ℝ Galère. 4 cent.

99. Fontana (Dominique). Buste à droite. ℝ *Jussu
Sixti V Pon. O. M. erexit.* Quatre obélisques. 4 cent.

100. Foscari (François). Buste du doge à droite. *Venetia magna*. Venise assise. 5 cent.

101. Gonzague (Conradus). Buste à droite. Sans revers. 8 cent.

102. Gritti (André). Buste à gauche. ℞ *Venet*. Venise assise tenant une balance et une corne d'abondance. 7 cent.

103. Lauredan (Léonard). Buste à gauche. ℞ *Æquitas principis*. La Justice debout. 6 cent.

104. Malatesta (Sigismond-Pandolphe). Buste à gauche. ℞ Femme assise sur un siége orné de deux têtes d'éléphant. *M CCCCXLVI*. 8 cent.

105. Malatesta (Sigismond-Pandolphe). Buste à gauche. ℞ *Castellum Sismondum Ariminense M CCCC XLVI*. Forteresse. 8 cent.

106. Malatesta (Sigismond-Pandolphe). Buste à gauche. ℞ *Præc. Arimini templum an. Gratiæ. V. F. MCCCL.* 4 cent.

107. Médicis (Cosme Ier). Buste à droite. ℞ *Publicæ commoditati*. Vue de Florence, figure allégorique. 4 cent.

108. Médicis (Cosme II). Buste à droite, dessous : *G. Dup.* 1611. 9 cent.

109. Malatesta (duc de Césène). Buste à gauche. ℞ *Opus pisani pictoris*. Malatesta à genoux au pied d'une croix, à côté son cheval. 9 cent.

110. Pirovanus (Philippe). Buste à droite. ℞ *Salus nostra a Domino*. Navire à la voile, en pleine mer. 9 cent.

111. Sforce (Constance). Buste à genoux. ℞ *Inexpugnabile castellum pisaurense*. Château fort. 8 cent.

112. Sforce (Galéas-Marie). Buste à gauche. ℞ Sforce (François). Buste à droite. 4 cent.

113. Titien. *Vera Titiani effigies*. Buste de face. Plomb. Sans revers. 10 cent.

114. Jean Paléologue. Buste à droite. ℞ L'Empereur à cheval, et son suivant adorant une croix. *Opus pisani pictoris*. 10 cent.

115. Capoue (Isabella). Buste à droite, dessous : *Jac trezzo*. ℞ *Casta et simpliciter*. Une Vestale devant un autel. 7 cent.

FEMMES ILLUSTRES ITALIENNES.

116. Gonzague (Élisabeth). Buste à droite, ℞ *Hoc fugienti Fortunæ dicatis*. Femme couchée, la Fortune symbolisée s'envolant. 8 cent.

117. Gonzague (Paula). Buste à droite. ℞ Deux figures tissant au métier. 6 cent.

118. Farnesia (Victoria). Buste à droite. Plomb. Sans revers. 4 cent.

119. Même médaille, en cuivre. 3 cent.

120. Gonzague (Hippolyte de). Buste à droite. Sans revers. 7 cent.

121. Gonzague (Marguerite). Buste à gauche. Plomb. Sans revers. 4 cent.

122. Christiana (de Lorraine), femme de Cosmes de Médicis. Son buste à droite. Sans revers. 10 cent.

123. Marie-Madeleine, archiduchesse d'Autriche. Son buste à gauche. Sans revers. 10 cent.

124. Jeanne, archiduchesse d'Autriche. Son buste à gauche. ℞ *Ad æthera*. Aigle s'envolant, emportant ses petits. 8 cent.

125. Tornabuoni (Lucrèce). Buste à gauche. ℞ *Dulce decus*. Une couronne. 8 cent.

126. Isotte de Rimini. Buste à gauche. ℞ *MCCCCXLVI*. Éléphant. 8 cent.

127. Même pièce, avec une autre coiffure. *Opus Mathei de Pastis*. 8 cent.

128. Isotte. Buste à droite. ℞ *Elegia*. Livre. 4 cent.

129. Sforce (Catherine de Riario). Son buste à gauche. ℟ *Victoriam fama sequitur.* Femme dans un char à deux chevaux ailés. 7 cent.

130. Peretta (Camille, sœur de Sixte V). Son buste à droite. ℟ Vue de l'église de Santa-Lucia. Plomb. 5 cent.

131. Pigna (Violante). Son buste à droite. Sans revers. Plomb. 7 cent.

132. Areta (Filia Savini Rossi Senensis). ℟ *Gratior et Pulchro.* Mars et Vénus. 5 cent.

133. Buste de femme, à gauche. On lit : *Ænas iccivan altera pulch.* Sans revers. 6 cent.

134. Même pièce. ℟ Un aigle sur un arbre, tenant dans ses serres une bandelette. 6 cent.

135. Tête de femme, à gauche. *Isabella angelica ducissa megapol.* Sans revers. 6 cent.

136. Buste de femme, à gauche. ℟ Le jugement de Pâris. 6 cent.

137. Marie Tudor, reine d'Angleterre. Buste à gauche. ℟ *Cecis visus timidis quies.* Femme près d'un temple, brûlant des armes. 7 cent.

138. Philippe II. Buste à gauche. ℟ *Ut quiescat Atlas.* Atlas soutenant le globe. 4 cent.

139. Philippe IV. Buste à droite. ℟ *Lustrat et fovet.* Char du soleil. 5 cent.

140. Philippe IV. Buste à droite. Sans revers. 4 cent.

141. Castaldi (Jean-Baptiste). Buste à gauche. ℟ *Transylvanii capta.* Figure couchée tenant une couronne; à l'exergue : *Mauruscius.* 5 cent.

142. Fonta (Pierre-Henriquès comte de). Buste à droite. ℟ Sur un cippe, on lit : *Deducet me Deus victor.* 4 cent.

143. Montalte (Aloysius prince de). Buste à droite. Sans revers. 6 cent.

MÉDAILLES ALLEMANDES.

144. MAXIMILIEN. Son buste à droite. ℞ MARIE DE BOUR-
GOGNE. Son buste à gauche. 4 cent.

145. La même médaille, en bronze doré. 4 cent.

146. MAXIMILIEN, roi de Bohême. Son buste à droite.
℞ *Quo me fata vocant.* Mercure parcourant les airs.
7 cent.

147. MAXIMILIEN. Son buste à gauche. Sans revers.
9 cent.

148. MARIE (fille de Ch. V). Son buste à gauche. ℞ *Con-
sociatio rerum domini.* L'Espérance marchant. 6 cent.

149. ALBERT (archiduc d'Autriche). Buste à droite.
℞ Buste à gauche de l'infante ÉLIZABETH. 4 cent.

150. MATHIAS, roi de Hongrie. Buste à droite. ℞ *Marti
fautori.* Deux armées en présence. 5 cent.

151. MARGUERITE D'AUTRICHE. Son buste à droite. Sans
revers. 6 cent.

152. MATHIEU SCHWARTZ, citoyen d'Augsbourg. Buste à
droite. ℞ *Quia omne suum quare.* Écusson et mono-
gramme. 3 cent.

153. ALBERT DURER. Buste à droite. ℞ *Inclita virtus.*
Écusson surmonté d'un heaume. 3 cent.

154. SIGISMOND, roi de Pologne. Son buste à droite.
4 cent.

155. Jean III Sobieski. Son buste à droite. ℞ *Pax fundata cum boschis.* Deux guerriers se donnant la main. 6 cent.

156. Niconitio (François). Son buste à gauche. ℞ Mercure au pied d'un palmier. *Solo per lei Ebuo, etc.* 10 cent.

157. Gustave-Adolphe, roi de Suède. Son buste à droite. ℞ *Et victricibus armis.* La Religion et Minerve sous une gloire. 5 cent.

158. Christine, reine de Suède. Son buste casqué, à droite. Sans revers. 6 cent.

N° 159. Sous ce numéro, on vendra au commencement et à la fin de chaque vacation : 104 pièces royales de France, 42 monnaies seigneuriales, 8 grands maîtres de Malte, 12 monnaies anglaises et américaines, 74 monnaies allemandes, 7 monnaies espagnoles, 49 monnaies italiennes, 3 monnaies turques et arabes; le tout argent billon.

N° 160. Sous ce numéro, on vendra au commencement et à la fin de chaque vacation : 464 médailles grecques, 22 as romains et divisions, 165 grands bronzes, 143 moyens bronzes, 332 petits bronzes, 58 monnaies byzantines en bronze.

N° 161. 538 monnaies françaises et étrangères en bronze, 18 médailles modernes et autres en bronze, 10 médailles modernes en cuivre et en plomb.

N° 162. 13 pièces : sceaux et médailles religieuses.

N° 163. 19 pièces fausses.

N° 164. Deux médailliers.

Dans la collection de Catal. brochés, au mot Recife, un Catal. d'objets d'art modernes &.